应用型高等教育财经类专业“十三五”规划教材

零 售 学

罗 明 主编

上海财经大学出版社

图书在版编目(CIP)数据

零售学/罗明主编．—上海：上海财经大学出版社，2017.7
(应用型高等教育财经类专业“十三五”规划教材)
ISBN 978-7-5642-2743-2/F・2743

Ⅰ.零…　Ⅱ.①罗…　Ⅲ.①零售业-商业经营-高等学校-教材
Ⅳ.①F713.32

中国版本图书馆 CIP 数据核字(2017)第 119637 号

□ 责任编辑　徐　超
□ 封面设计　张克瑶

LING SHOU XUE

零　售　学

罗　明　主编

上海财经大学出版社出版发行
(上海市中山北一路 369 号　邮编 200083)
网　　址：http://www.sufep.com
电子邮箱：webmaster @ sufep.com
全国新华书店经销
上海同济印刷厂有限公司印刷
上海叶大印务发展有限公司装订
2017 年 7 月第 1 版　2017 年 7 月第 1 次印刷

787mm×1092mm　1/16　14.25 印张　364 千字
印数：0 001—3 000　定价：41.00 元

前　言

零售业有着悠久的历史。近几十年来，伴随着生产方式和消费方式的变化，零售业经历着一次又一次的变革，不断创新并得到快速发展。我国零售业正在经历前所未有的巨大发展和变革。社会消费品零售总额的增长从一个侧面反映了我国零售业的发展。2015 年我国社会消费品零售总额为300 931亿元，列全球第二位，中国已经成为一个零售业大国。中国的零售行业在最近 15 年中发生了巨变，新兴业态层出不穷，连锁经营遍布全国，现代化商业设施与日俱增。

零售学是研究零售企业经营管理和发展的一门学问，它总结了零售业发展的特点和规律，归纳了零售企业经营管理的理论和方法，介绍了零售企业经营的过程和技巧，对于指导零售企业的经营管理具有重要的作用。

笔者从事零售业的研究近 10 年，长时间在大型零售企业从事经营实践，在高校从事零售教学多年，逐渐形成了自己的零售学教学体系。本书是在博采众长的基础上，结合笔者的科研和教学实践而形成的。

本书共分为 12 章，三大部分。一是整个零售行业的背景和发展环境；二是零售业的战略选择；三是零售业的经营管理决策。

本书配备电子课件等相关教学支持，不仅可作为高等院校市场营销专业和其他管理类专业本科生、专科生及相关专业学生的教材，也适合零售企业管理的实践者和理论研究者用作培训教材或阅读参考。

笔者在撰写本书的过程中，得到多位同行、企业界朋友的大力帮助，在此表示衷心感谢。笔者虽力图揭示零售管理中的各种问题，克服当今教材编写中的若干“通病”，但由于学识有限，时间仓促，舛误难免，恳请读者提出宝贵意见。

罗　明

2017 年 6 月

目　录

第一章　零售导论

本章学习要点

1. 什么是零售？
2. 零售商有哪些主要活动？
3. 西方零售业的发展趋势？
4. 中国零售业的发展趋势？
5. 零售业相关理论主要有哪些？

关键术语

零售　零售商　零售业　发展

第一节　零售及零售商

一、零售

零售(retailing)是指把商品和劳务出售给最终消费者，以供最终消费之用的一种商业活动。研究零售的概念是理解零售学理论知识及其技能的基础。零售学从一定意义上说是研究商品如何才能以最短的时间、最低的成本去满足消费者不断变化的需求，使商品以最快的速度自流通领域进入消费领域的一门科学。

零售的这一定义包含以下内容：

(1)零售是将商品及劳务提供给消费者作为最终消费之用的活动。例如，零售商将汽车出售给顾客，顾客购买汽车用于家庭工作所需，这种交易活动便是零售；若购买者是车商，而车商将其用于租赁，车商用于购车的行为则不属于零售。

(2)零售活动不仅向最终消费者出售商品，同时也提供相关服务。零售活动常伴随商品出售并且提供各种服务，如送货、维修、安装等，多数情况下，顾客在购买商品的同时，也获得相应服务。

(3)零售活动不一定非在零售店铺中进行,也可以利用一些顾客便利的场所及设施,如上门推销、网上购物、自动售货机等。无论商品以何种方式出售或在何地出售,都不会改变商品零售的实质。

(4)零售的服务对象是最终消费者,不仅包括个人、家庭,也包括社会集团,如公司购买办公用品,以供员工办公之用。在我国,社会集团购买的零售额约占社会商品零售总额的10%。

二、零售商

零售商是指以零售活动为基本职能的独立中间商,介于制造商、批发商与消费者之间,以营利为目的从事零售活动的组织。零售商主要从事零售业务,当然也可以从事批发甚至生产。零售商的主要任务是面向消费者而不是批发商或制造商。零售主要由零售商完成,一些制造商和批发商也兼营零售业务。商品经过零售,卖给最终消费者,就从流通领域进入消费领域。零售是商品流通的最终环节。在现代社会,商品从生产领域向消费领域转移的过程中有不同路径,如图1—1所示。

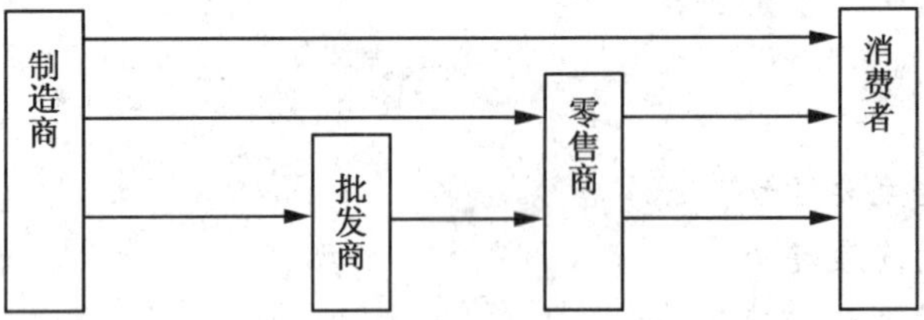

图1—1 商品的流通路径

图1—1中,制造商生产产品并将其卖给零售商与批发商,批发商从制造商手中购买到产品转卖给零售商,而零售商再将这些产品卖给消费者,这是典型的产销分离。制造商也可以通过自建零售店,或者通过上门推销、网络销售等方式,将生产出来的产品直接送达到消费者手中,这是现代意义上的产销合一。

因此,并不是只有零售商才提供零售活动,任何其他机构将商品及其相关服务直接出售给最终消费者,都是零售活动的提供者。

(一)零售商活动的内容

1. 提供各种产品和服务组合

零售商为顾客提供丰富的产品及其组合,使顾客能够在同一市场中购买商品时,能在品牌、包装、规格、色彩和价格等方面有充分的选择余地。零售商在提供各种产品组合的同时,也为其提供相应的附加服务。

2. 分拣货物

制造商为了降低运输成本,均将整箱或整盒的产品运输给批发商或零售商,批发商或零售商为满足最终消费者以及家庭的消费习惯模式,再向顾客和家庭提供小容量或单独包装的产品。

3. 储存存货

零售商用储存存货的方式让顾客只要在有需要时就能得到适合的产品,即零售商降低了顾客储存产品的成本,零售商承担了储存产品的成本。

4. 提供服务

零售商可提供额外的服务以满足消费者需求。如为顾客提供信贷、为顾客陈列产品、为顾客提供送货上门、雇用销售人员等一系列的相关服务。

5. 为消费者与制造商和批发商沟通信息

通过零售商的相关展示，消费者可以了解商品和服务的特性及可获得性等信息；制造商和批发商及其机构可了解销售预测、顾客抱怨等其他信息。通过零售商与顾客的沟通，制造商和批发商可以及时改进相关商品和服务。

（二）零售商活动的特点

1. 交易规模小，交易频率高

由于零售主要面对的是众多的个人消费者，其单次的购买量少，因而每次交易的数量和金额相对较少，但在一定时间内交易的次数较多。据统计，家乐福在中国的客单价（每一顾客平均交易金额）可达 80 元左右，而国内其他超市的客单价仅在 40 元左右。这一特性要求零售商严格控制与每笔交易相关的费用（例如商品质量与价格、推销技巧、店堂氛围等），努力增加商店的顾客数量，通过积极的店堂销售增加顾客购买冲动。目前，零售商逐渐使用计算机系统进行店堂管理，以便及时了解销售和存货动态。

2. 顾客易受情感影响购物

顾客在逛商店时，有的无购买目的，而事先计划购买的商品只占一定比例。在很多情况下，女性顾客易受情感影响，产生购物冲动。大部分男性顾客在购物之前，会拟一份购物清单，或想好要买的东西，但受商店气氛的影响也往往增加额外购买或转移商品品牌。这就要求零售商重视店面布局、商品规划、商品陈列、橱窗展示、卖场灯光、环境气氛等设计。同时，零售商要特别注意员工的服务态度、礼仪及服务效率，使顾客感受到尊重，获得满意的购物体验，维持对商店的忠诚。

3. 零售活动不仅在店铺内进行，亦能在无店铺进行

尽管近几年网上购物的增长速度飞快，但是零售顾客仍会选择去实体店铺购物。其原因是：最终消费者数量众多；大部分消费者仍对亲自采购及在不同品牌和款式之间进行比较感兴趣。针对顾客的这一特点，零售商必须考虑以下因素：商店的位置、运输设施、营业时间、错位竞争、商品组合、停车位和广告等。

（三）零售商活动的组合

零售商要成功地承担起制造商、批发商及其他供应商与最终消费者之间的沟通作用，必须合理地安排以下活动：

（1）企业战略规划；

（2）企业组织系统；

（3）零售店铺选址；

（4）零售店铺设计；

（5）商品规划与组合；

（6）商品陈列；

（7）商品采购与存货；

（8）商品定价；

（9）商品促销；

（10）零售店铺服务。

无论是中小零售商店，还是跨国零售公司，他们的成功主要取决于对零售活动各要素的科

学合理的组织与安排。本书内容就是围绕这些零售商活动组合要素而展开介绍的。

第二节 零售业

一、零售业的概念

零售业是指向消费者(包括个人和社会组织)提供所需商品及其相关服务为主的行业。零售业是最古老的行业之一,沿街叫卖是最早的零售活动的写照。人类早期的商业就是从这种沿街叫卖的行商中起步的,并逐渐发展成后来的坐商形式,即现在的实体店铺零售业。打开北宋画家张择端的《清明上河图》,后段所描绘的汴梁街市实况,商铺店街鳞次栉比,百货据陈,车水马龙。该画表明,我国早在北宋时期,零售业就已经十分繁荣了。

零售业尽管是个古老的行业,但其旺盛的发展势头和充满活力的零售组织使其成为人们普遍关注的热点行业。今天,零售企业规模化发展,已成为世界产业大军中一支不可忽视的力量。美国财富中文网在 2015 年 7 月公布了 2015 年“全球 500 强”排行榜,其中有 8.2%属于零售业。表 1—1 是进入 2015 年“全球 500 强”的前 20 名零售商情况,表 1—2 是进入 2016 年“中国 500 强”的前 20 名零售商情况。

表 1—1　　进入 2015 年“全球 500 强”的前 20 名零售商

序号	2015 年排名	2014 年排名	公司名称	营业收入(百万美元)	利润(百万美元)	国家
1	1	1	Wal-Mart	485 651	16 363	美国
2	15	15	Apple	182 795	39 510	美国
3	30	35	CV Health	139 367	4 644	美国
4	52	60	Costco	112 640	2 058	美国
5	54	74	Kroger	108 465	1 728	美国
6	62	63	Tesco	101 580.3	—9 321.1	英国
7	64	65	Carrefour	101 238.1	1 656.8	法国
8	70	72	Nestle	100 115.7	15 797.8	瑞士
9	88	112	Amazon	88 988	—241	美国
10	97	91	Metro	85 505.2	172.3	德国
11	101	102	Home Depot	83 176	6 345	美国
12	114	117	Walgreens Boots	76 392	1 932	美国
13	115	143	华润	74 887	2 450.9	中国
14	117	116	Target	74 520	—1 636	美国
15	129	149	欧尚集团	70 908.3	761.4	法国
16	147	148	日本永旺	65 273.4	387.9	日本
17	176	192	Lowe's	56 223	2 698	美国

续表

序号	2015 年排名	2014 年排名	公司名称	营业收入（百万美元）	利润（百万美元）	国家
18	181	161	Woolworths	55 940.4	2 250.1	澳大利亚
19	184	176	SEVEN&I	55 686.8	1 595.1	日本
20	248	247	Royal Ahold	43 514.2	788	荷兰

资料来源：联商网。

表 1—2　　进入2016年“中国 500 强”的前 20 名零售商

序号	2016 年排名	2015 年排名	公司名称	营业收入（百万元）	利润（百万元）
1	31	45	京东	181 286.96	−9 378.02
2	41	49	苏宁云商	135 547.63	872.5
3	48	51	大连万达	124 203	29 971
4	62	81	阿里巴巴	94 384	68 988
5	67	86	华润置地	86 620.78	14 684.15
6	89	101	国美电器	64 595.13	1 207.96
7	122	138	九州通医药	49 589.25	694.53
8	125	121	上海百联	49 218.16	1 275.46
9	141	150	永辉超市	42 144.83	605.33
10	144	139	百丽	40 811.6	4 844.1
11	146	227	唯品会	40 203.21	1 589.66
12	161	166	老凤祥	35 712.37	1 117.35
13	179	170	大商股份	30 832.06	662.11
14	187	178	重庆百货	30 079.38	367.37
15	202	184	联华超市	27 222.7	−496.99
16	303	265	上海豫园	17 551.48	807.2
17	304	291	武商集团	17 523.66	799.31
18	305	292	天虹商场	17 396.06	1 208.41
19	306	276	王府井集团	17 327.63	661.25
20	324	293	中百集团	16 401.38	5.61

资料来源：中网资讯。

全球最大的零售商沃尔玛之所以在瞬息万变的市场竞争中取得成功，正是有赖于建立了一套完善的信息系统。耗资 7 亿美元建立的这套系统将数千家供应商、制造商和遍布全球各地的8 500多家连锁店联结起来，每个店铺的销售情况即时反馈到沃尔玛总部和供应商，实现了商品供应的快速反应，从而确立了自己的竞争优势。公司创始人山姆・沃尔顿说过：“我并不在乎花多少钱，重要的是我必须立刻得到我想要的所有资料数据，每一种商品、每一个地区、每一家连锁店的情况，我在任何适合、任何地点都可以查看到。”

二、西方零售业的发展

(一)西方零售业的四次重大变革

中国与西方国家相比,无论是行商还是坐商的起源都更早。一般认为,我国从商朝开始就有了商人和商业活动,主要是行商。安徒生童话《卖火柴的小女孩》所塑造的形象,是西方国家早期的"小商人"形象。我国自秦汉以来就有了坐商。北宋画家张择端的《清明上河图》,表明坐商已达到相当繁荣的程度。而在西方国家,16 世纪才开始进入坐商兴盛繁荣的时期。

但是自 19 世纪中期以来,零售业的"四次变革",都是在西方国家掀起的。纵观西方零售商业百年历史,我们可以发现各种商业组织机构与经营形式的产生、发展与衰退,无不受市场经济激烈竞争的直接影响。零售业体系及商店类型变革和演化,在欧美、日本和其他一些经济发达国家,走过了一条大致相同的道路:百货商店的诞生→连锁商店的出现→超级市场的诞生→无店铺销售的出现。零售业的发展历史被称为零售业的四次变革。

1. 西方零售业的第一次变革:百货商店的诞生

最早的百货商店出现于 19 世纪 50 年代的法国巴黎。1838 年,维多(Videau)兄弟开办了一家名为"Le Bon Marche"的商店,这是世界商业史上第一个实行新经营方式的百货商店。紧接着,巴黎相继出现了春天百货(1865 年)、莎玛丽丹(1869 年)。19 世纪 60 年代以后,百货商店很快在世界各地,尤其在欧美各国迅速发展起来。

新诞生的百货商店是以"大批量、少品种"的生产为基础开展经营的。以"Le Bon Marche"百货商店为例,看看百货商店的革新性主要体现在哪些方面。

(1)销售方式的变革:

①顾客可以毫无顾虑地、自由自在地进出商店;

②商品销售实行"明码标价",对任何顾客都以相同价格出售;

③陈列大量商品,方便顾客任意挑选;

④顾客购买的商品若不满意,可以退换。

这些销售方式,摆脱了小店的经营方式,消除了原有零售店的诸多行为,适应了当时经济发展的需要。

(2)经营方式的变革:

①将商品按商品类别分成部门,由专业部门负责组织进货和销售;

②商品经营以生活用品为中心,实行综合,按不同商品和不同销售部门来经营。

这种综合经营方式,比之前的杂货店和专业店来说规模十分庞大。因此,百货商店实行综合经营是其适应大量生产和大量消费的重要变革之一。

(3)组织管理的变革:

①垂直统一的业务系统;

②管理工作分层进行,企业制定统一计划,后由若干职能管理部门分头执行。

2. 西方零售业的第二次变革:连锁商店的出现

连锁经营是当今世界零售业的主流,雄踞世界零售业高位的大公司,无不实行连锁经营。连锁商店最大的优势是"最普通的商品,最优惠的价格,最方便的购买,最优质的服务"。连锁商店起因于竞争。一般认为,美国是连锁商店的鼻祖,1859 年美国的大西洋和太平洋茶叶公司被认为是最早的连锁经营组织。但还有一种说法,连锁商店最早产生于中国。早在公元前 200 年前,中国商人就创立了拥有许多分店的店铺,实际上这就是连锁商店的萌芽。

连锁商店的出现之所以被称为零售业的革命，其基本特征表现在四个方面：

(1)标准化管理。在连锁商店中，各门店统一店名，使用统一的标志，进行统一的装修，在员工服饰、营业时间、广告宣传、商品价格等方面均保持一致性，从而使连锁商店的整体形象标准化。

(2)专业化分工。连锁商店总部的职能是连锁，而门店的职能是销售。总部的作用就是研究企业的经营技巧，并直接指导门店的经营，这使得门店摆脱了过去靠经验管理的影响，大大提高了企业管理水平。

(3)集中化进货。连锁总部集中进货，商品批量大，可以得到较低的进货价格，从而降低进货成本，取得价格竞争优势。而且各门店在进货上克服了盲目性，不需要过多的商品库存。各门店不负责进货，就有更多的精力集中于销售，从而加速了商品周转。

(4)简单化作业。连锁商店的作业流程、工作岗位上的商业活动尽可能简单，以减少经验因素对经验的影响。由于连锁体系庞大，在各个环节的控制上都有一套特定的运作规程，要求精简不必要的过程，达到事半功倍的效果。

3. 西方零售业的第三次变革：超级市场的诞生

世界上第一家超级市场的诞生，现在有两种说法。一是认为诞生于 1916 年 9 月，美国人克拉伦斯·桑德斯在美国孟菲斯市开设了一家自助商店，取名“Piggly Wiggly”。这个名字是他见一头莽撞的小猪穿过篱笆逃跑时偶尔萌发的。二是诞生于 1930 年 8 月，美国人卡伦在美国纽约开设的“金·库伦”超级市场。第二次世界大战后，美国的超级市场遍布于各个大小城市，及至乡镇农村。

超级市场之所以能得到迅速发展，主要在于它创新型的经营方法。它在继承了百货商店规模大、品种多的优势的基础上，再加上自己的创新，采取了开架自选售货方式以及低费用、低毛利、低价格的“三低”政策，从而使顾客购买商品时感到更方便、轻松、自如和低廉，体现了先进的生产方式和生活方式。

4. 西方零售业的第四次变革：无店铺销售的出现

无人售货方式作为新型的零售业形式，是一种比超级市场更新颖的经营形式。它的特征是：

(1)在营业方式上，采用自动服务方式；

(2)经营种类主要覆盖食品、饮料等日常商品；

(3)销售方式是将自动售货机设置在车站、医院、学校、电影院等来往顾客较多的地方；

(4)在管理方式上，仅雇用少数人员补货和取款。

由于机器不受时间限制(24 小时售货)，所属商店既可增加销售额，又可节约经费，无疑是一种其他售货方式无法取代的先进售货方式。

零售业的四次变革极大地推动了整个商业流通领域的发展，在极大方便最终消费者的同事，促进了第一、第二产业的发展。

(二)西方零售业的发展趋势

1. 大型化与小型化并存

零售商店的大型化发展趋势是最引人注目的，商店面积达几万、十几万平方米。大型商店的兴起，曾使得成千上万的小店倒闭，但同时又有成千上万的小店开业。

2. 专业化与综合化并存

商品分类经营，导致了专业商店的产生，适应了顾客专业消费的特点。综合化是百货商店的经营特色，但现代百货商店的综合化经营，从经营商品的种类到经营门类，已大大超过了传统百货商店。

3. 集中化与分散化并存

现代零售商店在地域分布上的一个显著特点就是商店日益集中，形成商业中心。商业中心的形式可分为商场形式和商业街形式。便利店的出现，使零售业呈现出一种分散化的趋势，在选址上深入居民的住宅区。集中化与分散化混合生长最典型的是美国，零售商店的地理位置向城郊分散，并逐渐形成郊区购物中心。

4. 连锁化与国际化相交融

连锁经营以其标准化、专业化、统一化、规模化，成为当今世界之主流，成为一种全球化趋势。成功的零售企业，莫不采用连锁化经营。零售之连锁化，加速了零售之国际化。同时，自由连锁与特许连锁相互融合的趋势在加强。零售的国际化、全球化也成为一种大趋势，沃尔玛在全球开设的8 500多家超市，足以证明全球化成为一种趋势。

三、中国零售业的发展

(一)中国零售业的六次变革

1. 中国零售业的第一次变革：改革开放初至1989年底，传统百货商店占零售市场绝对主导地位

改革开放以前，中国主流零售组织形式是百货商店。在新中国成立后，百货商店一直作为计划经济体制的商品流通主渠道，承担着短缺经济下生活物资配给的职能，其主要任务是“稳定物价”和“保障供给”，而不是满足消费，促进生产。这一时期零售市场竞争压力不大，百货商店在此时期并没有获得来自经济发展后工业生产变化带来的外在动力，因而错失了自身变革的有利时机，其经营方式也就没能发生根本性的变化。20世纪90年代以前，中国的个体商贩成为商业最为壮观的一道景观，从传统零售组织中夺去了相当一部分市场，也为中国商业民营资本的积累打下了基础。

2. 中国零售业的第二次变革：1990年～1992年底，超级市场的涌现动摇了百货商店的市场基础

20世纪90年代以来，中国零售业发生了根本性变化，并呈阶段性跳跃，开始出现真正意义上的现代零售组织。1990年底，东莞虎门镇出现了中国第一家连锁超市——美佳超级市场，其开架自选的售货方式、较低的价格和面向居民区的选址都给后来者产生了极大的影响。从此，百货商店一统天下的格局结束了，新旧零售组织之间为抢夺市场进行了一种低层次的竞争——价格竞争。这段时期零售业仍以百货商店为主导、超市为辅的发展竞争局面。

3. 中国零售业的第三次变革：1993年～1995年底，各种新型零售组织崭露头角，出现百花齐放的局面

1993年，这是新型零售组织出现最多的一年，其中发展最迅速的要数品牌专卖店。这一时期，中国品牌专卖店的发展呈现如火如荼的形势，不到一年，中国几个大城市的主要商业街，如广州的北京路、北京的王府井大街、上海的南京路周边迅速被各种品牌的专卖店所充斥，大大改换了容颜。而且，为了超速发展，专卖店最早在国内成功地尝试了特许经营。此外，折扣商店和仓储商店的概念也悄悄引入国内。这一时期，另一些新业态也跃跃欲试，如便利店、邮购公司、电视直销、电话直销、上门推销等，部分业态因不适应国人的消费习惯而退出零售舞台。

4. 中国零售业的第四次变革：1996～1999 年，跨国零售商进入，加速了零售业现代化进程

1996 年，这是中国零售市场发生巨大变化的一年，世界顶级零售巨人在中国开始了“圈地运动”。全球第一大零售集团沃尔玛于 1996 年进驻深圳；全球第二大零售集团家乐福于 1995 年底进入上海；全球最大的货仓式零售集团麦德龙于 1996 年进入上海。中国零售界传来一片悲观的声音，这些重量级的竞争对手给中国本土零售企业带来了巨大的冲击和压力。此时百货业出现全面衰退，甚至引发了“1998 百货商店倒闭年”，零售商不得不思考出路，为生存而斗争，并开始向现代零售组织形式转化。

5. 中国零售业的第五次变革：1999～2004 年，中国主导零售组织成功转型，连锁经营趋势不断增强

1999 年以后，中国零售业出现了微妙的变化，各种新型零售组织纷纷涌现，包括前几年试探失败的业态，便利店重新崛起，与购物中心一起成为零售业的热点，引发了一场零售业的春秋时代。此外，在市场竞争中，一方面，外资企业继续扩张，发展迅速；另一方面，国内土生土长的新型现代零售商逐渐成长起来。1999 年，上海联华超市销售额终于超过上海第一百货公司，名列中国零售企业榜首，标志着中国零售业主导组织形式已成功转型。从此，持续了多年的百货商店辉煌历史终告结束，中国零售业在顺利进行西方发达国家的第二、第三次变革的同时，也悄悄开始了第四次变革。

6. 中国零售业的第六次变革：2005 年以后，中国零售业进入调整期，竞争日益加剧

2005 年以后，随着中国加入 WTO 的 3 年保护期满，中国零售业竞争日益加剧。主要表现在：一方面，许多大型零售企业相继倒闭。上海美亚关闭了近 500 家效益不佳的 21 世纪便利店；外资万客隆黯然撤出广州。另一方面，零售业并购高潮迭起，如华润集团全面收购苏果超市、国美电器收购深圳易好家。零售业一系列倒闭和并购重组事件，暴露出零售业在盲目扩张中无法掩盖的内部管理问题，也反映了中国零售业开始步入调整期。

（二）中国零售业的发展现状

1. 零售业结构发生巨大变化

无论从不同所有制零售商的个数，还是不同所有制零售商所占社会消费品零售总额的比例，都说明中国零售结构发生了巨大变化，国有集体零售已让位于个体零售商。截至 2016 年 6 月，国有及国有控股经济企业零售额占全社会消费品零售总额的比重为 18%，集体经济占 15%，个体经济和私营经济占 44%，外商投资及港澳台地区投资占 3%。

2. 中国零售市场增长潜力巨大

国内零售市场容量迅速扩大，社会消费品零售总额稳步增长，中国已成为亚太地区乃至全世界最具增长潜力的零售市场之一。2015 年，我国社会消费品零售总额300 931亿元，同比增长 10.7%。2015 年全国网上零售额38 773亿元，同比增长 33.3%。其中，实物商品网上零售额32 424亿元，增长 31.6%，占社会消费品零售总额的比重为 10.8%；非实物商品网上零售额6 349亿元，增长 42.4%。

3. 各种业态竞相发展

“十二五”期间，在传统百货零售业稳步发展的同时，作为现代流通手段之一的连锁经营成为商业企业采用的主要经营组织方式，连锁企业从少到多、从小到大，不断发展壮大，多种业态经营的企业大量增加，超级市场、便利店、专业店、专卖店、购物中心、仓储式商场、无店铺销售等发展迅速。

4. 零售业全面对外开放

随着开放领域由零售业向采购中心、物流配送、分销体系等多方位演进，开放范围由少数类别逐步实现全面开放，大量外资企业开始进入流通领域。目前，世界著名跨国零售集团中的大多数已经进入中国市场。外资流通企业的进入，不仅为中国流通业的改革提供了资本支撑，而且带来了先进的经营理念、管理模式和商业业态，培养了一批优秀的管理人才，极大地丰富了市场上的商品品种，满足了居民日益多样化的消费需求。

5. 零售业对上游产业的拉动作业和主导化趋势日益明显

2015 年以来，我国消费品市场的增长已连续超过同期的国民生产总值的增幅。国内市场对国民经济增长的贡献率稳步提高，经济增长由原来的投资驱动、生成导向逐渐转向消费驱动和市场导向，流通产业对国民经济和产业结构调整的促进作用日益增强。

四、中外零售业比较

我国的零售业受制于经济发展水平和消费水平等因素的影响，在规模化、组织化、国际化、业态结构、产权、零售法规、管理技术、顾客服务、连锁经营、物流配送、电子商务等方面，与西方发达国家相比，有较大差距，核心竞争力尚待打造。

(一)规模比较

我国零售业整体规模、单店规模较小。2015 年我国零售业百强榜首的京东的销售额为 4 627亿元，沃尔玛的销售额为4 821亿美元。经过 6 年互联网转型布局的苏宁云商，在 2015 年全年营业收入1 356亿元。这数字间的差距不言而喻。

(二)国际化比较

世界零售商巨头主要集中在美国、法国、德国、日本等经济发达国家，国际零售商作为世界零售业的中坚力量，正在通过兼并、收购迅速扩张。由于受到经济、人口增长以及零售网点分布等因素的影响，这些零售商在本土发展的空间受到约束，实行海外扩张市场策略，实现国际化，是世界零售商巨头保持规模竞争优势的重要出路。而我国的零售业国际化应该说是刚刚起步。

(三)连锁经营比较

美国连锁经营已占全国零售总额的 80%以上，而我国连锁经营企业占社会消费品零售总额平均约为 20%，其中经济发达省份占比超过 30%，经济欠发达地区占比有的低于 10%。

(四)业态比较

西方发达国家现代零售业态丰富，而我国零售业态结构不尽合理，发展不太充分。

(五)布局比较

我国现代零售业态布局在大城市的核心商圈，近几年仅有部分城市开拓边缘商圈发展零售业态，而西方零售布局却是郊区化倾向十分明显。

(六)产权比较

西方零售企业所有制形式单一，产权清晰；而我国零售业是多种所有制形式并存，虽然个体私营零售业在零售业中占比较高，但国有及国有控股企业在零售业中仍起主导作用。

第三节　零售业理论概述

零售活动虽然始于3 000多年前的我国商朝，但零售业的形成并受到重视却在 150 多年前，得到迅速发展是在近30年。在此期间，西方和我国理论界对零售业发展的认识不断深化，提出了一些相关理论，这里对目前比较流行的三大理论进行介绍。

一、零售轮转理论

零售轮转理论又称为车轮理论，是美国哈佛商学院零售专家M.麦克尔(M.Machel)教授1958年提出的。该理论认为，零售业的零售商之变革有着一个周期性的，像一个旋转的车轮一样的发展趋势。新的零售商进入市场时一般采用"低成本、低价格、低毛利"的经营策略，当他取得成功时，必然引起很多零售商的效仿；其结果，激烈的竞争促使其不得不采取价格以外的竞争策略，诸如增加服务、改善店内环境等，这势必增加费用支出，使之转化为"高成本、高价格、高毛利"的零售商。与此同时，新的零售商变革者以"低成本、低价格、低毛利"的经营策略进入市场，启动零售车轮的新一轮运转(如图1—2所示)。

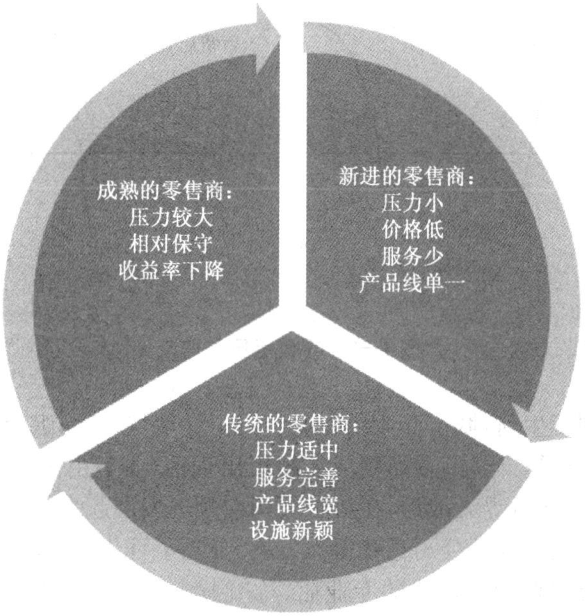

图1—2 零售轮转理论循环

百货商店在历史上的演化是零售轮转理论最好的例子。1838年在法国巴黎诞生的第一家百货商店进入市场时实行低价策略，薄利多销，该店获得成功后，随后引来众多的效仿者。竞争对手的增多使得百货商店开始进入上升阶段，表现在：开始向顾客增加服务，柜台由封闭走向敞开，低价走向高价；同时，更新的业态——超级市场开始以低价格和低毛利率进入市场。随着更新的业态不断蚕食百货商店的营业额以及百货商店之间的竞争加剧，百货商店的毛利率下降，经营效率下降，大多数百货商店只是在维持生存，百货商店进入了它的衰退期。与此同时，超级市场也在不断增加服务，面临新业态连锁商店的威胁，进行着自身的轮转。

二、手风琴理论

手风琴理论是由布朗德(E.Brand)于1943年提出，而后霍兰德(S.C.Hollander)于1960年加以完善。该理论是用拉手风琴时风囊的宽窄变化来形容零售组织变化的产品线特征。手风琴在演奏时不断地被张开和合起，零售组织的经营范围与此相似地发生变化，即从综合到专业，再从专业到综合，如此循环往复，一直继续下去。

拉尔夫·豪尔说："在整个零售业发展历史中(事实上，所有行业都如此)，似乎具有主导地位的经营方法存在着交替现象。一方面是向单个商号经营商品的专业化发展，另一方面是从这一专业化向单个商号经营商品的多元化发展。"

根据这一理论，美国等西方国家零售业大致经历了五个时期(如图1—3所示)：

(1)杂货店时期(综合化的时代，小深度/大宽度)；

(2)专业店时期(专业化的时代，大深度/小宽度)；

(3)百货店时期(综合化的时代，小深度/大宽度)；

(4)便利店时期(专业化的时代，大深度/小宽度)；

(5)商业街时期(综合化的时代，小深度/大宽度)。

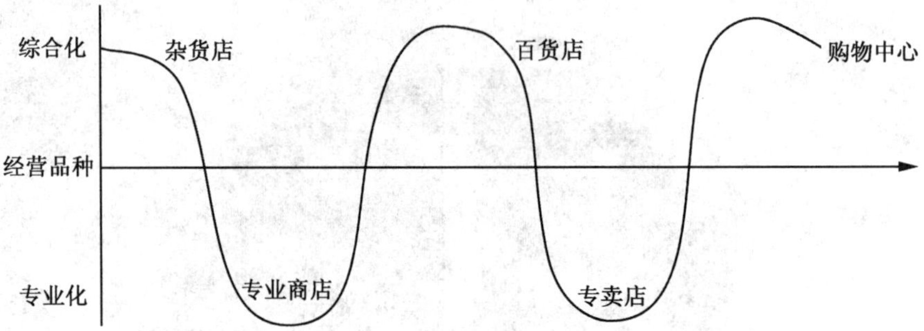

图1—3 零售手风琴理论

历史上，百货公司诞生前，城市商业以专业店占主导地位，商品组合窄而专，因而百货公司的大而全给人以全新感受。同样，食品领域在超市出现前，亦是由肉店、茶叶店、鱼店、面包店等小专业店组成。第二次世界大战后，在百货公司引领下发展起来的购物中心普及，容纳了大量专业店，结果是专业大型连锁公司又获得大发展，分割了百货公司的市场。近10年，在这些专业店的基础上，发展起百货公司式的专业店，称"门类杀手"，它们经营的商品达万种以上。美国零售业态的发展历程也是：杂货店(综合化)→专业店(专业化)→百货商店(综合化)→专卖店(专业化)→购物中心(综合化)。

这一理论说明，随着社会经济的发展，专业化与综合化互为主导，也互为补充，虽然各有风光之时，但从没被另一方所取代。

三、商品攀升理论

商品攀升理论是由美国巴里·伯曼、乔尔·R. 埃文斯合著的《零售管理》一书中提出的，是从零售组织的产品线角度解释零售业的发展变化。该理论指出了零售组织不断增加其商品组合宽度的规律，即当零售商增加相互不关联的或与公司原业务范围无关的商品和服务时，即发生了商品攀升。

商品攀升的发生缘于以下原因：零售商希望增加销售规模，于是不断加进卖得快和毛利高的商品和服务，以抵达更广的目标市场，还可减少季节影响；消费者更多冲动购买，更热衷于一次购齐。此外，零售商原经营产品线的需求可能下降，使其不得不增加产品线宽度以稳定顾客基础。与零售轮转原理集中于产品品质、价位和顾客服务方面的战略变化不同，商品攀升原理说明零售商增加其商品组合宽度的规律(即经营不同产品线的数量)。

与手风琴理论有些类似,商品攀升理论也是从零售组织的产品线角度解释其发展变化的。例如,一家鞋店原先经营的品种主要有皮鞋、运动鞋、拖鞋、短袜、鞋油等商品,经过一段时间的发展,其经营的商品种类越来越多,又增加了诸如手袋、皮带、伞、帽子、毛衣、手套等商品,这就是攀升了的商品组合。

商品攀升是零售商之间竞争的结果,反过来更加剧了竞争。其后果:一是是各种零售业之间经营范围的界限变得模糊;二是零售商销售不熟悉的商品和服务,缺乏专业知识,增加了不成功的风险;三是制造商因为商品销售分散到更多的零售商而增加了分销成本。

上述几种理论都从某一角度解释了西方发达国家零售业演化的规律,但每一种理论都有其局限性,不能解释所有零售业态演变与发展的情况。当然,零售业的演化不是偶然的或无根据的,而是适应社会经济和文化技术发展的产物。零售业态的每一次创新都更好地满足了消费者的利益和需求,推动了经济社会生产的发展。

本章小结

零售业是一个古老的行业,也是一个重要的行业。中国零售业正处于一个急剧的变革时期,国内零售业的巨大变化已是有目共睹,零售业已跃居成为最为活跃的领域,零售规模正迅速扩张,零售业处于不断发展之中。

案例分析

零售巨头——沃尔玛

沃尔玛百货有限公司由美国零售业的传奇人物山姆·沃尔顿先生于1962年在阿肯色州成立。经过50多年的发展,沃尔玛公司已经成为世界最大的私人雇主和连锁零售商,多次荣登《财富》杂志世界500强榜首及当选最具价值品牌。

沃尔玛主要有沃尔玛购物广场、山姆会员店、沃尔玛商店、沃尔玛社区店四种经营业态。沃尔玛致力通过实体零售店、在线电子商店,以及移动设备移动端等不同平台不同方式来帮助世界各地的人们随时随地能够节省开支,并生活得更好。每周,超过2.5亿名顾客和会员光顾其在28个国家(地区)拥有的超过70个品牌下的约11 000家分店以及遍布11个国家(地区)的电子商务网站。2015财政年度的净销售金额达到近4 857亿美元,全球员工总数约220万名。一直以来,沃尔玛坚持创新思维和服务领导力,一直在零售业界担任领军者的角色;更重要的是,沃尔玛始终履行"为顾客省钱,从而让他们生活得更好"这一企业重要使命。

沃尔玛的经营法则有十条:

(1)控制成本。

(2)利润分享计划。

(3)激励你的同事。

(4)可以向任何人学习。

(5)感激同事对公司的贡献。

(6)允许失败。

(7)聆听公司内每一个人的意见。

(8)超越顾客的期望,他们就会一再光临。

(9)控制成本,低于竞争对手。

(10)逆流而上,走不同的路,放弃传统观念。

沃尔玛于1996年进入中国,在深圳开设了第一家沃尔玛购物广场和山姆会员商店。目前沃尔玛在中国经营多种业态和品牌,包括购物广场、山姆会员商店等。截至2015年12月31日,沃尔玛已经在全国19个省、2个自治区、4个直辖市的169个城市开设了433家商场、9家干仓配送中心和11家鲜食配送中心。沃尔玛在中国的经营始终坚持本地采购。目前,沃尔玛中国与超过7 000家供应商建立了合作关系,销售的产品中本地产品超过95%。沃尔玛购物广场营业面积约6 000～10 000多平方米不等,主营生鲜食品、服装、家电、干货等2万多种商品,为顾客提供独特的"一站式购物"体验。同时,作为主力店,为相邻的小零售商、餐厅及商店等商家吸引客流。沃尔玛购物广场一直致力于为实现"天天平价"这一长远目标而做出努力,每天努力为顾客核查更多的商品价格,在全国范围力推"省心价"商品,为消费者省去比价的烦恼。同时,通过市场调研甄选消费者喜爱的商品组合,配合不断改良的陈列方式,持续推动店面改造,以提升顾客购物体验,在满足顾客需求的同时带来产品整体销售的增长。山姆会员商店是世界500强企业沃尔玛旗下的高端会员制商店,其名取自零售界传奇人物——沃尔玛创始人山姆·沃尔顿先生。自1983年4月首家商店在美国俄克拉荷马州的米德韦斯特城开业起,山姆已有超过30年的历史。90年代初,山姆开始进入国际市场,发展至今已成为全球最大的会员制商店之一。目前,山姆在全球已拥有800多家门店,为5 000多万个人与商业会员提供优质的购物体验。中国第一家山姆会员商店于1996年8月12日落户深圳。目前,山姆已在中国开设了12家商店,分别坐落在北京、上海、深圳、广州、福州、大连、杭州、苏州、武汉和常州。未来,山姆会员商店将继续扩大在中国的投资,让更多中国的家庭享受山姆带来的优质生活。每家山姆会员商店平均拥有超过20 000平方米的超大购物空间,主要经营各类日用杂货及百货商品。为满足顾客对于更高品质商品的需求,山姆会员商店只精选同类商品中最佳品质或者最畅销品牌,提供4 000多种高性价比单品,包括生鲜食品、干货、家电、家居、服装等品类,既帮助会员免除挑选商品的烦恼,也可以为会员节省时间和金钱。山姆销售的产品大多为大而简单的复合包装,通过大批量进货以降低成本。山姆会员店的选址强调交通便利,拥有足够的停车场,通常提供给会员至少1 500个免费停车位。

2016年6月21日,沃尔玛和京东对外宣布达成一系列深度战略合作。京东接手1号商城主要资产,其中包含1号店等,而沃尔玛将持有京东约5%的股份,双方将持续在供应链端和O2O领域展开合作。根据双方合作内容,沃尔玛在中国的实体门店将接入京东集团投资的众包物流平台"达达"和O2O电商平台"京东到家",并成为其重点合作伙伴。据双方合作要求,沃尔玛仍有部分电商业务,将继续经营1号店自营业务,并入驻1号商城。沃尔玛的"山姆会员商店"也将在京东平台上开设官方旗舰店。

(资料来源:http://www.wal－martchina.com/)

讨论题:

搜集相关资料,查询沃尔玛现在面临的最大挑战是什么?京东和沃尔玛的合作对哪些企业的影响较大?

思考题

1. 请给出零售、零售商、零售业的释义。
2. 零售商的活动有什么特点？这些特点使零售商在经营过程中需要注意什么？
3. 西方零售业发生了几次重大变革？每次变革都对当时的零售业带来了怎样的影响？
4. 中国零售业发生了几次重大变革？每次变革都对当时的零售业带来了怎样的影响？
5. 你认为网络商店的出现会最终取代传统的有店铺的零售店吗？

第二章　零售业态

本章学习要点

1. 什么是零售业态?
2. 零售业态的主要类型。

关键术语

零售业态

第一节　零售业态概述

一、零售业态

一般认为,"业态"一词来源于日本,是典型的日语汉字词汇,大约出现在20世纪60年代。中国从80年代为介绍日本商业开始引入"业态"一词,直到90年代中期,"零售业态"才被人们所接受并得到了广泛的使用。1998年6月5日,原国家贸易局颁布了《零售业态分类规范意见(试行)》,表明该词得到了官方的认可。

2004年国家标准委员会颁布的《零售业态分类》新标准指出,零售业态是指零售商为满足不同的消费需求而形成的不同的经营形态,它是零售商的经营方式的外在表现,是由零售商的目标市场、选址策略、卖场规模、商品结构、价格水平、购物氛围、服务功能等多种要素组合构成的。

二、零售业种

零售业态是现代意义上的零售词汇,它是由零售业种发展演变而来。所谓零售业种,就是按所经营的商品类型划分或组建的零售商店。这种商店自古有之,诸如古代就存在的布店、粮店、肉店、杂货店等。那时候,商店规模狭小,经营品种有限,人们进店仅能买一种商品。业种店的存在是与当时手工作坊的生产方式、人们的消费需求单一化以及商业资本的小规模条件相适应的。

表 2—1 列出了零售业种店与零售业态店的差异体现在四个方面。

表 2—1　　零售业种店与零售业态店的差异

区　别	零售业种店	零售业态店
目的不同	推销所经营的商品	满足目标顾客的需求
核心不同	以商品为中心	以顾客为中心
经营重点不同	卖什么	怎么卖
产生时间不同	工业革命前	工业革命时代

三、零售业态的主要类型

（一）以商品范围分类，零售业态可分为百货商店、专业店、专卖店、超级市场、便利店等

百货商店是指在一个建筑物内，经营若干大类商品，实行统一管理、分区销售，满足顾客对时尚商品多样化选择需求的零售业态。专业店是以专门经营某一大类商品为主的零售业态，如办公用品专业店、玩具专业店、家电专业店、医药专业店等。专卖店是以专门经营或被授权经营某一主要商品为主的零售业态。超级市场是开架售货，集中收款，满足消费者日常生活需要的零售业态。便利商店以速食商品、饮料等为主，满足顾客以便利性需求为目的的零售业态。

（二）以价格策略分类，零售业态可分为折扣商店、仓储会员店、目录展销店等

折扣商店是店铺装修简单、提供有限服务、商品价格低廉的一种小型超市业态。仓储会员店以会员制为基础，实行销储一体、批零兼营，以提供全方面服务为主要特征的零售业态。目录展销店是通过样本目录招徕顾客，并在店铺进行售卖的商店。

（三）以联系消费者方式为依据，零售业态可分为有店铺零售、无店铺零售

有店铺零售是有固定的进行商品陈列和销售所需要的场所和空间，并且消费者的购买行为主要在这一场所内完成的零售业态。无店铺零售是不通过店铺销售，由厂家或商家直接将商品递送给消费者的零售业态。无店铺零售又可分为网上售货、电视售货、电话售货、邮购、自动售货机等。

（四）以聚合状态为依据，零售业态可分为商业街、购物中心

商业街，又称商店街或商业区，是指一定数量的商店聚集在一定的街道或区域，供人们购物的场所，这一场所根据规模、结构、地点可进行多种分类。购物中心是多种零售店铺、服务设施集中在由企业有计划地开发、管理、运营的一个建筑物内或一个区域内，向消费者提供综合性服务的商业集合体。

（五）以组织控制程度为依据，零售业态可分为连锁商店、零售合作社、商店集团、消费合作社等

连锁商店是通过企业内部分工协作或企业与企业之间的分工协作，以提高零售业的组织化水平，获取竞争优势的经营方式。连锁商店有三种形式，即正规连锁、特许连锁、自愿连锁。零售合作社是由各独立零售商共同组成的组织，实行商品集中批发，并进行联合销售和促销。商店集团是将几个不同的零售方式结合在统一的所有权下，并分部分分销和管理功能的公司。消费合作社是消费者共同出资组成，主要通过经营生活消费品、为社员自身服务的合作组织。

第二节　零售业态分类

一、零售业态分类规范

中国商务部根据近年来我国零售业发展趋势，并借鉴发达国家对零售业态划分方式，组织有关单位对国家标准《零售业态分类》(GB/T18106-2000)进行了修订。国家质检总局、国家标准委已联合发布新国家标准《零售业态分类》(GB/T18106-2004)，该标准为推荐标准，2004 年 10 月 1 日开始实施。新标准按照零售店铺的结构特点，根据其经营方式、商品结构、服务功能，以及选址、商圈、规模、店堂设施、目标顾客和有无固定经营场所等因素，将零售业分为 17 种业态。另外，还对各个业态的基本条件进行了细化，并以表格的形式加以体现。有店铺零售业态的分类和基本特点见表 2—2；无店铺零售业态的分类和基本特点见表 2—3。

表 2—2　　有店铺零售业态的分类和基本特点

业态	基本特点					
	选址	商圈与目标客户	营业面积	商品(经营)结构	服务功能	管理信息系统
食杂店	位于居民区内或传统商业区内	辐射半径 0.3 公里，目标顾客以相对固定的居民为主	一般在 100 平方米以内	以香烟、饮料、酒、休闲食品为主	营业时间 12 小时以上	初级或不设立
便利店	商业中心区、居住区、交通要道以及车站、医院、学校、娱乐场所、办公楼、加油站等公共活动区	商圈范围小，顾客步行 5 分钟到达，目标顾客主要为单身者、年轻人。顾客多为有目的的购买	100 平方米左右，使用率高	即食食品、日用小百货为主，有即时消费性、小容量、应急性等特点，商品品种在 3 000 种左右，售价高于市场平均水平	营业时间 16 小时以上，提供即时性食品的辅助设施，开设多项商品性服务项目	程度较高
折扣商店	居民区、交通要道等租金相对便宜的地区	辐射半径 2 公里左右，目标顾客主要为商圈内的居民	300～500 平方米	商品价格一般低于市场平均水平，自有品牌占有较大的比例	用工精简，为顾客提供有限的服务	一般
超市	市、区商业中心、居住区	辐射半径 2 公里左右，目标顾客以居民为主	6 000 平方米以下	经营包装食品和日用品。食品超市与综合超市商品结构不同	营业时间12 小时以上	程度较高
大型超市	市、区商业中心、城郊接合部、交通要道及大型居住区附近	辐射半径 2 公里以上，目标顾客以居民、流动顾客为主	6 000 平方米以上	大众化衣、食、用品齐全，一次性购齐，注重自有品牌开发	设不低于营业面积 40%的停车场	程度较高

续表

业态		基本特点					
		选址	商圈与目标客户	营业面积	商品(经营)结构	服务功能	管理信息系统
仓储式会员店		城乡接合部的交通要道	辐射半径5公里以上，目标顾客以中小零售店、餐饮店、集团购买和流动顾客为主	6 000平方米以上	以大众化衣、食、用品为主，自有品牌占相当部分，商品品种在4 000种左右，实行低价、批量销售	设相当于营业面积的停车场	程度较高并对顾客实行会员制管理
百货店		市、区级商业中心、历史形成的商业集聚地	以追求时尚和品位的流动顾客为主	6 000～20 000平方米	综合性，门类齐全，以服饰、鞋类、箱包、化妆品、礼品、家庭用品、家用电器为主	注重服务，设餐饮、娱乐场所等服务项目和设施，功能齐全	程度较高
专业店		市、区级商业中心以及百货店、购物中心内	以有目的选购某类商品的流动顾客为主	根据商品特点而定	以销售某类商品为主，体现专业性、深度性，品种丰富，选择余地大	从业人员具有丰富的专业知识	程度较高
专卖店		市、区级商业中心、专业街以及百货店、购物中心内	以中高档消费者和追求时尚的年轻人为主	根据商品特点而定	以销售某一品牌系列为主，销售量少、质优、高毛利	注重品牌声誉，从业人员具备丰富的专业知识，提供专业性服务	一般
家居建材商店		城乡接合部、交通要道或消费者自有房产比较高的地区	以拥有自有房产的顾客为主	6 000平方米以上	商品以改善、建设家庭居住环境有关的装饰、装修等用品、日用杂品、技术及服务为主	提供一站式购足和一条龙服务，停车位300个以上	较高
购物中心	社区型购物中心	市、区级商业中心	商圈半径为5～10公里	建筑面积5万平方米以内	20～40个租赁店，包括大型超市、专业店、专卖店、饮食服务及其他店	停车位300～500个	各个租赁店使用各自的信息系统
	市区购物中心	市级商业中心	商圈半径为10～20公里	建筑面积10万平方米以内	40～100个租赁店，包括百货店家、大型超市、各种专业店、专卖店、饮食店、杂品店以及娱乐服务设施等	停车位500个以上	各个租赁店独立开展经营活动

续表

业态		基本特点					
		选址	商圈与目标客户	营业面积	商品(经营)结构	服务功能	管理信息系统
购物中心	城郊购物中心	城乡接合部的交通要道	商圈半径为30～50公里以上	建筑面积10万平方米以上	200个租赁店以上,包括百货店家、大型超市、各种专业店、专卖店、饮食店、杂品店以及娱乐服务设施等	停车位1 000个以上	各个租赁店使用各自的信息系统
工厂直销中心		一般远离市区	多为重视品牌的有目的的购买	单个建筑面积100～200平方米	为品牌商品生产商直接设立,商品均为本企业的品牌	多家店共有500个以上停车位	各个租赁店使用各自的信息系统

表2—3　　无店铺零售业态的分类和基本特点

业态	基本特点			
	目标客户	商品(经营)结构	商品售卖方式	服务功能
电视购物	以电视观众为主	商品具有某种特点,与市场上同类商品相比,同质性不强	以电视作为向消费者进行商品宣传展示的渠道	送货到指定地点或自提
邮购	以地理上相隔较远的消费者为主	商品包装具有规则性,适宜储存和运输	以邮寄商品目录为主,向消费者进行商品宣传展示,并取得订单	送货到指定地点
网上商店	有上网能力,追求快捷性的消费者	与市场上同类商品相比,同质性强	通过互联网进行买卖活动	送货到指定地点
自动售货亭	以流动顾客为主	以香烟和碳酸饮料为主,商品品种在30种以上	由自动售货机完成售卖活动	没有服务
电话购物	根据不同的产品特点,目标顾客不同	商品单一,以某类品种为主	主要通过电话完成销售或购买活动	送货到指定地点或自提

二、有店铺零售业态——购物中心

购物中心起源于美国,是一个由零售商店及其相应设施组成的商店群体,作为一个整体进行开发和管理。通常包括一个或多个大的核心商店,并有众多小商店环绕其中;有庞大的停车场设施,其位置靠近马路,顾客购物来去便利。购物中心所具备的功能如下:

(一)齐全的售卖功能

购物中心将百货商店、超级市场、各类专业店和专卖店汇集于一个建筑物内,满足了消费者吃、穿、用、住、行全方位的一次购足要求。从商品档次上,包括高、中、低档,使每一位顾客在购物中心里能买到所需商品。

(二)创新的生活功能

购物中心除了设有人们购物的商店之外，还设有满足人们日常生活所需的休闲、娱乐、银行、医疗机构和运动设施，定期开展音乐、戏剧表演和艺术展览等活动，居民在购物中心购物、闲聊、集会等，已成为现代生活之城。

(三)综合的管理功能

购物中心由多家不同企业的商店组成，除核心商店以外，其他零售店要在10家以上，并进行综合性的物业管理、店铺结构管理、宣传促销管理，但具体的业务并不统一管理。这不仅可以使各家店铺集中精力进行商品促销行为，还可以节约大量的广告、促销及其他相关费用。同时，对顾客也具有相当大的吸引力，购物中心为他们提供了足够的选择空间。

三、有店铺零售业态——工厂直销中心

工厂直销中心(factory outlet center)又称为奥特莱斯(OUTLETS)，最早诞生于美国，迄今已有百余年历史。Outlets最早是“工厂直销店”专门处理工厂尾货；后来逐渐汇集，慢慢形成类似Shopping Mall的大型Outlets购物中心，并逐渐发展成为一个独立的零售业态。虽然Factory Outlet这种业态在美国已有百多年历史，但真正有规模的发展是从1970年左右开始的。在一个面积较大的卖场内，很多生产企业以低于商业售价的价格跨行业经营服装为主的各种品牌商品。由于所经营的主要是一些高档名牌产品，对于充分认识品牌价值的消费者有很大的吸引力，所以绝不能把奥特莱斯视为廉价商品零售业态，也不能把它同工业企业设在厂区附近的工厂商店混淆。

奥特莱斯最初是为了销售残次商品和零售企业退回来的商品而创立的。现在是专门销售名牌过季、下架、断码商品的购物中心，折扣低至7折以下，绝大多数商品全年价格都不会高于5折，是现代欧美商业社会最为流行的一种零售业态。现遍布欧美日等发达国家，目前美国已有近400家奥特莱斯，欧洲拥有近百家奥特莱斯。国内的奥特莱斯市场兴盛于2006年。2002年北京燕莎开出中国第一家奥特莱斯(图2—1)，2006年以后奥特莱斯在全国各地如雨后春笋般建起。据不完全统计，全国大约有200多家以奥特莱斯命名或主打奥特莱斯概念的商场。奥特莱斯的经营地点一般选址郊外交通便利的地方，特别要求是靠近高速公路。很多旧军用建筑物和废弃不用的厂房被改造成奥特莱斯卖场。

奥特莱斯的商品能够销售得如此便宜，原因在于：

(1)运营成本低。其经营场所一般都在城市郊区、地价低；商业设施简陋、投入少；销售方式简单、费用低。

(2)过季名品降价销售。一个著名品牌当季价格是100%(正价)的销售，第二年就会半价出售，第三年则以三折出售。奥特莱斯专门为品牌供应商销售其过季产品，这种方式使同一品牌的销售分开了档次，扩大了销售范围，延长了销售期，而且也提高了品牌的知名度。很多产品生产商开始专门生产奥特莱斯商品。这些新生产的商品使用过时的面料、过时的款式，省去了研发费用、广告费用，销售价格自然相对实惠。

奥特莱斯另外一个优势就是购物环境。每一个奥特莱斯中心的购物面积都很大。以美国为例，奥特莱斯中心的面积由几万平方米到几十万平方米。而每一个购物中心都有自己的特点和环境，有配套的服务设计和便捷的交通，因此成为人们购物休闲的理想场所。

图 2—1 中国首家奥特莱斯——燕莎(北京)

四、无店铺零售业态——网上商店

网上商店通常指建立在第三方提供的电子商务平台上的、由商家自行开展电子商务的一种形式，正如同在大型商场中租用场地开设商家的专卖店一样。

在电子商务发展的初期，一些网上零售网也称为网上商店，如当当网上书店、亚马逊网上书店等。随着这些网上零售网的快速发展，其经营商品品种越来越多，规模也越来越大，这些独立的电子商务网站都不再称为网上商店，而改称“网上商城”。

目前零售业网上商店的形式主要有以下三种：

(1)纯网上商店或网上商城。直接在网上建立商店实现销售，如亚马逊、淘宝、京东等。这种网络商店具有 24 小时营业、销售成本低廉等优点。顾客可直接在网上选购商品，或在网上下单、店家邮寄商品，除了常见的日用生活用品、话费充值、服装等，还包括家居建材等商品都可用网上购买。

(2)传统零售商店上网。构成网上和网下、有形商店和无形商店相结合。例如，百货商店开辟的网上商城如“银泰百货”“第一百货”；连锁家电开辟的网上商城，如“苏宁易购”“国美在线”；连锁超市开辟的网上商城，如“大润发的飞牛网”；等等。

(3)物流(金融)企业向网上销售延伸。典型的是顺丰优选，其利用多年来建立的遍布全中国的物流网络，将送货范围扩大到生鲜食品、进口食品，形成极具特色的消费平台。

网上商店可提供网上交易、广告促销、市场调查以及收集信息活动和管理等全过程的服务，因此具有广告宣传、咨询洽谈、网上订购、网上支付、电子账号、服务传递、意见征询、交易管理等各项功能。

本章小结

零售业态的类型很多，依据不同的要素组合，就有不同的业态类型。依据国家新标准，我国有 17 种零售业态。伴随政治、经济、社会文化和技术方面的迅速变化，顾客购买商品服务的价值取向发生了很大的变化，零售业的发展既需要适应消费者的需求，又要受到生产力发展水平和消费水平制约。每一种零售业态的诞生都遵循了一定的规律，且有自己独特的生存条件，切忌盲目发展。

案例分析

麦德龙的 C&C

1964 年，在商业领域中，一个崭新理念和管理方式在德国诞生了，这就是麦德龙。在全球 32 个国家中经营现购自运制(cash and carry，C&C)商场、大型百货商场、超大型超市折扣连锁店、专卖店等。麦德龙股份公司(Metro AG)常称作“麦德龙超市”，是德国最大、欧洲第二、世界第三的零售批发超市集团。现购自运是指专业顾客在仓储式商场内自选商品，以现金支付并取走商品。与传统的送货批发相比，现购自运的优势在于较好的性价比，食品和非食品分类范围广，即时获得商品，更长的营业时间。商场提供17 000种以上食品，30 000种以上的非食品，特别是在生鲜食品的供应上，包括水果/蔬菜、活鱼、肉制品、奶制品。麦德龙现购自运的目标顾客包括餐饮业，酒店业，食品、非食品贸易服务商以及机构采购。他们可以找到大包装以满足特殊需求(如图 2—2)。

图 2—2　麦德龙超市

麦德龙的做事方式与我们平常见到的其他连锁业态的跨国企业比，显得特立独行：

一是拥有自有产权的店面。40 年来，它无论在全球什么地方都是强调拥有自有产权的店面。麦德龙是仓储式会员制，目前在中国的店铺一般都超过 1 万多平方米，加上建筑面积和与建筑面积基本等同的停车场面积，有的甚至达到 3 万～5 万多平方米。与大型综合超市如家乐福和沃尔玛相比，麦德龙店对地点、面积的要求更严格，更难选到合适的店，所以自建成为麦德龙的一贯选择。

二是禁止 1.2 米以下的儿童进入卖场。麦德龙有条规定是，禁止 1.2 米以下的儿童进入卖场。麦德龙的理由很有趣：作为一家大型仓储式商场，需要进行叉车作业补充货品，而 1.2 米以下的儿童恰恰是在叉车驾驶员的视觉盲区。

三是“透明”收银单。尽管你不愿意，但你的名字将不得不重复出现在你的每一张收银单上。“透明”收银单上面详尽地排列着消费者所购商品名称、单价、数量、金额、日期和顾客姓名等。其详细程度甚至连每包卫生纸的卷数都有说明，绝无丁点含糊。在欧洲，这种透明方式很受欢迎。

四是“会员制”。麦德龙采用的是“会员制”，只有申请加入并拥有“会员证”的顾客才能进场消费。在广州，其余消费者可在柜台领取“当日会员卡”进行消费。

麦德龙仓储式超市是将超市和仓储合而为一的零售业态，它省掉了传统零售企业独立的仓库和配送中心，经营中实现了快速补货，保证了超市低成本高效率的运作。仓储式超市与普通超市整体策划设计方面有明显不同。

中国零售行业的发展将更加注重小型业态，这是麦德龙入华 20 年后做出的新判断。麦德龙旗下的便利店业态“合麦家”也由此而生。“合麦家的商业及财务模式已经准备就绪，这是非常有潜力的市场。”麦德龙中国区总裁席龙表示，合麦家将通过特许经营模式快速推广，便利店已经被列为麦德龙 2020 年发展愿景的五大业务之一。不过，对于做惯了企业用户、定位“顾客仓库”、采取“现购自运”模式的麦德龙，跨界做便利店、迅速启动特许加盟模式，面临的是大写的冒险和挑战。

（资料来源：http://www.metro.com.cn/）

讨论题：

以麦德龙的发展为例，谈谈我国大型超市的发展及特点。

思考题

1. 简述业态店和业种店的差异。
2. 简述 17 种零售业态及其基本特点。

第三章　零售战略

本章学习要点

1. 什么是零售战略，应如何规划零售战略的步骤？
2. 零售战略由哪些内容构成？
3. 实施与控制零售战略为何是重要的？

关键术语

零售战略　成本领先战略　差异化战略　目标集聚战略　平效　麦肯锡 7-S 模型

第一节　零售战略概述

一、零售战略的含义及特点

在现代的市场经济环境下，零售企业要生存、发展，关键之一就是要重视和切实制定零售企业战略。

零售战略(retail strategy)是零售企业进行经营活动的总体计划和行动纲领。它将零售企业在战略期间的经营宗旨、目标、重点的具体活动及控制扼要地提出来，描绘出一个未来的蓝图。

零售战略具有显著的特点。首先，它使零售商必须认真研究其所处的经济环境、法律环境和竞争环境。其次，它表明零售企业与竞争对手相比所具有的竞争优势，对目标消费者具有的吸引力。再次，它能使零售企业的全部经营活动协调进行，可以预见并规避风险。

二、零售战略的制定步骤

零售战略是确定零售企业在今后若干年内采用的总方针。我们应先了解零售战略的制定步骤，该过程主要包括 6 个部分。

(一)确认市场机会

确认市场机会就是对市场进行分析，包括消费者分析、行业分析和竞争者分析。这里特别强调竞争者分析。零售企业的竞争不能仅强调以消费者为中心，而是要走以消费者和竞争者同为中心的道路；否则，就不能塑造企业的特色，而特色恰恰是与竞争者比较的结果。企业通过竞争者的分析、对比和研究，找到自己的优劣势和市场机会，最终确定企业的市场目标。在进行市场分析的过程中，还应该注意进行长期的市场环境研究，对未来3年、5年甚至10年的未来趋势进行预测，从而制定企业的中长期发展战略。

（二）设定企业经营方针和目标

经过详细的市场研究之后，要确定企业的经营方针和目标。零售企业在制定发展战略的过程中，首先要考虑目标顾客是谁，商店给谁开，满足他们的何种要求。确定目标顾客的过程实质上是企业进行经营定位的过程。随着行业竞争愈发激烈，每一个商店、每一个企业都不可能争取到所有的顾客、服务所有的顾客，因此，零售企业必须进行选择，找到最终的目标顾客群，确定经营方针和中、长期的发展战略目标。这一目标体系由经济职能目标、社会职能目标、员工管理目标三部分构成。

1. 经济职能目标

零售企业的经济职能目标主要包括经营、市场和利润目标。

（1）经营目标。企业的经营目标是企业生产经营活动目的性的反映与体现，是在一定时期企业生产经营活动预期要达到的成果。零售企业的长期经营目标是企业发展战略的具体体现，不同的企业其经营目标是不同的。企业经营目标是在分析企业外部环境和企业内部条件的基础上确定的企业各项经济活动的发展方向和奋斗目标，是企业经营思想的具体化。企业经营目标不止一个，其中既有经济目标又有非经济目标，既有主要目标又有从属目标。它们之间相互联系，形成一个目标体系。其主要由经济收益和企业组织发展方向方面的内容构成。它反映了一个组织所追求的价值，为企业各方面活动提供基本方向。它使企业能在一定的时期、一定的范围内适应环境形势，使企业的经营活动保持连续性和稳定性。惠普的创始人之一比尔·休利特说过，惠普从来没有把利润最大化作为经营目标，但也从来没有把利润放在所有考虑问题之外。惠普有七大目标：培养、发展忠诚的客户，合理利润（超过行业平均水平），行业领导地位（保持在第一、第二位，并形成规模），持续增长（有动力和潜力），员工发展，团队领导力提升和社会责任。这些目标如同齿轮一样紧紧咬合在一起，牵一发而动全局。惠普最重视的就是培养、发展忠诚的客户。

营业场地效率，也称平效。它是商场的销售额除以全部售货场所面积。这个指标表明零售企业在每平方米的售货场所产生的销售额。

劳动生产率，也称劳效。它是销售额除以全部工作日的雇佣人数。这个指标反映了零售企业每个工作日的雇佣人员产生的销售额。

商品周转率，也称存货周转率。它是销售额除以存货的平均投资。这个指标表明零售企业用于存货的每元钱投资产生的销售额。

表3—1是2015年全国三大业态商场的TOP10业绩平效分析。

表3—1　2015年全国三大业态商场的TOP10业绩平效

TOP10百货			TOP10购物中心			TOP10奥特莱斯		
项目	2015年总业绩（亿元）	建筑面积（万平方米）	项目	2015年总业绩（亿元）	建筑面积（万平方米）	项目	2015年总业绩（亿元）	建筑面积（万平方米）
北京SKP（原新光天地）	78	12	南京德基广场1～2期	70.2	15	上海青浦百联奥莱1～2期	41.7	12.5

续表

TOP10 百货			TOP10 购物中心			TOP10 奥特莱斯		
项目	2015 年总业绩(亿元)	建筑面积(万平方米)	项目	2015 年总业绩(亿元)	建筑面积(万平方米)	项目	2015 年总业绩(亿元)	建筑面积(万平方米)
杭州大厦 1～3 期	57	18	深圳万象城 1～2 期(含 REEL 百货)	62	18.8	北京燕莎奥特莱斯 1～2 期	36	9.5
上海八佰伴	45.6	10.8	广州正佳广场含友谊百货	60	30	天津佛罗伦萨小镇·京津名品奥莱 1～3 期	30	7.67
南京中央商场 1～4 期	40.5	11	广州天河城含天河城百货	55	16	沈阳兴隆奥莱	21.1	15
杭州武林银泰 1～2 期(含原百大)	39.6	8.7	北京国贸商城	52	10	北京塞特奥莱 1 期	20.5	10
南京金鹰新街口店 1～2 期	38	11	上海 IFC 国际金融中心	50	11	重庆西部奥特莱斯 1 期	20.5	8
上海新世界城 1～2 期	35	14	三亚海棠湾中免购物中心	43	12	成都时代奥特莱斯	20.5	7
南京新百	34	6	北京西单大悦城	40.4	11.5	武汉盘龙百联奥莱 1 期	15.8	9.2
石家庄北国商城 1～2 期	33.4	15	广州太古汇	36	12.5	宁波杉井奥莱 1～2 期	15.8	6.8
武汉武商广场	32	8	上海港汇广场	36	13	杭州下沙百联奥莱 1 期	15.7	8
TOP10 百货平效为 3.78 万元/平方米/年	总计 433.1 亿元	总计 114.5 万平方米	TOP10 购物中心平效为 3.37 万元/平方米/年	总计 504.6 亿元	总计 149.8 万平方米	TOP10 奥特莱斯平效为 2.54 万元/平方米/年	总计 237.6 亿元	总计 93.67 万平方米

(2)市场目标。市场目标主要关注企业在整个零售市场上的地位,可用市场份额或市场占有率来表示。市场份额一般有两类表示方法:一类是用企业销售占总体市场销售的百分比表示,另一类是是用企业销售占竞争者销售的百分比表示。

对于零售商来说,企业理性的市场目标是追求适度的市场份额。适度的市场份额是指企业市场份额的数量既不能太大,也不能太小。太大,可能超越企业的控制能力;太小,不能体现企业的规模优势。

(3)利润目标。利润目标的设定表明零售企业希望直接从其经营中获得的货币性回报。零售商在一定经营期内争取达到的利润目标，反映企业一定时期财务、经营状况的好坏和经济效益的高低，它是零售商未来经营必须考虑的重要战略目标之一。利润目标一旦确定，便成为企业生产经营活动的行动依据，企业要根据利润目标进行组织销售、控制成本等工作。常用的衡量指标如下：

销售利润率：企业的净利与销售净额之比，说明每一元销售额所能实现的利润。

净值收益率：企业的净利与业主或股东的资产净值之比，说明每一元资产净值所能实现的利润。

资产收益率：也称资产回报率(ROA)，企业的净利与全部资产之比，说明每一元能创造多少净利润。

2. 社会职能目标

社会职能目标不像经济目标那样，可以具体明确或容易数量化，但它们却能使零售企业更加重视各种社会问题，例如公众满意度，建立良好的企业形象，使顾客、供应商、企业员工、政府和社会团体形成良性互动。

(1)社会服务目标。例如提供足够的商品，给予消费者自由选择商品和服务的权利；安排就业，减轻社会中就业困难者的数量；交纳税金，支持政府发挥职能等。

(2)社会诚信目标。公平地对待消费者，如公开、公正地处理消费者的意见；明确告诉消费者产品的缺点。

(3)社会公益目标。在必要时回馈社会，资助社会公益事业。如捐款、提供奖学金等。

3. 员工管理目标

这一目标反映现代企业管理是以人为本的管理。企业的发展是以雇员为基础的，因此企业战略的目标设定应考虑企业员工经济上的要求和个人发展方面的要求。

(1)收入目标。是指零售企业管理人员或一般雇佣人员的工资待遇得到了满足，而且能不断得到提高。

(2)发展目标。员工感觉到在零售企业内部有发展的机会，只要努力工作，就有个人职位升迁的机会，而且随着年龄的增长，这种机会是有保证的。

(3)地位和尊重。零售企业的管理人员或一般雇佣人员，在企业内需要得到一定的地位，受到人们的尊重。比如，在业务经营有了明显的进展时会受到表彰。

(三)设计商业战略

商业战略包括商业定位、行业定位、业态定位、规模选择、空间选择、时间选择和扩张策略。

(四)建立组织保障体系

企业必须建立一套完善的组织保障体系，才能使发展战略得以实施。

(五)制定战略实施计划

战略管理一定要包含具体的战略实施计划，否则会导致实施的盲目化和低效化。

(六)企业战略的说明

企业的发展战略一旦确定，就应适时地向员工公布和说明，使员工对企业的前景、发展目标有清晰准确的了解和认识。这样，才能保证战略实施的顺畅。

第二节　零售战略的构成

确定企业基本任务和目标后，就要进一步设计制定企业战略。零售企业战略可用分为企业总体战略和功能战略两个层次。

一、零售战略的层次

（一）企业总体战略

企业总体战略关系到零售企业的资源配置和发展方向，是企业最为重要的战略举措。一家零售企业的成功与否首先在于它的总体战略是否正确，对于大型零售企业来说尤其如此。当一家公司要进入零售行业的时候或者一家零售企业要进行新的发展的时候，首先面临的是总体战略的制定，如进入零售业的哪个业态、采取何种组织形式、在什么城市和地区发展等，总体战略关系公司的投资方向和资源配置，关系着公司的组织架构、人力资源，其意义非同一般。

（二）零售企业功能战略

零售企业功能战略是根据企业总体战略制定的，包括经营战略、市场战略、竞争战略。这是企业必须面对的三项相互关联的战略决策。

1. 经营战略

企业在市场上必须对基本的经营活动有一个设想。这一经营活动将决定企业经营活动的大致范围，采取哪些经营品种，商品线的宽度、深度和关联度，履行哪些服务职能以及建立什么样的企业组织形式，确定经营活动所在的城市、区域分布和具体选址。在经营战略制定中可以考虑以下两种战略。

（1）成本领先战略。成本领先战略也称低成本战略。当成本领先的企业的价格相当于或低于其竞争厂商时，它的低成本地位就会转化为高收益。尽管一个成本领先的企业是依赖其成本上的领先地位取得竞争优势的，而它要成为经济效益高于平均水平的超群者，则必须与其竞争厂商相比，在产品别具一格的基础上取得价值相等或价值近似的有利地位。成本领先战略的成功取决于企业日复一日地认真实施该战略，可以通过如经济规模、技术创新、获取最低的产品进价等途径，成为一个地区成本最低的零售商。

成本领先战略的运用不能过分强调成本优势而忽视了其他方面，应当以为顾客提供价值为前提。一些企业极易将成本领先看成是简单的价格竞争，从而步入低价竞争的风险之中。有时候价格过低并不一定有好处，比如当商品价格与商品质量联系紧密时，消费者往往以价格来衡量产品质量。此外，企业若一味压低经营成本追求成本优势时，容易导致降低进货产品质量的要求以及服务水平。成本领先战略的运用还要防止引起激烈的价格战，要注意不能损害企业的形象。

零售企业要创造成本优势可以从以下四个方面进行思考：

①进行企业经营成本影响因素分析。首先要了解自身的成本现状，通过找出那些对企业经营成本影响最大的或企业降低成本潜力最大的因素，深化已有的成本优势，创造可能的成本优势。

②制定成本控制目标和成本控制计划，进行系统的成本控制。

③与供应商建立良好的合作关系，节约采购成本。

④实施连锁经营，创造规模效益。

(2)差异化战略。差异化战略，是指为使企业产品、服务、企业形象等与竞争对手有明显的区别，以获得竞争优势而采取的战略。这种战略的重点是创造被全行业和顾客都视为独特的产品和服务。在实际生活中，零售业中的差异化战略反映了零售业动态和竞争性的特征。差异化战略可以从以下方面着手：

①形象差异。商店的形象，如店堂设计、商品陈列、环境气氛都显示出与众不同。

②商品差异。经营的商品种类、品种、品牌和质量，使消费者在这里可以看到其他商店所没有的商品，给人耳目一新的感觉。

③营销差异。在营销手段上别出心裁，通过特殊的营业推广、广告宣传等吸引顾客。

④选址差异。商店地址的便捷性，如德国卡尔施泰特(Karstadt)百货公司选址在地铁出口处，麦德龙选址在高速道路的出口不远处。

⑤服务差异。最常见的差异化战略是服务差异化战略，优质服务能给消费者带来持久的愉悦，而劣质服务会给消费者带来无法忍受的烦恼。优质服务还有明显的好处就是培养顾客的忠诚，稳定老顾客。不同的顾客、不同的消费时间和地点，顾客对服务的要求是不同的。不同的企业经营方式对所提供的服务内容也不相同，这些服务具有主次之分。服务差异化也并不一定是提供更高的服务档次。服务差异还包括对供应商的服务，如对供应商的接待、收货和验货、信息反馈等。

(3)目标集聚战略。目标集聚战略是零售企业将经营重点集中在某一特定的顾客群体，某产品系列或某一特定的地区市场上，力争在局部市场取得竞争优势。由于集中精力于局部市场，需要的投资较少，因此这一战略多为中小型企业所采用。此外，目标集聚战略一方面能满足某些消费者群体的特殊需要，具有与差异化战略相同的优势；另一方面可以在较窄的领域里以较低的成本进行经营，因而兼有与低成本战略相同的优势。

零售企业实施目标集聚战略，关键要做好下列工作。

①在市场调查的基础上对市场进行有效细分。对市场进行细分，实际上就是根据消费者的差异性，对消费者进行分类或分群，如对消费者的地理特点、人口特征、行为方式、消费心理等进行分类。在对市场进行细分时，为了保证有效性，一定要在市场调查基础上进行。

②各个细分市场对企业价值各有不同，应选择有潜力的细分市场作为自己的目标市场，要仔细考虑市场是否有足够的现实需求或潜在需求；企业是否有能力满足这些需求并盈利；企业在这个细分市场上能否取得一定的竞争优势。

③根据目标市场的特点，制订业务开展的详细计划。目标市场一旦选定，企业要根据目标市场的特点，确定零售网点的位置、选择商品经营范围、选择进货渠道、确定商品价格策略以及进行企业视觉设计和广告宣传等。

2. 市场战略

零售企业的市场战略可分为竞争真空区域战略、市场渗透战略和市场细分战略。

(1)竞争真空区域战略。所谓竞争真空区域战略，是指将目标市场定位在没有竞争对手的市场空间内。这一经营战略主要适用于中小型零售企业，因为中小型企业依靠不大的顾客群体就足以维持生存。竞争真空区域战略可以是地理上的某个空白区域，也可以是某个顾客群体或某种商品。

(2)市场渗透战略。所谓市场渗透战略，是指将企业经营的目标市场定位在整个市场或整个市场的某个尽可能大的子市场内。经营周转速度较快的企业可以采用该战略，如经营生鲜食品的大型连锁企业就是典型例子。

(3)市场细分战略。所谓市场细分战略,是指将市场划分为多个子市场。在这里,市场既可以按空间细分,也可以按顾客或经营客体进行细分。采用这一战略的企业需要成立多个部门,每个部门的经营客体、集散、广义价格和信息交流等策略都要尽可能地按照各自所服务的子市场特点来制定。

3.竞争战略

就如何与竞争对手展开竞争,可分为三种基本战略:排挤战略、防守战略和避免竞争战略。

(1)排挤战略。所谓排挤战略,是指在市场上采取某些进攻性经营手段来争夺竞争对手的市场份额。这是处于迅速膨胀期的企业实现扩张目标的路径。在这个战略的运用中,零售企业要特别关注促销、价格、服务策略的使用。

(2)防守战略。在企业已经具有一定市场影响力并决定不再进一步扩张后,一般就会采取防守战略。这时企业的主要任务是防止竞争对手抢走本企业的市场份额。这一战略并非都是企业自愿采取,往往是企业无力继续扩张战略而不得不采取该策略。多年来,德国百货企业一直采取该策略。

(3)避免竞争战略。所谓避免竞争战略,是指尽可能摆脱与其他企业的竞争。这一战略尤其受小型零售企业青睐,多数情况下,采用避免竞争战略就等于采用竞争真空区域战略。

零售企业在运用上述战略时,还须注意企业的基本经营理念与所选择的企业战略相互协调。如果企业做到这点,就可以很好地进行业态、经营规模和协作力度等基本决策。

二、零售企业扩张战略

零售扩张战略主要由三个部分组成:地理战略、扩张路径和扩张速度。当零售商在自己国家的零售市场上不断扩张并达到基本饱和时,要保持原先的扩张速度,它会面临两个选择:

一是向其他领域进军,谋求一个崭新领域再现自己的成功;二是向其他国家的零售市场进军,不断扩大自己的零售空间版图。

(一)地理战略

1. 区域性集中布局战略

这是指一个区域内几种资源密集开店,形成压倒性优势,以达到规模效应的目的。这种网点布局战略对消费相对分散且区域性竞争不明显的便利店尤为适用,具有以下好处:

(1)降低零售商的广告费用。零售商一般采用地区型的电视台、广播台和报纸等作为广告媒体,一个区域内无论开设一家店铺还是百家店铺,广告费用总额一般是相当的。因此,同一个区域内开店越多,平均摊到每个店铺的广告费用越低。

(2)提高零售商的知名度。在同一个地区开设多家店铺,会容易树立该零售商的形象。

(3)提高零售商的管理效率。总部管理人员可以在各个店铺之间合理分配时间,在一定时间内增加巡店和指导的次数,节省人力、物力、财力,便于对各店铺的管理。如果某店铺出现暂时缺货,也可以在很短的时间内进行商品调配。

(4)提高零售商品的配送效率。为了使各店铺的存货降至最低,通常要求配送中心采取多品种、多批次、少数量的配送方式。在同一个地区店铺越多,分摊到各店铺的运输费用也越低。如面包、糕点等,为保证食品的新鲜,每天要送货 1～2 次,而且不能远距离运输,因此必须采取集中开店战略,方能降低物流成本。

2. 跳跃式布局战略

这是指零售商在主要的大城市或值得进入的地区分别开设店铺。这种战略往往是零售商希望占领某个大区域市场,先不计成本,不考虑一城一池的得失,而是考虑网络的建设,对有较大发展前途的地区和位置,先入为主,抑制竞争对手的进入。这实际上是对未来行为的一种提前。跳跃式布局战略可以帮助零售商分散地理上的风险,当一个地区经济出现衰落时,不至于面临全盘失败。如果零售商的经营模式对地点有特殊要求,那么,尽早在主要市场锁定理想地点的经营将使零售商的扩张活动变得更为主动。

3. 领先式布局战略

这是指零售商优先将店铺开设在商业网点相对不足的地区,或竞争程度较低的地区,以避开强大竞争对手,站稳脚跟。较偏远的地区或城市郊区,往往被大型连锁零售商所忽略。那里租金低廉、开店成本低,商业网点相对不足,不能满足当地居民的需要,零售商在该地区容易形成优势,取得规模效益,以便后来居上。沃尔玛初期即采取这种布局战略,从而有效避开了与竞争对手正面冲突。采取这种战略的零售商要充分考虑自己物流配送的能力,如果店铺之间跨度太大,企业物流配送跟不上,就难以满足各店铺的配送需求;同时,由于不同地区的市场差异太大,企业难以根据不同市场的要求选择适销对路的商品,来满足消费者的需要。

(二)扩张路径

零售商扩张路径主要有两种类型:一是滚动发展战略;二是收购兼并战略。两种战略各有利弊,需要根据企业自身的实际情况灵活运用。

1. 滚动发展战略

这是指零售商通过自己的投资,建立新的零售门店,通过自身力量逐步发展壮大。这种扩张路径可以使新门店在一开始就能按企业统一标准运行,有利于企业的一体化管理,原先的经营理念和模式也能得到充分的检验和修正。但这种方式前期投入资金较多,且零售商对新区域的市场需要有一个了解的过程,当地消费者也需要时间接受新的进入者。

如果零售商将连锁门店开到100家甚至更多,而所有的商店建筑费、店面装修费和仓库基础设施费全都自己承担,这将是一笔非常大的费用。如果公司资本不是特别充足,为了节省投资,零售商可以考虑对物业进行租赁或者与其他合作伙伴合资及开展特许经营。目前,零售商大都不拥有自己的物业,他们相信"零售商不应卷入房地产活动中",但有时也会面临一些尴尬。例如,深圳万佳公司的第一家分店在物业租赁期满后,业主提出要大幅度提高租赁费,最后双方无法达成协议,使得万佳不得不另寻店址。

2. 收购兼并战略

这是指零售商采用资本运营的方式,将现有零售企业收购、兼并过来,再进行整合,使兼并企业能与母体企业融为一体。近几年,中国零售业让人关注的发展动向是并购活动盛行,如2015年的沃尔玛收购1号店,然后2016年时沃尔玛将1号店打包出售给京东。通过收购兼并,零售商可以共享资源、扩大顾客基础、提高和供应商讨价还价的实力。这种战略使零售商比较容易进入一个新市场。因为兼并过来的企业就是当地已经存在的企业,熟悉当地的情况,了解本地市场,能迅速扩大企业规模。然而,兼并过来的企业与母体企业有一个磨合阵痛期,这同样需要成本。

(三)扩张速度

零售业是一个进入和退出壁垒相对较低的行业。由于零售商相互之间很容易模仿,如果一种经营模式要等到完全成熟,零售商才考虑扩张,也许会因为等得太久而被他人抢先,从而失去竞争优势。而且，零售业也是一种注重规模效益的行业，这些都决定了零售商会尽力拓展自己的事业，加快开店步伐。然而，没有基础的盲目扩张有时会适得其反，出现欲速则不达甚至不堪设想的后果。日本八佰伴的失败就印证了这一点，类似的例子还有很多。所以说，以何种速度进行扩张，需要零售商在扩张之初就列入发展战略规划中。扩张速度取决于三方面：管理基础、资源条件和市场机会。

1. 管理基础

一个零售商的管理层在管理10家连锁分店时，可以应付自如，管理十分到位，可是当他们管理近百家甚至更多的商店时，就可能束手无策。因为当企业发展壮大时，对管理的要求不一样，组织机构需要重新设计，信息管理系统需要进行修正和扩容，仓储和配送能力也要跟进。当这一切尚未准备好时，盲目的扩张会带来不良的后果。

2. 资源条件

零售商还要考虑各种资源状况，包括企业的财务资源、人力资源和信息资源等，这些因素都会制约扩张的步伐乃至以后的经营业绩。

3. 市场机会

扩张速度还取决于市场机会本身。如果市场机会转瞬即逝，错过这个时机将会带来巨大损失时，零售商也许会冒进。当然，盲目冒进和谨小慎微的保守做法都是不可取的，零售商需要在稳扎稳打、步步为营以降低风险与孤注一掷以获取跳跃式增长之间权衡利弊，从中找到一个最佳的扩张速度。

第三节　零售战略的制定、实施与控制

当零售企业制定了自身的发展和竞争战略后，就要付诸实践，这样才能实现企业的战略目标。由于在实施战略的过程中，企业的外部环境和内部条件都在不断地变化，因此需要对整个战略实施过程进行监督控制，以便进行必要的信息反馈和调整。

一、战略制定

在选定经营的发展和竞争战略后，零售商可以制定零售战略。

零售战略的基本内容主要包括两方面：一是营业时间和销售服务；二是经营的商品和服务必须适应经济、法律和竞争的需要。对零售商而言，前者为可控因素，后者为不可控因素。零售商需要在认真研究这两方面因素变化的基础上制定战略。

（一）可控因素

这里以零售企业为例进行分析，如表3—2所示。

表3—2　零售战略：可控变量

A. 商店位置和业务经营	
(1)区域的选择	(2)地点的选择
(3)租赁条件	(4)商店规模
(5)建筑物设备	(6)单店还是多店

续表

(7)人事管理和人事政策	(8)商店的组织
(9)营业时间	(10)预算
(11)仓库	(12)商品的运输和装卸
(13)设备的维修	
B. 提供的商品和服务	
(1)质量	(2)花色品种的广度
(3)花色品种的深度	(4)创新的程度
(5)零售财务	(6)预测
(7)存货水平	(8)购买决策的依据
(9)调解	
C. 商店的形象和推销宣传	
(1)气氛	(2)店面
(3)商店布局	(4)陈列
(5)顾客服务	(6)公众关系
(7)大规模广告	(8)个人销售
(9)扩大销售	(10)宣传材料
D. 定价	
(1)定价方法	(2)价格水平
(3)价格分档	(4)心理定价
(5)支付方法	(6)付款条件

1. 商店位置和业务经营

关于商店位置,零售商必须在选址时对竞争者、交通条件、人口密度、街道类型和供应商的远近等做出决策,若店址选定后,是自建、购买、租赁需要及时做出决策;并要选定商店的规模、门面的装饰和各种设施设备。关于商店业务经营,零售商应对人力资源管理、组织架构模式、营业时间、业务预算、储运、设备维修等做出决策。

2. 提供的商品和服务

零售商必须对以下各个方面做出决策:经营的商品和服务的质量;商品种类和品种的广度与深度;零售财务(会计)、预测和预算的制定;存货水平与进货;等等。零售商还必须制定调查或评价的程序,以便对已供出售的每种商品或劳务的经营效果进行评价。

在提供商品方面,要确定核心商品与连带商品及其比率。核心商品是指在完成企业商品销售量和销售额中起决定作用的商品,也称"拳头商品"。在美国、日本等国,核心商品的销售量与销售额一般要占70%以上。因此,核心商品选择正确与否,是决定企业经营好坏的关键。连带商品是指在企业经营的商品中与核心商品关系密切、关联性很强的一部分商品。连带商品可以使企业的商品显得丰富、种类比较齐全,增加企业的销售额。随着商店的经营规模、经营目标、商品生产技术发展、人口数量及消费者收入水平情况的变化,零售店需要随时优化商品结构,满足消费者的需求。

3. 商店的形象和推销宣传

商店形象的好与坏对零售商的成败至关重要。一般来说，如果目标市场的消费者能够像商店所期望的那样来看待商店，认同一致，商店就办得成功；相反，商店在目标市场的消费者中的形象不佳，商店的决策者又不认同，那么商店肯定办不好。因此，零售商必须设法建立一个既符合目标市场的要求，又具有特色的形象。成功的推销宣传可促进零售企业的日常经营，因此企业要选择合适的推销方法。

4. 定价决策

零售商在制定战略时必须从几种定价方法中做出选择。例如，是自己领先定价或跟随别人定价，还是按成本加利润或按需求定价。零售还要决定采用何种价格水平，是卖低价，还是卖平价、高价，并考虑哪种价格水平适合于商店的形象和他所提供的商品和服务的质量，还要考虑消费者的心理价格以及竞争对手的价格策略。最后，零售商还应该确定每一类商品的价格档次。

（二）不可控因素

零售商对战略中不可控因素分为消费者、供应商、竞争者、科学技术、经济、法律及天气与季节变化等。零售商必须以战略中的可控因素去适应这些不可控因素，如表 3－3 所示。

表 3－3　　零售战略：不可控变量

A. 消费者	
（1）人口统计资料	（2）生活方式
（3）可支配收入	（4）决策过程
B. 竞争者	
（1）现有竞争者	（2）潜在竞争者
C. 科学技术	
（1）费用	（2）有效程度
D. 经济情况	
（1）价格水平	（2）失业率
（3）经济的增长	（4）利率
（5）税收	
E. 季节性	
（1）易腐品	（2）非易腐品
（3）天气状况	
F. 法律约束	
（1）国家法律	（2）行业法规
（3）地方法规	

1. 消费者

零售商要向目标市场的消费者提供适销的商品和服务，而不能将零售商有兴趣的商品和服务强加给消费者。零售商是供方，消费者是需方。消费者的需求多种多样、千差万别，是否购买，消费者完全处于主动地位。因此，零售商需要通过在商品种类、品牌、价格水平、商品陈列、购物环境、方便性、服务等可控因素中,组织适合的组合以供消费者选择。

2. 竞争者

这是指同处零售行业的现有和潜在的零售商。在现代市场经济环境下,选择经营的行业和商店的店址,纯属企业行为。当某些零售商经营取得成功,很快就有一批新的零售商跟进,亦会促使原有的零售商调整其经营的商品种类与品种甚至转换业态,成为同一零售业态内部的竞争,加上抢夺式竞争和不同零售业态之间的竞争。因此,零售商在面对竞争者时,应以"追兵就是榜样"的心态去重新研究或评估零售战略,再创新自身优势。

3. 科学技术

科学技术日新月异,发展迅猛,有力地推动了生产力的发展,同样也推动了零售业现代化。零售商应用计算机系统控制存货及检查业务活动已取得成功;电子监视技术在防止偷窃商品行为、统一商品编号上已在推广,成为零售商的管理优势。

4. 经济情况

经济状况不是任何零售商所能控制的。经济衰退、通货膨胀、失业、利率、汇率的变化,都是一个零售商必须加以适应而不能改变的环境因素。零售商在制定战略可控方面时,必须考虑并调整关于国际、国内和当地经济状况的预测。

5. 季节性

天气和季节变化对零售商的经营具有一定约束。经营花卉、生鲜食品、水果、服装等商品的零售商无法控制天气的突变或季节的演进。要将其风险降至最低是可能的,但无法消除。对这种风险管理的办法就是出售多样化的商品和劳务。

6. 法律约束

一切零售企业都应该熟悉国家和地方法律规范对其的约束,它们规定零售商哪些事情可以做,哪些不能做。从长远来看,只要零售商守法经营,必然给消费者以信心,给零售商带来长期利益。因此,零售商必须依法经营,采取使消费者、政府都满意的态度来制定零售战略。

二、战略实施

实践证明,战略实施并不能轻而易举、水到渠成地对资金、时间和人力进行安排。因此,战略实施较之战略分析和战略选择来说,可能涉及面更广,问题也更多。只有当影响战略实施的各种因素相互匹配时,战略实施才会成功。根据麦肯锡公司的研究,战略实施与几个重要因素密切相关,构建了著名的"麦肯锡 7-S 模型":战略(strategy)、结构(structure)、制度(system),是企业管理成功的"硬件";作风(style)、人员(staff)、技能(skills)和共同的价值观(shared values)则是企业经营管理成功的"软件"。

(一)麦肯锡 7-S 模型——硬件要素分析

1. 战略(strategy)

战略是企业根据内外环境及可取得资源的情况,为求得企业生存和长期稳定地发展,对企业发展目标、达到目标的途径和手段的总体谋划,是一系列战略决策的结果,同时又是制定企业规划和计划的基础。1947 年美国企业制定发展战略的只有 20%,而 1970 年已经达到 100%了。日本经济新闻社在 1967 年曾进行过专门调查,在 63 家日本大公司中,99%有战略规划。在美国进行的一项调查,有 90%以上的企业家认为企业经营过程中最占时间、最为重要、最为困难的就是制定战略规划。可见,战略已经成为企业取得成功的重要因素,企业的经营已经进入了"战略制胜"的时代。

2. 结构(structure)

战略需要健全的组织结构来保证实施。组织结构是企业的组织要素和组织机制赖以生存的基础,它是企业组织的构成形式,即企业的目标、协同、人员、职位、相互关系、信息等组织要素的有效排列组合方式;就是将企业的目标任务分解到职位,再把职位综合到部门,由众多的部门组成垂直的权力系统和水平分工协作系统的一个有机的整体。组织结构是为战略实施服务的,不同的战略需要不同的组织结构与之对应,组织结构必须与战略相协调。如通用电气公司,在 20 世纪 50 年代末期,执行的是简单的事业部制,但那时企业已经开始从事大规模经营的战略。到了 60 年代,该公司的销售额大幅度提高,而行政管理却跟不上,造成多种经营失控,影响了利润的增长。在 70 年代初,企业重新设计了组织结构,采用了战略经营单位结构,使行政管理滞后的问题得到了解决,妥善地控制了多种经营,利润也相应地得到了提高。由此看出,企业组织结构一定要适应实施企业战略的需要,它是企业战略贯彻实施的组织保证。

3. 制度(system)

企业的发展和战略实施需要完善的制度作为保证,而实际上各项制度又是企业精神和战略思想的具体体现。所以,在战略实施过程中,应制定与战略思想相一致的制度体系,要防止制度的不配套、不协调,更要避免背离战略的制度出现。

(二)麦肯锡 7-S 模型——软件要素分析

1. 风格(style)

杰出企业都呈现出既中央集权又地方分权的宽严并济的管理风格,他们让生产部门和产品开发部门极端自主,另一方面又固执地遵守着几项坚持久远的价值观。

2.共同的价值观(shared value)

由于战略是企业发展的指导思想,只有企业的所有员工都领会了这种思想并用其指导实际行动,战略才能得到成功的实施。因此,战略研究不能只停留在企业高层管理者和战略研究人员这一个层次上,而应该让执行战略的所有人员都能够了解企业的整个战略意图。企业成员共同的价值观念具有导向、约束、凝聚、激励及辐射作用,可以激发全体员工的热情,统一企业成员的意志和欲望,齐心协力地为实现企业的战略目标而努力。这就需要企业在准备战略实施时,要通过各种手段进行宣传,使企业的所有成员都能够理解它、掌握它,并用它来指导自己的行动。日本在经济管理方面的一个重要经验就是注重沟通领导层和执行层的思想,使得领导层制定的战略能够顺利地、迅速地付诸实施。

3.人员(staff)

战略实施还需要充分的人力准备,有时战略实施的成败系于有无适合的人员去实施。实践证明,人力准备是战略实施的关键。IBM 的一个重要原则就是尊重个人,并且花很多时间执行这个原则。因为,他们坚信员工不论职位高低,都是产生效能的源泉。所以,企业在做好组织设计的同时,应注意配备符合战略思想需要的员工队伍,将他们培训好,分配他们适当的工作,并加强宣传教育,使企业各层次人员都树立起与企业战略相适应的思想观念和工作作风。例如,麦当劳的员工都十分有礼貌地提供微笑服务;IBM 的销售工程师技术水平都很高,可以帮助顾客解决技术上的难题;迪士尼的员工生活态度都十分乐观,他们为顾客带来了欢乐。人力配备和培训是一项庞大、复杂和艰巨的组织工作。

4. 技能(skill)

在执行公司战略时,需要员工掌握一定的技能,这有赖于严格、系统的培训。松下幸之助认为,每个人都要经过严格的训练,才能成为优秀的人才,比如在运动场上驰骋的健将们大显身手，但他们惊人的体质和技术，不是凭空而来的，是长期在生理和精神上严格训练的结果。如果不接受训练，一个人即使有非常好的天赋资质，也可能无从发挥。

综上，在企业发展过程中，要全面考虑企业的整体情况，只有在软硬两方面 7 个要素能够很好地沟通和协调的情况下，企业才能获得成功。

三、战略控制

战略控制是监督战略实施过程，及时纠正偏差，确保战略有效实施，使战略实施结果基本符合预期计划的必要手段，是企业根据战略决策目标对战略实施过程进行的控制。之所以要进行战略控制，主要原因在于企业内外部环境在不断变化，致使原有的战略不符合实际；或者由于企业战略本身有重大缺陷或目标不明确，在实施过程中，难以贯彻，偏离了战略计划预期目标；或者在战略实施过程中，受企业内部某些主客观因素变化的影响，偏离了战略计划预期目标。对战略进行控制主要包括以下几个步骤。

（一）制定控制的定量和定性标准

控制标准是企业进行战略控制的关键项目，项目控制需要采用定量和定性相结合的方式，体现出企业的一定期望值。

（二）测量执行过程中的实际效果

实际效果是企业在执行战略过程中实际达到的水平。企业一般通过信息渠道把各种战略目标执行情况汇集起来，进行整理。为了准确衡量实际效果，企业必须制定出具体的衡量方法及衡量范围。

（三）比较控制标准和实际效果的差异

由于企业本身是一个开放、动态的系统，企业内部条件和外部环境因素是在不断变化的，也就有可能导致实际的结果与预期目标之间出现差异。为此，就必须将实际效果与控制标准之间进行对比，确认两者之间的差异程度。找出差异度大的，尤其是影响到战略总目标的差异，进行具体分析，找出真实原因。

（四）判断差异情况，采取纠正措施或维持现状

企业将实际结果与控制标准进行比较，可能出现以下三种情况。

(1)实际效果达到或超过控制标准，但在合理范围内，属于弱偏差，表明企业战略执行正确，企业可按原计划继续执行。

(2)实际效果尚未达到控制标准，但仍在合理范围内，属于弱负偏差。如果判断是具体战略计划执行中出现的问题，则一般采取战术纠正措施，以确保战略目标的顺利实现。

(3)实际效果偏离控制标准较大。如果判断是外部环境引起的重大原因或是原先制定的战略目标不当，应视具体情况，进行综合分析，必要时采取战略纠正措施，或调整目前的战略目标。

本章小结

零售企业的长期业绩在很大程度上取决于它的战略正确与否。零售战略不仅是决策方案的制定，还要涉及战略方案的选择、实施和控制，因此战略管理是一个系统过程。零售发展战略是零售店经营者从全局出发制定的关于经营活动的总体部署。当零售企业制定了自身的发展和竞争战略后，就要付诸实践，这样才能够实现企业的战略目标。

案例分析

百佳超市几度退出大陆 李嘉诚零售战略屡遭变动

李嘉诚零售战略屡遭变动　旗下百佳超市多次退出中国大陆市场

2016 年 3 月，华人首富李嘉诚旗下零售产业百佳超市再度传出关店传闻，广东省 4 家百佳超市结业、成都 3 家超市结业。在此之前，李嘉诚还曾一度希望以 30 亿～40 亿美元的价格出售百佳超市，在多家财团出价未达预期的背景下，百佳超市出售计划最终泡汤。

彼时，和记黄埔有限公司称，公司将继续加速落实增长策略，尤其是专注中国大陆市场，转战中国大陆市场，再推进分拆上市是屈臣氏集团的新发展战略。时至今日，百佳超市不仅并未大幅开展业务，反而在大幅度退出中国大陆市场，且其母公司屈臣氏的上市计划也还遥遥无期。

对于关店，百佳超市(中国区)公关部相关负责人在接受《证券日报》记者采访时表示，百佳超市近期在成都及广东的结业是公司的一个商业决定，原因是租约到期或租金等经营成本较高。“未来，百佳超市将更着力于南中国区，以稳健的步伐发展。”

“百佳超市此次的关店是商业战略行为，是对市场进行适应性的调整，在此之前百佳已经多次进出中国大陆市场，也经历过多次大的战略调整。”广东省流通商会执行会长黄文杰分析道。

百佳超市几度退出大陆市场

2016 年 2 月 29 日，位于广州中旅商城的广州首家百佳超市关闭，成为继康王路之后第二家在广州关闭的百佳超市；同一天，在广东东莞营业了 12 年的东莞聚福豪苑店也停止营业；广州天河区枫叶路珠江俊园的分店也将于 3 月 7 日结业。

与此同时，百佳超市在成都的门店也迎来一轮关店潮。有媒体报道称，百佳超市位于成都的新城市广场店就在 2 月 24 日宣布关店停业；此后的 2 月 29 日，百佳在成都的来福士 Treat 店也关店停业；百佳成都国际金融中心店也预计将于本月底停业，届时百佳超市在成都将无任何门店业务。

百佳超市是和记黄埔有限公司旗下屈臣氏集团全资拥有的附属公司，同时也是香港两大连锁超市之一。春节过后一个多月的时间，百佳超市如此大规模的结业不免让人唏嘘，按照百佳超市方面的回复，百佳近期将成都3家店及广东4家店结业只是一个商业决定，原因是租约到期或租金等经营成本较高，公司对旗下分店进行统一资源整合。

值得注意的是，在退出成都及上海市场之前，百佳超市曾多次进出中国大陆市场，光以上海市场为例，就曾三进三出：1994年10月份，百佳超市在上海开设了首家门店，但是2000年年初，百佳超市却将14家门店转让给顶顶鲜超市；2006年年底，百佳超市以大卖场业态在杨浦区国和路开出第一家大卖场百佳超市国和购物广场。然而两年后，百佳超市国和购物广场又悄然停业；第三次进入上海市场的百佳超市选择了相对稳妥的战略，2011年年初，百佳重新规划，以高端超市TASTE品牌在上海古北地区新开一家门店，但是最终在2012年5月份还是没能逃出关店的命运。

而今，百佳超市再度撤出成都市场，而广东省也有4家店结业，在业内人士看来，百佳超市中国大陆的经营状况一直不尽如人意，市场倒逼关闭。

对于今后规划，按照百佳超市（中国区）的回复，百佳超市仍将继续开店，但重点布局地将会在南中国区。根据百佳超市中国官网信息显示，除香港地区外，百佳超市中国区仅在广州、佛山、东莞、中山、深圳、珠海、江门、武汉8个城市拥有不到60家门店。百佳超市在中国北边的战略规划全线退缩到广东，而广东也是百佳超市进入中国内地市场的最早尝试：1984年百佳超市进入深圳蛇口，开设内地首家超市门店。

多次战略转型结局待考

与多次开店关店相伴随的是，百佳超市在中国的战略规划一直在变。

1996年，百佳超市以小店形式进入中国，但当时的市场流行一站式大卖场，几年后百佳超市选择第一次撤出；后来百佳超市再度进入时把店面形式调整为7 000平方米的中型店，直到1999年广州中旅店的开业才是真正的10 000平方米的大卖场；此后2010年年初，百佳超市曾向媒体宣布，今后将不再开设2万平方米以上的大卖场，而将专注于发展500～5 000平方米以内、为消费群提供“就近”服务的超市。

但在黄文杰看来，百佳超市进军社区超市、中小型服务超市的计划是比较超前的，“时机选择不对，结局当然不太理想”。如今，百佳超市选择关闭成都及广东省超市门店，从其关闭的超市业态上来看，基本上是大型卖场模式。黄文杰表示，从这可以看出，百佳超市在今后店面形式的选择上，或许会选择800～1 000平方米的中小型社区店，尽量下沉渠道。

对此，百佳超市（中国区）相关负责人并未否认，其回复《证券日报》记者表示，将来百佳超市会以不同的店铺模式服务不同的目标顾客群。

此外，值得注意的是，百佳超市母公司屈臣氏几年前一直规划的上市计划仍遥遥无期。

此前，有消息称，近两年和记黄埔有限公司计划分拆屈臣氏于香港主板上市，还拟公开出售25%的股权募集资金约624亿～780亿港元。然而在2015年年底的屈臣氏175周年年会上，屈臣氏集团董事总经理黎启明对外表示，现时暂无集资压力或急切性，亦未有上市时间表可言，这也让李嘉诚此前规划的零售战略计划再度生变。

（资料来源：联商网）

讨论题：

1. 搜集相关资料，查询屈臣氏及百佳超市的零售战略。

2. 百佳超市的战略变化对我国零售企业的影响体现在哪些方面?

延伸案例:

1. 2015 年的沃尔玛收购 1 号店,然后 2016 年时沃尔玛将 1 号店打包出售给京东。
2. 日本八佰伴。

思考题

1. 什么是零售战略?
2. 零售战略的步骤主要有哪些?
3. 分别分析成本领先战略、差异化战略、目标集聚战略。
4. 麦肯锡 7-S 模型有哪些内容?

第四章　零售环境与零售顾客分析

本章学习要点

1. 影响零售业经营的宏观环境和竞争环境。
2. 零售顾客的购买动机及不同群体的购买特点。

关键术语

五力模型　宏观环境　竞争环境　零售顾客

今天的零售商所面临的是一个极具挑战性的零售市场。这个市场主要由人口、购买力和购买动机等要素构成，这些要素是经常变化的，同时受政治、文化、法律、竞争等环境因素的影响，零售市场呈现变幻莫测的态势。零售商如果不能适应变幻的环境，及时调整策略，就会被市场所淘汰。美国零售业巨人凯玛特因经营管理不善，于2002年1月22日宣布破产，就是一个很好的例子。因此，认真分析零售商所处的环境，积极探索零售顾客的购买动机，以便更好地了解影响零售市场的各种因素，利于零售商在零售市场上的竞争，发挥零售竞争优势，对零售商是十分必要的。

第一节　零售环境分析

我们已经学会运用SWOT分析方法对零售组织的外部环境和内部资源进行深入分析，从而找出零售组织的优势（strengths）、劣势（weaknesses）、机会（opportunities）和威胁（threats），以便确立企业的目标市场，选择自己的竞争战略。

一、宏观环境分析

宏观环境是指企业所面对的产业外的外部环境，是影响企业的间接环境因素，是各类企业生存发展的共同空间。对于宏观环境的分析主要采用PEST分析模型，即对政治法律环境（politics）、经济环境（economics）、社会文化环境（society）和科技环境（technology）进行分析。

（一）政治法律环境

1. 国家方针政策

（1）对外资零售业的限制与开放。中国零售业的开放经历了一个渐进的过程，从1992年5月15日国务院批准在上海市兴办第一家中日合资零售公司开始，1992年7月，国务院允许外商在北京、上海、天津、广州、大连、青岛和5个经济特区试办一至两个外商投资商业企业。1997年国务院规定不允许外商独资经营，必须以合资或合作方式进行，股份比例中方必须控股51%以上。从1999年开始，我国零售业的开放试点已从沿海地区扩大到了所有省会和中心城市。2001年11月，中国加入WTO，根据WTO的协议，在2002年起的3年保护期内，拥有3家以上分店的大型超市连锁企业必须由中方控股。中国加入WTO后三年，即2004年底前取消对外资零售业的地域限制、数量限制、股权限制。

（2）加强商业网点的规划。从单店到连锁，从中方控股到外方控股，从沿海到内地，从东部到中西部，外资零售业在中国的地盘“不断扩大”。中国制定《城市商业网点管理条例》的背景是外资零售业在国内的过度扩张。对此，不少业内人士提出要仿照日本出台《大店法》，对零售企业选址设店予以规划。国内制定的该条例，是以一种更加规范和公平的形式来促进零售业的健康发展。

（3）鼓励农村零售业发展的政策。构建农村现代流通网络，推进新农村建设，已经纳入国家“十一五”规划。从2005年推出的“万村千乡市场工程”到“汽车下乡”“家电下乡”，对完善农村现代流通网络，解决“三农”问题起到了良好的促进规划作用。根据农村市场体系建设规划，连锁农家店将覆盖90%的县和85%的乡镇，形成以城区店为龙头，乡镇店为骨干，村级店为基础的农村现代流通网络。

2. 法律法规

（1）价格上的约束。对于零售企业价格的制定，世界各国都做了一些法律规定，以禁止各种违法行为。例如，美国的反托拉斯法制定了反对企业间的价格协议，包括横向价格协议（即几个零售企业对某种商品制定一种共同的固定价格）和纵向价格协议（即零售商与他的供应商按共同协商的价格零售商品）。

（2）促销上的约束。美国联邦贸易委员会的《FTC法规》与德国的《反不正当竞争法》都对零售企业在促销方面的行为进行了约束。例如，禁止以非法手段竞争；对广告内容真实性的规定；对减价甩卖活动的限制；等等。

（3）产品上的约束。产品的约束，包括产品的安全、商标、专利和包装等方面的约束。各国都有消费者保护法、食品法、药物法等。零售商必须检查他们的供应链、采购和产品管理措施，以及产品加盖商标与包装的工作是否准确无误等。

（4）消费者权益保护法。中国在1993年制定了《消费者权益保护法》，自1994年1月1日正式实施，其间进行了两次修正。2014年3月15日，由全国人大修订的新版《消费者权益保护法》（简称《新消法》）正式实施。中央电视台联合国家政府部门为维护消费者权益在每年3月15日晚共同主办并现场直播的“3·15”大型公益晚会。第一届晚会是1991年3月15日播出的“3·15”国际消费者权益日消费者之友专题晚会。《新消法》专章规定了消费者的权利，表明该法以保护消费者权益为宗旨，特别强调经营者的义务，重视对消费者的群体性保护，并专章规定了消费者组织的法律地位。

（5）其他保护消费者的法律规范。我国从1993年至2007年陆续出台了其他保护消费者的法律规范，如，《反不正当竞争法》《商标法》《质量法》《全国人民代表大会常务委员会关于惩治生产、销售伪劣商品犯罪的决定》《零售商与供应商公平交易管理办法》《零售商促销行为管理办法》《商业特许经营管理条例》等。

（二）经济环境

对零售业发展影响最大的莫过于经济环境。经济环境主要涉及经济增长、经济周期、人均收入、失业率、通货膨胀率、利息率、汇率等。

1. 经济周期

无论是世界经济还是一国经济的发展总是处于不稳定的状态之中，经济周期体现了周而复始的经济活动。经济增长速度可以反映经济发展所处的阶段，国内生产总值（GDP）是衡量经济增长的一个重要指标。2015 年我国国内生产总值达到 67.7 万亿元，增长 6.9%，在世界主要经济体中位居前列。虽然中国的经济增长一直呈现较高速度，但其中也有周期变化，增速在各年份表现不均衡。零售业对于经济周期的变化是很敏感的，尤其是在 2008 年世界金融危机前后。

2. 失业率

失业问题对零售业的影响体现在行业从业人员的供应和市场对零售商产品及服务的需求上。高失业率地区的居民生活水平较差，因此对零售投资不具吸引力；与此同时，这些地区人员的招募工作却要比完全就业的地区容易得多，工资上升压力很小。

3. 收入和消费支出

可支配收入是居民个人收入在纳税后可实际用于消费的收入。一个国家或地区的人均可支配收入水平是衡量其富裕程度和实际购买力的重要依据，也是零售业经营方向的重要指导。随着社会经济的发展，居民可支配收入不断提高，拥有更多的货币用于消费，这意味着零售业发展的空间扩大。在关注一个国家或地区可支配收入指标时，要注意收入差距是在扩大还是缩小。大多数国家随着收入水平提高收入差距将会逐步扩大，收入最高的群体人数虽然不多，但却具有很强的购买力和对高端商品的需求能力；中等收入和低收入群体占人口大多数，其个体购买力虽然有限，却能构成比较大的中低消费品生产。可支配收入给零售商带来许多有用的信息，为零售商进入不同市场提供了条件。

4. 通货膨胀率

通货膨胀是在纸币流通条件下，由于货币供应量过多，使有支付能力的货币购买力超过商品可供量，从而引起货币不断贬值和一般物价水平持续上涨的经济现象。通货膨胀率可用居民消费价格指数（CPI）来代表。国内外学者较普遍把通货紧缩定义为价格水平普遍的、持续的下降。

通货膨胀的影响之一是它对货币和存款价值的侵蚀作用，但是，通货紧缩又会影响零售行业的销售额和利润增长，除非零售企业可以通过其他途径降低成本。

中国在 20 世纪 90 年代中期发生较为严重的通货膨胀，受 1997 年亚洲金融危机影响又转为通货紧缩。2007 年美国次贷危机爆发后，中国通货膨胀率明显提高，全年居民消费价格指数上涨了 4.8%。

5. 利率和汇率

利率对零售有一定的影响，提高利率会导致储蓄倾向增大，减少消费；反之，降低利率对促进消费有积极的作用。利率直接影响到企业的决策，因为利率过高必将限制企业的扩张计划，同时它还间接影响企业和消费者的信心。汇率对进出口有直接影响，因而会影响消费。一国货币升值会导致进口增加，出口减少；一国货币贬值会促进出口，减少进口。目前，中国的汇率实行参考一篮子货币，有管理的浮动汇率制。如若人民币升值，进口商品价格呈下降趋势，为零售企业经营进口商品创造了良好条件。

6. 社会消费品零售总额

中国近 40 年来经济的快速发展为零售业提供了契机，社会消费品零售总额的增长从一个侧面反映了我国的经济环境。2015 年我国社会消费品零售总额超过 30 万亿元，仅次于美国，成为全球第二大消费国。网上零售额超 4 万亿元，居世界第一，占了消费总量的 13%左右。但是从我国各省份的社会消费品零售总额对比，各省发展规模各不相同。如表 4—1 所示。

表 4—1　2015 年我国社会消费品零售总额(不含西藏)

序号	省份	2015 年(亿元)	2014 年(亿元)	增幅(%)
1	广东	31 333.44	28 471.1	10.1
2	山东	27 761.4	25 111.5	10.6
3	江苏	25 876.8	23 458.1	10.3
4	浙江	19 785	17 835.3	10.9
5	河南	15 740.43	14 005	12.4
6	湖北	13 978.05	12 449.3	12.3
7	四川	13 800	12 393	12
8	河北	12 934.7	11 820.5	9.4
9	辽宁	12 773.8	11 857	7.7
10	湖南	12 023.97	10 723.5	12.1
11	福建	10 505.9	9 346.7	12.4
12	北京	10 338	9 638	7.3
13	上海	10 056	9 303.5	8.1
14	安徽	8 908	7 957	12
15	黑龙江	7 640.2	7 015.8	9
16	吉林	6 646.5	6 080.9	9.3
17	陕西	6 578.11	5 918.7	11.1
18	重庆	6 424.02	5 710.7	12.5
19	广西	6 348.06	5 772.8	10
20	内蒙古	6 107.7	5 657.6	8
21	山西	6 030	5 717.9	5.5
22	江西	5 896	5 292.6	11.4
23	天津	5 245.69	4 738.7	10.7
24	云南	5 103.2	4 632.9	15.3
25	贵州	3 283.02	2 936.9	11.8
26	甘肃	2 907	2 668.3	9
27	新疆	2 605.96	2 436.5	7

续表

序号	省份	2015年(亿元)	2014年(亿元)	增幅(%)
28	海南	1 325.1	1 224.5	11.4
29	宁夏	789.6	737.8	7
30	青海	691	620.4	11.3

从表4—1可以看出,2015年全国社会消费品零售总额由长江沿线省份推动,长江沿线省份中,四川、重庆、湖北、安徽、云南增幅全部在12%以上,特别是云南,以高达15.3%的增速领跑全国。

江苏省以25 876.8亿元位于长江沿线城市第一,湖北和四川则分别以13 998.05亿元和13 800亿元分别位于第二、三名。虽然社会消费品零售总额不及江苏,但是在增幅上,湖北增长12.3%、四川增长12%,都远远高于江苏的10.3%。

社会消费品的增速也成为零售企业的投资指南。以超市为例,四川2015年进驻的大型超市就有永辉和沃尔玛,安徽同样也吸引了永辉、大润发和苏果的目光,湖北招揽来了永旺和沃尔玛。这些超市的入驻,极大地刺激了当地居民的消费,这也成为四川、安徽、湖北社会消费品零售总额快速增长的原因之一。

(三)社会文化环境

中国目前被视为世界上最大的潜在市场,因为中国人口众多,购买力不断增强。随着中国市场经济的发展,中国人的价值观和消费观念正在发生变化,这些变化都将给零售业的经营带来巨大的商机和挑战。

1. 社会阶层

社会阶层是按照收入、职业、教育、住所等不同角度来划分的,把社会上具有类似价值观和生活方式的人归入一类。中国目前较为明显的阶层分类有蓝领、白领、农民工、大学生、公务员、私企业主等。各阶层的购买决策过程是有很大差别的。例如,低收入阶层的消费者常常在当地的大众化商店购物,喜欢购买全国性厂牌的产品;中等收入的消费者愿意到稍远的地方购买心仪的产品;高收入阶层的消费者利用广告宣传的信息,在有声誉的商店里购买。

群体成员之间在购买决策上会相互影响和效仿。相关群体可以是志趣相投的群体(联谊会、社交俱乐部等)、由成员组成的群体(家庭、同事、同学等)或是松散的群体(邻居)。成员间经常相互交流(家庭、同事)对购买决策过程影响颇大。郊区居民会模仿他们的邻居,而城市居民比较有主见,邻居间较少交流。

同一阶层在居住上一般都较为集中,这对零售业来说是至关重要的。零售业的选址、商店的业态、档次、商品结构、价格水平上都要充分考虑社会阶层的因素。

2. 消费者观念

随着经济社会环境的变化,消费者的价值取向也会发生变化。现代消费者变得越来越理性,在消费购物的同时表现出个性化的消费倾向,其社会意识也不断增强。消费者由于教育水平与综合素质不断提高,更加关注自身价值的实现,他们比传统的消费者更加关注零售商的道德、社会责任感,并且以此作为选择零售商的重要依据。因此,零售商必须在消费者权益保护、食品安全、环保等各方面保持良好的形象。此外,零售商还要经常参加社会公益活动,为各种慈善事业捐款,帮助弱势群体。在媒体十分发达的社会,零售商的任何社会行为都会引起消费者的注意。

3. 消费者行为模式

消费者购买行为受经济因素、社会因素、心理因素等诸多因素的影响，形成了习惯型购买行为、理智型购买行为、冲动型购买行为、想象型购买行为、经济型购买行为等不同的购买行为模式。零售商应分析影响消费者购买行为的因素，制定商品和价格决策，选择合适的销售渠道和促销方式。

4. 传统文化与宗教信仰

传统文化对消费的影响极大，从而影响零售业。中国传统文化节日如春节、端午、中秋等包含许多消费内容，是消费的巨大动力。传统习俗也为消费增添了色彩。

宗教信仰是零售社会环境的一个组成部分，每一种宗教都会对消费的内容、种类、方式产生影响，这种宗教对消费的影响并不仅限于信教群体，而是在整个地区或国家发生影响，从而波及零售业活动。宗教对零售业的影响通常表现在宗教节日活动和带有宗教色彩的商品销售方面。比如，中国人现在流行过圣诞节和西方情人节，诸如此类环境会给零售业带来许多商机。

（四）科技环境

零售业的科技环境的变化在最近几十年里非常显著，新技术层出不穷。这些都对零售业的发展产生近乎革命性的影响。

信息网络技术的发展和电子商务的广泛运用，使得零售业呈现出许多新的特点。电子商务可用于零售企业订货、补货、供应链管理、内部管理等方面。例如，电视购物、自动售货机、邮购、网上销售等都与技术的创新有关。2015 年我国网上零售额超 4 万亿元居世界第一，占了社会消费品零售总额的 13%左右。这都是互联网信息技术带来的影响。零售企业也不断将新技术引入公司的运营管理和决策中，如运用 POS 系统可以使顾客更快地进行交易结算、电视会议已被越来越多的零售商所采用。

二、零售业竞争环境分析

（一）零售业竞争对手构成

零售业竞争对手构成复杂化。零售商需从多方位、多角度、多层次分析，辨别本企业的竞争对手，分析本企业的竞争对手构成。美国哈佛商学院的迈克尔·波特教授提出的“五力模型”是分析行业竞争对手的最主要工具之一，被各国学者广泛关注和引用。按照波特的“五力模型”，一个行业存在着 5 种基本的竞争力量，即供应商的讨价还价能力，购买者的讨价还价能力，潜在进入者的威胁，替代品的威胁，以及在同一行业的竞争者之间的竞争。在零售企业中，这 5 种基本力量在零售企业表现为同一业态零售商之间的竞争、不同业态零售商之间的竞争、潜在竞争者的威胁、买方讨价还价能力的威胁和供应商讨价还价能力增强的威胁。

1. 同一业态零售商之间的竞争

同一地区内与本企业经营相同商品，提供相同服务的零售商，是威胁最大的竞争。如果零售商面临的目标市场有众多的、强大的或者竞争意识强烈的竞争者，那么在该市场的发展就会很艰难。相同业态对顾客的争夺是最为激烈的。由于消费者随便去哪一家商店都可以买到相似或一样的商品，因此他们对于商店的忠诚度非常低，使得商家之间常常导致价格战、广告战、公关战，使零售商参与竞争付出高昂的代价。

2. 不同业态零售商之间的竞争

虽然不同业态零售企业的目标顾客不同，市场定位也有差异，但是不同业态零售业经营的商品具有很大的相似性，业态之间的互替程度较高。特别是一些新型业态把传统业态的顾客作为自己的目标顾客，所以争夺顾客的竞争依然很激烈。如近年来发展迅速的购物中心对百货业态的冲击很大。

3. 潜在竞争者的威胁

如果零售行业的利润率提高，必然会吸引新的零售商加入。这些新进入市场的竞争者就会与原有的企业分享零售顾客，使现有零售商的利润减少，并打破原有的市场竞争格局。目前，国外零售商纷纷看好中国市场，许多国际知名的零售商已经进入中国市场，例如法国的老佛爷百货 2013 年落户于北京西单商业街。

4. 买方讨价还价能力的威胁

如果零售商所确定的目标市场上的顾客讨价还价的能力很强，该市场上的顾客就会设法压低价格，对产品质量和服务提出更高的要求，并且使竞争者互相争斗，所有这些都会使零售商的利润受到损失。这种情况发生在购买者比较集中的场合，或者是有组织购买者，或者是团购等。

5. 供应商讨价还价能力增强的威胁

如果供应商拥有重要或不可替代的商品或品牌，那么他对那些选择很少，或没有其他选择而只能购买该产品的零售商有更强的力量。如果供应商提价或者降低产品或服务的质量，或减少供应数量，那么零售商就会遭受很大的损失。如果供应商集中或有组织，或替代产品少，或零售商转换成本高，或者供应商实行前向一体化，那么供应商的讨价还价能力就会比较大，由此会影响零售商的利益。

（二）零售业竞争的内容

零售竞争，实质就是零售商能力的较量。谁能更有效地利用、整合各种经营要素满足消费者需求，谁就能在竞争中脱颖而出。在竞争中要超越竞争对手的因素有以下几种：

1. 商品

商品是零售企业的根本，零售商店是为消费者提供购买商品的场所。商品因素是所有因素的核心，其他因素都是围绕商品因素来展开才能发挥效应。如果离开商品这一关键因素，即使更优良的服务、更好的选址和更好的购物环境、更低的成本运作也是枉然。通常，零售商品的竞争优势来源于以下 5 方面：商品范围广、种类多、规格齐全，具有充分选择性，能满足一站式购物需要；商品质量可靠；在相近质量基础上，商品的售价更低；商品更新率高，更具时尚性和新颖性；开发出独特的自有品牌商品。

2. 服务

顾客进入商店，除了希望能购买商品外，还希望得到令人满意的服务。尤其是在各家商店经营的商品差异性不大的情况下，服务水平和服务项目成了顾客选择商家的一个重要因素。服务因素是现代零售业竞争中的焦点。优质的顾客服务能培养和保持顾客忠诚，这对零售商而言至关重要。一旦建立服务方面的优势，竞争对手将较难模仿。现代零售企业都将服务作为主要竞争手段之一，在业态和成本可能的情况下大力加强服务。

3. 店址

店址是零售企业成功的一个关键性的因素，好的位置是零售商的一笔无形资产，将为企业带来长远的收益，为其赢得长远的竞争优势。对于大卖场而言，店址的优势在于便利性，消费者利用各种交通工具能够方便到达。

4. 购物环境

舒适的购物环境是零售企业吸引顾客的一个方面。现代零售企业在这方面很下功夫，提供一系列经营要素来激发顾客的购物兴趣，以期比竞争对手更胜一筹。购物环境方面的因素包括商店气氛、商场布局、商品陈列、服务态度、停车场车位、付款时间、安全卫生等，所有这些都会影响顾客的购物情绪。

5. 成本

零售商要尽一切可能提供最好的商品与服务，但是零售商最终成果表现在利润上，只有控制成本才能保证利润，在同一业态下不同的成本运作意味着零售商经营能力的差别。一个零售商如果能以更低的成本来提供与其竞争对手同样的商品和服务，那他就能获得比其他竞争对手更高的利润。

第二节　零售顾客

彼得·德鲁克指出，企业的首要任务就是“创造顾客”。顾客需求是不断变化的，同时今天的顾客面对如此众多的产品和品牌、价格和零售商，他们将如何进行选择，零售业如何适应变化的消费者需求并使消费者满意，成为现代零售企业成功的关键。

一、人口变化与零售

零售市场是由具有购买兴趣同时又具有购买能力的人组成。因此，不仅人口的数量直接决定零售市场的潜在容量，而且人口的一系列因素如性别、年龄结构、地理分布、教育程度、职业、出生率、死亡率、人口密度、流动性等对零售市场需求也产生了深刻的影响。

（一）可支配收入

2015 全年我国国内生产总值（GDP）67.67 万亿元，同比增长 6.9%，以 2015 年 12 月 31 日人民币兑美元中间价计算，2015 年中国 GDP 总量相当于 10.42 万亿美元。2015 年美国经济总量为 16.19 万亿美元，相当于中国的 1.55 倍。从另外一个直观的角度理解，中国的经济规模，和美国之间还差了一个德国加一个英国，德英分别是世界第四、第五经济大国。2015 年我国居民人均可支配收入21 966元，农村居民人均可支配收入11 422元。随着社会生产力的发展，消费者收入的不断提高，消费者将拥有更多的可自由支配的收入——纳税和购买必需品后剩余的钱，这意味着零售业发展的空间更加大了。

（二）人口增长

世界人口正呈现“爆炸性”的增长。2001 年世界人口约为 61.9 亿，并以每年 1.2%的速度在增加。近年来，我国的人口增长率约为 5%，2015 年统计数据约为 14 亿，占世界比例是 19.2%。过度的人口增长将导致食品供应的短缺、主要矿产的耗竭、人口过度拥挤、污染和生活质量的全面恶化。但是，人口增长也意味着人类需求的增长。如果人们有足够的购买力的话，人口增长就意味着市场的扩大。现在，各个大中型跨国公司纷纷看好中国的潜在市场，在我国投资设厂，这对我国的零售企业发展是一个很好的机遇。

（三）人口年龄结构的变化

随着现代医学的发展和人们自我保健意识的增强，人口出生率的降低，人口平均寿命的延长和老年人的增多，使许多国家包括我国在内，人口出现老龄化趋势。我国政府自 1971 年开始推行，1982 年写入宪法实行“计划生育”政策以来，加大了人口控制力度，人口增长的速度明显放慢，但计划生育只控制人口数量，忽略世代更替，造成国家过早老龄化，即未富先老。我国从2011年全面开放“双独二孩”，到2013年开放“单独二孩”，再到2016年1月全面放开“二孩”政策，都是希望在总体上生育率达到平衡，适当提高生育率。

与其他年龄群体相比，老年消费者更易于抱怨，需要特别关注的是，他们更易于在购物前花费时间去浏览并且不喜欢变化。另外，65岁以上的年龄群体是增长最快的年龄阶层。他们有时间和金钱去购物、去消费。人口老龄化促进了银发市场的发展，同时也对零售商提出了新的要求。一些零售商专门为银发顾客制定了特定的计划，例如旅游市场。随着“二孩”政策的全面放开，儿童市场依然是一个值得零售商重视的市场。

（四）家庭规模的缩小

人口统计方面的另一个比较显著的变化就是家庭规模的缩小。“传统的家庭”被认为是由丈夫、妻子和孩子（有时包括祖父母）组成。但是这种传统的家庭模式受到了冲击，现在的家庭还包括了独身生活、带一个异性或同性的成年人生活在一起、单亲家庭、丁克家庭以及空巢。这些家庭模式较之传统的家庭模式规模明显缩小。这些家庭群体都有自己的需求和购买习惯。例如，规模小小的群体需要较小的公寓、小型的器具和设备、小包装食品等等。消费者家庭规模的缩小意味着消费者购买模式的改变，零售商要改变传统的销售方式，以适应消费者家庭规模缩小的变化。

（五）人口流动

人口流动的流动范围、总量以及流动频率都发生了很大的变化。传统的人口流动主要表现为农村向城市地区，然后再向郊区转移，但是现在这种人口流动已经超越了国家界限，表现出国际化的趋势。各地的人口都有各自不同的商品和服务偏好，但是由于这种人口的大量流动，各地人口长期的共同生活、工作，人口地区之间的差异正在逐步缩小，表现出更多的趋同性，这就为更多的零售企业的跨国、跨地区经营提供了机遇。现在，中国的零售店可以随处见到不少境外的品牌，国外的生活方式也逐渐被国人所接受和效仿。

（六）人口受教育程度

与过去相比，如今有更多的成年人接受了一定程度的高等教育。随着九年义务教育的普及，以及大学教育的逐步扩大招生范围，我国人口受教育程度较以往有了很大的提高，受到大学教育、研究生以上教育的人口数量在人口中占了一定比例。随着人们受教育程度的提高，消费者在消费购物的时候就会更加理性，并对传统的零售商提出新的要求，比如网上购物就是大学生和白领热衷的一种购物形式。

二、消费者购买动机

在消费者的购买行为中，一种行为往往包含若干个动机，而不同的动机有可能表现出相同的行为，相同的动机有可能表现出不同的行为。零售顾客的购买动机大致可以分为以下几种类型。

（一）求实型动机

求实型动机是一种以追求购买商品的使用价值为主要目的的购买动机。其核心是讲求“实用”和“实惠”。在购买活动中比较注重商品的功能和质量，而不过分注意商品的外形、色彩、线条和个性等。

（二）求名型动机

求名型动机是一种追求名牌商品、地方土特产品或传统产品的名望为主要目的的购买动机。其核心是“崇拜”和“纪念”。在购买活动中强调物品要名贵，商标要名牌，产地要正宗。

（三）求新型动机

求新型动机是一种以追求商品的新颖、奇特为主要目的的购买动机。其核心是“时髦”和“独特”。在购买活动中为追逐新潮，不落俗套并特别重视商品的款式和社会流行式样，一般不关心是否实用和价格高低。

（四）求美型动机

求美型动机是一种以追求商品的欣赏性和艺术性等审美价值为主要目的的购买动机。其核心是“修饰”和“鉴赏”。在购买商品时重视的是商品的造型美、装饰美、艺术美等，一般不太注重商品的价格。

（五）好胜型动机

好胜型动机是一种以争强好胜为主要目的的购买动机。其核心是“攀比”和“争雄”。在购买商品时通常缺乏充分的考虑，不是为了急需，而是为了赶超他人，以求心理上的满足。

（六）炫耀型动机

炫耀型动机是一种以显示自己地位威望和富有为主要目的的购买动机。其核心是“自我炫耀”“自我表现”。在购买商品时特别注重商品的品牌和象征性价值，喜欢购买一些高档的、超过一般消费水平的名牌商品。

（七）实惠型动机

实惠型动机是一种以追求价廉物美为主要目的的购买动机。其核心是“经济”“实惠”。在购买商品时特别重视商品的价值，对同类商品之间的价格差异会仔细地进行比较，喜欢购买折价和处理的商品，不太注意商品的包装、款式。

（八）平等型动机

平等型动机是一种以求得他人尊重为主要目的的购买动机。其核心是“平等”“友好”。在购买商品时希望能得到营业员的欢迎和接待。持这种购买动机的消费者在购物时由于某种因素的刺激很可能出现中断购买、被迫性购买或冲动式购买等行为。

（九）求便型动机

求便型动机以追求购买过程简便、省时为主要特征。这类顾客的时间、效率观念很强，希望尽可能简单、迅速地完成交易过程，不能容忍繁琐的手续和长时间的等候，但对商品本身却不大挑剔。

（十）嗜好型动机

嗜好型动机以满足个人特殊爱好或兴趣为主要特征。这类顾客往往对所购商品有着丰富的知识和很强的鉴赏力，他们的购买行为取决于个人的嗜好，一般不受广告宣传的影响，具有集中性、稳定性和经常性的特点。

以上是对顾客购买动机的大致划分，顾客在购买过程中的心理动机远比这些复杂，而且，经常是几种动机交织在一起。因此，零售企业要研究目标顾客的购买动机，根据顾客的购买动机制定相应的营销组合，刺激消费者的购买动机，加快消费活动的实现。

三、不同群体的购买特点

零售人员所面对的顾客群体通常可分为青年、中年、老年及女性顾客。他们的需求及购买特点有较大的差别。零售服务人员应熟悉这些特点，以便为不同的顾客群提供有针对性的服务。

（一）青年顾客的购买特点

青年是从少年向中年过渡的阶段，一般指 15～35 岁的人。其主要特点是人数众多，分布广泛，具有独立的购买能力和较大的购买潜力。

1. 青年顾客的需求特点

(1)追求时尚。青年人富于幻想，勇于创新，渴求新知，乐于追随时代潮流。这些需求特征反映在消费需求方面就是追求新颖、时尚，追赶乃至领导消费潮流，体现时代特征。一般来说，投入市场的新产品或时尚商品，都会引起青年顾客的极大兴趣和购买欲望。青年顾客往往是新商品或新的消费方式的追求者、尝试者和推广者。

(2)突出个性。青年顾客处于由少年不成熟阶段向中年成熟阶段的过渡时期，他们追求个性独立，希望形成完善的个人形象，自我意识迅速增强。反映在消费需求上就是消费从不稳定向稳定过渡，能够表现自我个性与追求的消费需求不断增强，因而非常喜欢个性化的商品，有时还往往把所购买的商品同自己的理想、职业、爱好等联系在一起，力求在消费活动中充分表现自我。

(3)科学消费。青年顾客在追求时尚时，虽然带有一定的盲目性，但由于他们大多精力充沛，思维敏捷，具有较高的文化水平，因而在追求时尚、表现个性的同时，也具有追求实用与科学的消费心理，要求商品经济实用，货真价实。他们善于对商品的知识性和科学性进行全面分析，理智进行决策，购买动机和购买行为表现出一定的科学合理性。

2. 青年顾客的购买特点

(1)肯出高价购买名牌。青年顾客所具有的追求时尚与新颖、追求个性的消费心理，决定了他们在选购商品时，对新品种、新花色、新样式感兴趣，以代表时代新潮流为荣。对于购买同样质量和用途的商品，宁愿多花钱购买名牌商品。

(2)决策迅速。变化性强的青年顾客注重情感，易于冲动，所以他们在购买商品时反应灵敏，注意力集中在自己特别感兴趣的某个方面，而容易忽略其他方面，考虑时间短暂，决策迅速。另外，青年顾客在购买商品时，购买目标变化跨度大，只要认为商品合意，即使预先没有购买计划或是暂时没有购买力，也可能会想尽一切办法买到它。

(3)商品购买态度明朗。青年顾客在购买商品时，往往个性比较分明，对商品的态度，如喜爱、厌弃、接受、拒绝等都会直截了当地表达。

(二)中年顾客的购买特点

中年顾客一般是指35岁至退休年龄阶段的人。在我国，中年顾客人数众多、负担重，多处于购买商品的决策者位置。因此，了解和把握中年顾客的心理特征对零售服务人员提高服务技能有重要意义。

1. 中年顾客的需求特点

(1)理智性强，冲动性小。中年顾客阅历和生活经验丰富，情绪一般比较平稳，多以理智支配自己的行动，感情用事的现象不多见。注重商品的实际效用和价格与外观的统一，从购买欲望形成到实施购买往往经过分析、比较和判断，随意性较小。

(2)计划性强，盲目性小。中年顾客处于从青年向老年的过渡阶段，是家庭经济的主要承担者。尽管他们收入不低，但肩负着赡老扶幼的重任，因此，生活中经济负担重。受经济条件的限制，他们养成了精打细算、勤俭持家的消费习惯，消费支出计划性强，计划外开支和即兴购买较少。

(3)注重传统，创新性小。中年顾客正处于人生的成熟阶段，青年顾客身上的一些特点在他们身上逐渐淡化。他们内心既留恋青年时代的美好岁月，又要做青年的表率，因此，中年顾客的消费需求不再完全按照自己的兴趣爱好选择商品或消费方式，而是更多地考虑他人的看法，以维护自己的形象，与众人保持一致。

2. 中年顾客的购买特点

(1)购买过程理智化。中年顾客理智,自信心较强,购物经验丰富,所以他们在购买过程中即使遇到他人的介绍和其他外界因素的影响,也不会头脑发热,而是冷静地进行分析、比较、判断和挑选,使自己的购买行为尽量合理、正确与可行。

(2)选购商品实用化。在经济条件允许的情况下,中年顾客的求实心理较重。在购买过程中,往往格外关注商品的价格与实用性,以及商品的品种、质量、用途、购买场所等,在进行全面分析后再做选择。

(三)老年顾客的购买特点

老年顾客一般是指年龄在 60 岁以上的人。随着社会生活环境的改善和卫生医疗事业的发展,世界人口出现老龄化的趋势,老年人在社会总人口中所占比例不断增加。老年顾客在生理上和心理上同中青年顾客相比都发生了明显的变化,因此,零售服务人员有必要对老年顾客的购买特点有所了解。

1. 老年顾客的需求特点

(1)怀旧心理强,品牌忠诚度高。老年顾客在几十年的消费实践中,积累了极其丰富的经验,对某些商品印象非常深刻,形成了反复购买使用的习惯,且不易改变,品牌忠诚度高。另外,老年顾客比较留恋过去的生活方式,情感很难转移,对消费有一定的怀旧心理。

(2)注重商品效用。老年顾客心理稳定程度高,其消费已不像青年人那样富于幻想,重视情感,关注商品质量、使用性能以及携带是否方便等。同时,老年顾客身体各器官的生理机能有所下降,所以特别关注商品的使用效用,能否达到预期目标。

(3)需求结构发生变化。随着老年顾客的年龄增长,老年顾客的需求结构发生变化,对于食品和医疗保健用品的支出会增加。只要某种食品、医疗保健用品对健康有利,价格一般不会成为老年顾客的购买障碍。

2. 老年顾客的购买特点

(1)心理惯性强。老年顾客的购买欲望和行为往往受生活习惯的支配,对市场上的新商品趋于保守,在购买商品时很难被营销人员引导。

(2)顾虑心较重,容易受骗上当。虽然老年顾客消费经验十分丰富,但由于生理和心理技能衰退,对于假冒伪劣商品以及欺骗性的经营手段的判断力下降,容易上当受骗,因此,老年顾客在购买商品时顾虑心较重,防范意识薄弱。

(3)自尊感强烈。老年顾客在社会和家庭中属于长者,阅历广、辈分高,他们既自尊,又希望得到别人的尊重。因此,老年顾客在购买商品时,担心受到冷落,希望服务人员耐心、周到、体贴、热情。

(四)女性顾客的购买特点

女性顾客在消费活动中所处的特殊地位及扮演的多重角色,决定了其独特的消费需求和购买特点,成为整个社会生活消费品购买的最重要的主体。所以,了解女性顾客的购买特点,对于做好零售服务工作有重要作用。

1. 女性顾客的需求特点

(1)爱美需求。爱美心理是女性顾客普遍存在的一种心理状态。这种心理反映在消费活动中,就是无论是青年还是中老年女性,都希望通过消费活动既能保持自己的自然美,又能增加修饰作用。

(2)情感需求。女性顾客在个性的表现上具有较强的情感性特征,即感情丰富、细腻,心境变化剧烈，富于幻想、联想。这种特征反映在消费活动中，就是容易冲动购买。

（3）实惠需求。女性顾客在家庭中大都掌管家庭收入，负责安排全家衣食住行等开销。女性顾客普遍形成了精打细算、勤俭持家的美德。这种美德反映在消费活动中，就是希望所购买的商品既能最大限度地满足自己和家庭的某种需求，又具有物美价廉、经久耐用等特点，即实惠心理。

（4）炫耀需求。一些女性顾客希望自己比别人富有或有地位，因此，除了为满足自己的基本生活需求以外，还希望通过追求高档次、高质量、高价格的名牌商品或在外观上具有超俗、奇异等与众不同的商品，来显示自己的某种特别之处。

2. 女性顾客的购买特点

（1）注重商品的外观和情感特征。女性顾客所购买的商品具有种类繁多、使用时间短、更新换代速度快等特点。在求美心理和情感性需求的作用下，女性顾客在购买商品时比较注重商品的外观、形象以及商品象征性价值和感情色彩。

（2）注重商品的实用性和具体利益。女性顾客的实惠心理决定了她们在实际购物活动中，对商品的实际效用和具体利益要求强烈。为了实现购买目的，她们在购买过程中往往要认真仔细挑选，全面衡量利弊得失，甚至细微之处的优点，都能吸引她们的注意。

（3）注重商品的便利性。现代女性，除了承担繁重的家务劳动之外，还从事一定的社会工作。因此，女性顾客非常欢迎那些能够给生活带来便利的商品和服务，并愿意及早尝试，以减轻家务劳动辛苦，例如扫地机器人。

（4）具有自我意识和自尊心。一般来讲，女性顾客对商品的变化、周围环境、商品的宣传以及其他顾客对商品的评价等很敏感，在购买过程中自我意识和自尊心比较强，往往以自己对商品的印象与好恶来分析、评价和决定自己的购买行为，以体现自我价值。同样，他人对她们购买活动的评价也会影响她们的自尊心。

（5）购后遗憾感较强。尽管女性顾客在购买商品时已进行了全面衡量和认真挑选，但由于具有较强的求全心理和易受外界环境的影响，因此，常常会产生购后遗憾感，甚至产生退换货行为。

本章小结

如今的零售商所面临的零售环境是极其复杂的，因此，必须对零售环境进行认真分析。零售环境分析包含宏观环境和竞争环境。消费者是零售市场的买方主体，为了最大限度地满足其消费需求，零售企业必须加强对零售顾客的分析、研究，以便更好地争取顾客、服务顾客。

案例分析

7-ELEVEn 的成功

7-Eleven 的诞生

7-Eleven 便利店诞生于美国，前身是成立于 1927 年的“南大陆制冰公司”。当时由于电冰箱并未普及，冷藏用的冰块成为生活中不可缺少的必需品。在南大陆制冰公司销售冰块的杰夫森・戈林，非常关心顾客服务的改善，他做出了夏季店铺天天开，每天营业 16 个小时的决定。这项服务深受当地居民的欢迎。不仅如此，戈林通过仔细调查当地居民的购买意愿和需求，发现当地居民不仅希望他能销售冰块，而且还希望他能适时地销售其他生活用品，如牛奶、鸡蛋、面包等。为此，戈林提议南大陆公司为自己负责的店铺提供更多的便利商品，并得到了公司的首肯。

7-Eleven 名字的由来

就这样，南大陆制冰公司不仅销售冰块，而且开始销售牛奶、鸡蛋等商品，开创了新的经营领域和利益增长点，被誉为美国便利店的萌芽。最初店铺被称为“图腾店”，放在店铺旁边的图腾柱成为便利店的标志。由于店铺的营业时间是从早上 7 点开始到晚上 11 点结束，1946 年南大陆公司正式将图腾店改名为 7-Eleven，从而真正揭开了便利店时代的序幕。目前 7-Eleven店铺遍及全世界 16 个国家/地区。

日本的 7-Eleven 是在 1973 年由伊藤洋华堂自美国引进的，1974 年于日本东京开设第一家店，在成立之初，伊藤洋华堂内部反对声浪很大，铃木敏文(现任日本 7-Eleven CEO)以失败了也不影响母公司为条件，才取得公司高层的首肯。而后，在铃木敏文的领导之下，经过长期的发展，目前已经是全世界最大的单一连锁便利商店公司。2012 年，店铺数11 466家，占全世界 7-Eleven 店数的 1/3，1991 年甚至将 7-Eleven 全球总部美国南方公司买下，2005 年将日本 7-Eleven、伊藤洋华堂、美国 7-Eleven 合并入 7&I 控股。由于在日本的成功发展，亚洲多数国家的 7-Eleven 多以日本为示范对象，中国台湾、韩国、泰国等地的店铺多有日本经营方式的影子。

7-Eleven 和传统企业最大的差异就是“一切以用户价值为导向”。用户需求在哪里，产品和服务就在哪里。7-Eleven 可以当之无愧地说：我几十年来将用户需求满足到了极致。就说基本的商品类型：典型的 7-Eleven 便利店非常小，场地面积平均仅 100 平方米左右，但就是这样的门店提供的日常生活用品达3 000多种。

7-Eleven

商品的不同之处

在最开始，7-Eleven 和其他连锁店在商品陈列和种类上并无不同之处。但是，他们会定期收集和分析到店的顾客需求。比如在最早期，他们发现，很多人没有时间吃早餐，匆匆地买简单的面包零食凑合。而东方人，特别是日本人，还是存在很多吃和式简餐的需求。所以在日本的7-Eleven里，他们推出了饭团、三明治，结果大受欢迎。为了能让顾客吃到热的饭团和便当，他们是第一家提供微波炉的连锁店。

7-Eleven后来又首先引入了关东煮，至今都是在亚洲地区销售量最高的商品之一。到2000年，7-Eleven发现很多写字楼有外卖需求，于是在日本开始支持送外卖。到后期，7-Eleven也开设了很多自有品牌。7-Eleven也是第一家开始在便利店提供便民服务的连锁店。

7-Eleven发现，身边的居民有交水费、取款、交保险、证件照等多种需求，于是先后开始不断尝试。目前，7-Eleven尝试过的服务已经多达50多种，甚至，他们还尝试过在日本高速公路附近的便利店提供公厕服务。

(1)购买电影票、游乐场门票服务；

(2)复印机复印资料服务；

(3)相片冲洗服务；

(4)电话卡充值等各种充值服务；

(5)代缴个人所得税；

(6)各种考试报名；

(7)买保险；

(8)7-Eleven还专门和宅急便合作寄快递，还有专用的送快递的车辆；

7-Eleven送快递的车辆

(9)和银行合作，开设取款机，可以随时取款；

(10)飞机火车票购买服务。

有的店还提供干洗服务。这完全是把一个社区里开的各种小店都完爆的节奏。以后只要一个新盘开盘，除了必须到医院诊所以外，其他似乎都可以在一个7-Eleven搞定。说不定，将来强大的7-Eleven，会开始雇用门诊医生老专家在里面会诊，开开感冒药什么的……

完全实现了，用户想要什么，我就给你什么的便利店的价值。

这样的用户导向的便利店，怎么会不成功呢？

（资料来源：http://www.7-11cd.cn/）

讨论题：

为什么 7-Eleven 会如此成功？

延伸案例：

1. 从 2015 年世界人口数量和中国人口数量来显示人口环境的变化。

2. 对比 2015 年和 2016 年我国各省份社会消费品零售总额，思考各省份的零售业态发展。

思考题

1. 影响零售环境的因素，除了本章所提到的各种因素外，还有哪些因素？
2. 竞争因素如何影响零售环境？
3. 如果你是一个国际知名的大零售商的管理者，你准备如何应对零售环境的变化？
4. 零售顾客的购买动机有哪些？结合实际，谈谈你的购买动机。
5. 如何理解经济全球化对零售业的影响？

第五章　零售企业组织管理

本章学习要点

1. 零售企业组织结构设计的内容与程序；
2. 零售企业组织结构的类型；
3. 零售企业人力资源管理；
4. 零售企业管理信息系统。

关键术语

组织结构　人力资源管理　零售管理信息系统

第一节　零售企业组织结构设计

一、组织结构设计的内容

当一个零售企业确定了其经营宗旨和战略目标之后，接着就需要为实现战略目标设计相匹配的组织结构。组织结构是指一个组织内各构成要素以及它们之间的相互关系，主要涉及企业部门构成、基本的岗位设置、权责关系、业务流程、管理流程及企业内部协调与控制机制等。可见，组织结构设计不仅仅只是描绘一张规范的企业组织结构图表，或根据企业的人员配备和职能管理需要增设或减少几个职能部门，它的目的是帮助企业围绕其核心业务建立起强有力的组织管理体系。

不同的组织结构有着不同的功能和效率。为什么在现代企业管理中会出现“1＋1＞2”或者“1＋1＜2”的现象呢？其根本原因就在于组织结构的不同，要素组合在一起的方式不同，从而造成了要素间配合或协同关系的差异。

在现实生活中，组织结构千姿百态，普遍使用的唯一的、最好的组织结构是不存在的。管理者必须根据所面临的特定情况，选用一种最适合于本企业的结构设计方案。一个零售组织往往同时面临提高内部效率和增强外部适应性的要求，这就要求零售组织结构设计必须满足三方面的需要:目标市场的需要、公司管理的需要、员工的需要,如表5—1所示。

表5—1 零售组织结构考虑的因素

目标市场的需要	● 能否提供目标顾客所需的各种服务(热线电话、送货服务等) ● 能否提供品种齐全、适销对路、价格实惠的商品 ● 能否保证随时货源充足,不会缺货 ● 能否满足各连锁门店当地顾客的特殊需要 ● 能否适应顾客需要的变化 ● 能否及时反馈顾客的需求信息 ● 能否及时处理顾客投诉意见
公司管理的需要	● 部门之间权责是否清晰 ● 信息能否及时传递和反馈 ● 决策能否迅速做出和得到执行 ● 各部门能否协调一致,配合适当 ● 管理层次是否明晰,各层次能否协调发展 ● 管理者能否有效管理其直接下属 ● 是否具有灵活性,以适应业务拓展的需要
员工的需要	● 人际关系是否和谐 ● 岗位责任是否明确 ● 联系渠道是否畅通 ● 良好的表现是否得到奖励 ● 职位是否有充分的发展前途 ● 是否具有有序的晋升计划 ● 公司内部是否实行内部提升制度 ● 职务内容是否具有挑战性

二、零售组织结构设计程序

一般而言,只有零售商的组织结构满足了目标市场的需要,它才能生存下来。虽然许多零售企业都执行相似的任务或职能,但在实践中却有多种组织方法来执行这些职能,并使顾客、管理层、员工的需要都同时得到满足。

(一)确定任务

零售作为分销渠道的一个重要环节,在商品销售中担负着重要的任务。零售组织的任务有四大类:战略管理、商品管理、商店管理、运营管理,如表5—2所示。

表5—2 零售组织承担的任务

战略管理	● 制定零售战略 ● 确定目标市场 ● 决定零售方式 ● 设计组织结构 ● 选定商店位置
商品管理	● 商品采购:确定供应商→采购谈判→订货 ● 控制商品库存数量:制定采购预算计划→分配库存商品→检查开架购物位置和存货位置 ● 商品定价:确定初始零售价格→调整价格
商店管理	● 招聘、雇用、培训商店人员 ● 制定工作时间表 ● 维护商店设施 ● 评估商店管理人员的业绩 ● 确定展示位置并展示商品 ● 向顾客出售商品

续表

商店管理	● 维护和更换商品 ● 提供捆绑赠品和送货服务 ● 处理顾客投诉 ● 进行实物盘点 ● 防止存货漏损
运营管理	● 宣传公司及公司商品和服务:计划沟通程序→制定沟通预算→选择宣传媒体→制定具体宣传计划→设计特别的展示活动→处理公共关系 ● 人力资源管理:制定商店人员管理制度→招聘、雇用、培训经理人员→设计升职路径→保存雇员记录 ● 商品分销:确定仓库位置→接收商品→给商品贴标记和标签→储存商品→把商品运至商店→向供应商退货 ● 制定财务控制措施:及时提供有关财务状况的信息→预测销售额、现金流量和利润→向投资者筹借资本→为顾客开账单→提供信贷

(二)分解任务

上述各项任务多是由零售分销渠道来执行的,但它们并不一定由某个特定零售商执行。一些任务可以由制造商、批发商、专业人士(公司)或顾客来执行。

在分解任务时应考虑以下一些标准:

(1)只有目标市场迫切需要的任务才应执行;

(2)一项任务应由具备完成任务所需的特殊能力和设施的团体来执行;

(3)当零售商将任务授权给其他团体时,应考虑到可能会失去对过程的控制;

(4)零售商的组织结构可以影响到任务的分解,如特许经营者可以联合起来拥有自己的信用机构,而独立经营者则很难做到这一点;

(5)对任务进行分解时应考虑到通过分散或改变任务可获得的节约。

(三)归集职位

零售商弄清楚需要履行的任务并将其分解为具体的工作任务之后,就须将各项任务划分为职务,并明确相应的职责,使每一个职务包括一组类似的工作任务,担当一定的责任,也就是具有确定的职责。这些职责在整个组织中应该相对持久和稳定。表5—3是将工作任务划分为职务的简单例子。

表5—3　工作任务划分为职务的示例

职　务	任　务
理货员	陈列商品、商品标价、清洁货架
仓管员	商品验收、商品堆码、商品维护
顾客服务人员	商品退换处理、顾客投诉处理、顾客咨询
人事管理	招聘员工、业务考核、员工培训

零售商在把工作任务归集为职务时,应考虑专业化分工。在专业化分工条件下,每名员工只对有限的职能负责。专业化分工的优势包括任务范围明确,专业化管理深入,降低培训费用和时间,可以雇用教育水平较低和经验少的人员等。但过度专业化也可能产生一定的问题,即员工意识不到自己职位的重要性,需要雇佣更多的员工等。

职务的划分大致有四类方法:

(1)按职能分类。即按照采购、人事、财务、销售等职能范围划分职务。这种划分具有专业化的特点;但是,对横向协调要求高。

(2)按商品分类。即根据经营商品的类别来划分职务。这种分类法的理由是:经营不同种类的商品对工作人员的要求各不相同;职务按商品划分也有利于提高商品管理的水平。

(3)按地区分类。即按照分店所在经营地区的不同来划分职务。这种方法有利于协调连锁事业管理的集中统一性与各地区分店具体环境适当灵活性之间的矛盾,在连锁公司由区域性向全国性、由全国性向国际性发展的过程中应用较多。

(4)按职能、商品、地区三项因素综合分类。这是实践中常用的方法。建立连锁经营公司的组织机构,通常既能按职能,又按商品,还按地区划分职务,只是三者的重要程度和相对地位因连锁事业的规模、发展阶段、经营商品结构等因素的不同而有所区别。

任务一旦归集完成,职务说明书就形成了。职务说明书概括了每个职务的名称、目标、任务和责任。它们是对员工进行聘用、监督和评价的工作。下面举例说明商店经理的职位说明书,如表 5—4 所示。

表 5—4　　商店经理的职位说明书

职务名称	××分店经理
该职务的上级	公司高级副总裁
该职务的下级	××分店所有员工
职务目标	管理好××分店并取得良好效益
任务和责任	● 员工的招聘、筛选、培训、激励和评价 ● 商品陈列 ● 库存盘点和控制 ● 批准商品订单 ● 分店之间的商品调动 ● 销售预测 ● 预算 ● 处理商店收据 ● 银行业务往来 ● 顾客投诉处理 ● 商店财产保管 ● 所有业务的检查 ● 向上级主管提交报告
需参加的会议	● 商店经理检查委员会的会议 ● 每月参加由高级副总裁主持的会议 ● 监督部门经理的每周例会

(四)形成组织机构

零售组织机构的形成必须经过统一、协调的规划,职位必须明确、清晰,同时各职位间的相互关系也必须明确,这样才能使组织机构形成一个完整的统一体。在构建零售组织的机构时,还应考虑组织中的权力层级关系问题。

权力层级是通过描述公司内部员工之间的报告关系(从最底层到商店经理或董事会),来说明职务关系。零售机构的层级可由最高层经理与最低层雇员之间的职位数量来反映。若一家公司内管理分层较少,有大量的下级向同一个上级汇报工作,那么该公司是扁平式组织。这种组织结构的优点是沟通良好,问题能得到快速处理,以及员工能较好地投入工作;其缺点是向同一位经理汇报工作的人数可能会过多。垂直式组织是有多层管理人员，实行分层汇报，分级管理。在这种结构下，可以密切监督、有效管理；它的缺点是沟通渠道太长，对员工缺乏个人的影响（基层员工无法接近组织内的高层人士）及制度易僵化。

第二节　零售组织结构的类型

与其他行业的组织结构设计相类似，零售组织结构的设计有直线职能型组织结构、事业部制组织结构、矩阵式组织结构、多维立体组织结构等形式。零售企业的组织结构，可以根据企业业务、规模的不同而设置，也可以根据不同的管理理念而设置。

一、小型独立商店的组织结构

小型独立商店一般由业主自己管理，外加一两个亲戚或小工，这种商店也叫作“夫妻店”。这种小型商店的组织结构非常简单，由于人员有限，没有严格的专业化分工，业主每天给人员分派任务，并亲自实施监督。随着销售规模的不断扩大，当店里员工数量增多、业主开始雇用正式员工时，管理分工就形成了。不过，此时仍然是简单的分工，只是将某些经常性工作指派给某个员工专门负责；有时，业主也会雇用一家会计公司来完成财务管理工作。图 5－1 是小型独立商店的组织结构图。该图将每一个员工负责的业务明确列出，店主能明确知道每一个员工的职责而方便管理。

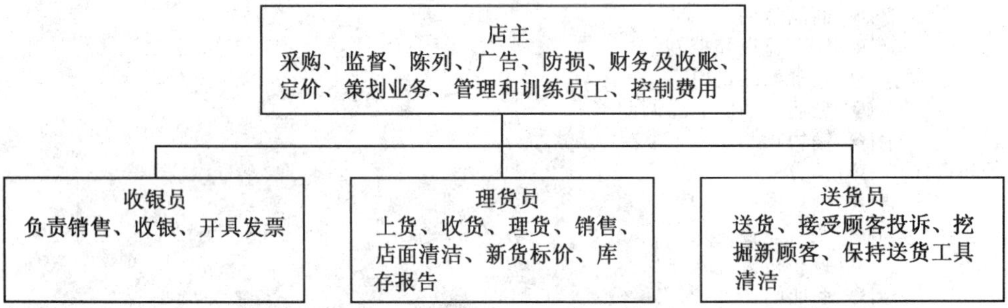

图 5－1　小型独立商店的组织结构

二、百货商店的组织结构

20 世纪 20 年代，美国全国商品零售公会成立了一个委员会，专门研究一些成功商店的作业方式，并制定一套健全、有效的百货公司组织计划。梅热结构（Mazur plan）是其中的一项成果，此计划问世后，便普遍地为零售界所接受。图 5－2 是梅热计划的组织结构设计图。

从图 5－2 中可以看出，这种结构将整个零售业务分为四个职能领域：

（1）财务部。负责商品统计及报表、销售查核、开支预算和控制、信用审查、发放薪金等。

（2）商品部。负责采购、销售、库存计划与控制。

（3）公关宣传部。负责橱窗设计和店内陈列、广告、促销、市场调研、公共关系。

（4）商店管理部。负责商品保管、顾客服务、行政采购、人员培训、清洁保安。

另外，梅热计划还设置了一个经理会，这是由四个部门经理和高层领导参加的定期会议，

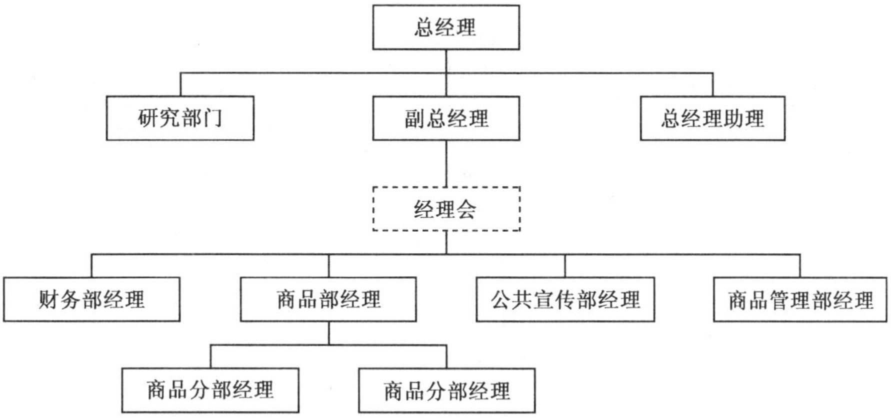

图 5—2 梅热计划的组织结构设计

旨在让各个部门对商店整体运营活动有正确的认识，促进各部门之间的合作。

在百货商店，职能部门的权力较小，而各个商品部是重要的部门，负责商品的采购和销售。商品部下面又可以分成许多商品分部，负责各类商品的采购和销售。商品部经理的责任非常重大，对本部门的开支控制和利润目标负有完全的责任，还要协调各商品部的计划和政策。

随着百货商店的分店增多，梅热结构产生了三种衍生形式：母子型分店组织、独立型商店组织和平等型商店组织。在母子型分店组织中，总店经理保留了大部分权力，包括商品采购、营销策划和财务控制，将分店的行为标准化，以确保与总公司政策一致。这种组织结构适合于分店较少且顾客的购买偏好与总店类似的情况。在独立型商店组织中，分店在商品采购和销售及经营决策上拥有自主权，可以较好地满足当地顾客的需要；但这种组织运营成本大，总店与分店重复设置，只适合分店规模很大且地理位置分散的情况。在平等型商店组织中，采购职能集中管理，销售职能分散管理，分店和总店的待遇是平等的。采购部门独立出来，既不受总店的监督，也不归分店管理。因此，数据收集至关重要，否则容易造成销售与采购脱节。

三、连锁商店的组织结构

连锁商店是连锁经营的具体组织形式。它是指采取同一经营策略、采用统一商号，在经营管理上受总店指挥和控制的若干中小零售店的总称。相对总店来说，它的各个零售点规模不大，但通过联合、统一行动，使得经营方式灵活多变，价格低廉，服务周到。各种类型的连锁店通常都采用一种平等型的组织结构，这种形式的一般特点是采购职能（如预测、计划、采购、定价、把商品运送到分店、促销）均采用集中管理；销售职能（如商店陈列、推销、顾客服务、商店运营）由各分店管理；各销售点（包括总店）的待遇是平等的。图 5—3 是连锁店采用的组织结构。

虽然连锁店的结构各不相同，但是它们都有以下共同特征：

（1）划分多个职能部门，如促销、商品管理、配送、商店运营、不动产、人事和信息系统。

（2）权责高度集中，各分店经理负责销售。

（3）运营标准化（固定设备、商店布置、建筑设计、商品系列、信用政策和商店服务）。

（4）完善的控制系统使管理保持一致。

（5）一定程度的分权使分店能更好地适应当地情况，并增加商店经理的责任。

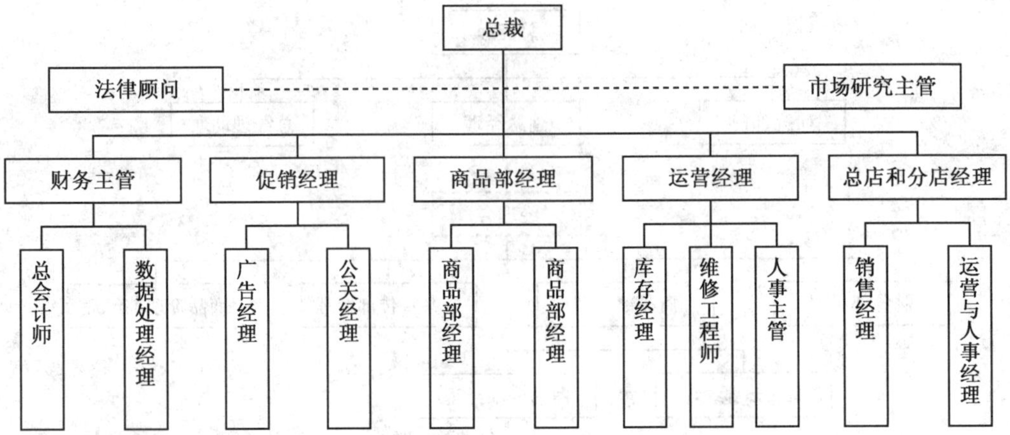

图 5—3 连锁店的组织结构

四、购物中心的组织结构

购物中心即多元化经营的零售商，也称集团零售商或混合零售商，是指一个所有者拥有多家经营不同商品的公司。购物中心需要在建立和保持组织结构方面进行一些特殊的设计。

(1)各单位之间需要进行控制。操作程序明确的目标必须在各单位间得到沟通。

(2)需要协调各单位之间的竞争(如一家公司的百货商店是否与其折扣商店经营相同的品牌)。

(3)资源必须在各单位之间分配。

(4)必须避免可能的形象与广告冲突。

(5)管理技巧必须与不同的业务相适应。

因此，购物中心往往有一个非常复杂的组织结构，如图 5—4 所示。

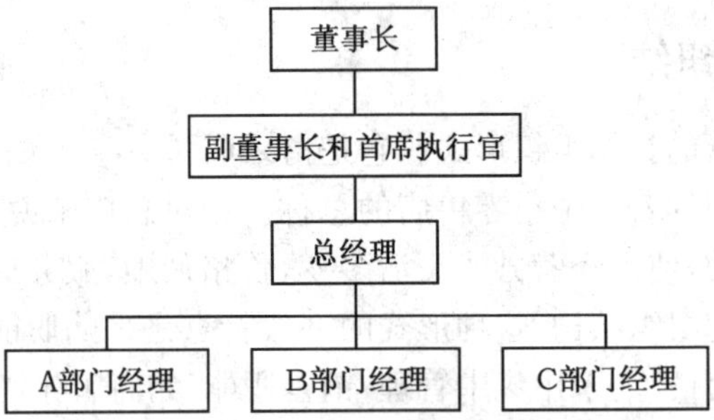

图 5—4 购物中心组织结构

五、超级市场的组织结构

自从超级市场出现以来，其组织结构先后发生了很大的变化。早期的超级市场由于规模小、组织结构简单，一般由所有者或经理加上少数雇员组成；而现在的大型超级市场因规模庞大、人员众多，造成组织结构异常复杂，如图 5—5 所示。

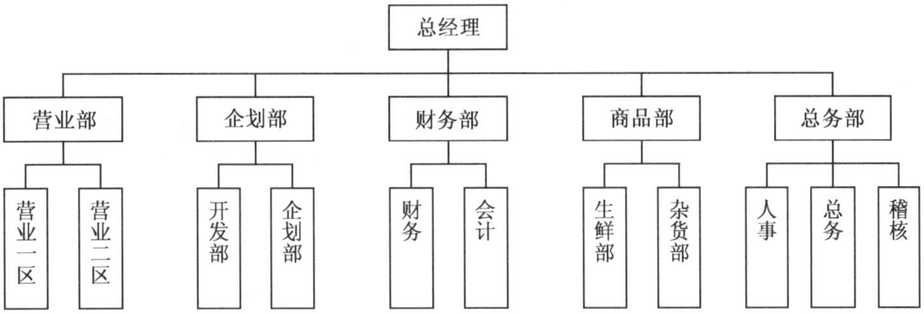

图 5—5　超级市场组织结构

各个部门分别担当着如下职责：

（1）开发部的工作职责：商圈资料的收集；选址标准的确立；店铺的投资评估；店铺工程设计、审核及工程招标、工程监督、验收；店铺平面配制规划；开店的流程安排及进度控制；店铺设备的采购；店铺设备的维修与保养；新店的选址；等等。

（2）企划部的工作职责：短中长期经营计划的拟定；经营分析及建议；合理化、效率化作业的规划与推动；新市场开拓方案及计划的拟定；协助相关部门做好策划工作；等等。

（3）营业部的工作职责：营业目标的拟定及监督执行；对督导员的管理；门店经营业务的监督与指导；门店经营手册执行情况的检查与监督；营业人员的调配及工作分派；门店经营情况及合理化建议的反馈与处理；等等。

（4）商品部的工作职责：商品组合策略的拟定及执行；商品价格政策的拟定及监督执行；新商品的开发及滞销品的淘汰；货源的掌握与开发；供货商的档案化管理以及供货商活动的组织；商品的议价与采购；门店商品配置陈列的规划和指导；促销计划的拟定与执行；仓储、配送作业的规划与执行；竞争店商品结构及其竞争力的调查与分析；商品销售分析、毛利分析及提出改善对策；等等。

（5）财务部的工作职责：资金的筹集、规划、使用及调度；各项财务会计报表的编制；财务分析；账务处理；各项费用、凭证的审核；厂商货款对账与付款；每日营业现金收支统计；发票管理；税务申报、年度决算申报；门店会计作业指导；内部审计和财务管理；等等。

（6）总务部的工作职责：企业组织制度的确立；人事制度的规划及执行；员工福利制度的拟定与执行；人力资源规划与人员招聘；人才培训；奖惩办法的拟定与执行；各种契约范本的制定及公司权益的维护；公共关系的建立与维护；各类工作会议的组织与安排；特许经营业务的规划与发展；其他各类管理制度的拟定与执行；等等。

第三节　零售企业人力资源管理

人力资源管理是指运用现代化的科学管理方法，对与一定物力相结合的人力进行合理的培训、组织和调配，使人力、物力保持最佳比例，同时对人的思想、心理和行为进行恰当的管理、控制和协调，充分发挥人的主观能动性，使人尽其才，事得其人，人事相宜，最终实现组织目标。

一、零售企业人力资源管理的内容

（一）制定人力资源计划

根据零售企业的发展战略和经营计划，评估零售企业的人力资源现状及发展趋势，收集和分析人力资源供给与需求方面的信息，预测人力资源供给和需求的发展趋势，制定人力资源招聘、调配、培训、开发及发展计划等政策和措施。

（二）人力资源费用核算工作

人力资源管理部门应与财务等部门合作，建立人力资源核算体系，开展人力资源投入成本与产出效益的核算工作。人力资源核算工作不仅可以改进人力资源管理工作本身，而且可以为决策部门提供准确和可量化的依据。

（三）工作分析和设计

对零售企业中的各个工作和岗位进行分析，确定每一个工作和岗位对员工的具体要求。具体内容包括：岗位知识、技术、任务要求；学习、工作与生活经验；身体健康状况；工作的责任、权利与义务等。这种具体要求必须形成书面的工作岗位职责说明书。这种说明书不仅是招聘工作的依据，也是对员工的工作表现进行评价的标准，以及对员工进行培训、调配、晋升等工作的根据。

（四）人力资源的招聘与配置

根据零售企业内岗位需要及工作岗位职责说明书，利用各种方法和手段招募人员，再经过严格的考试，如笔试、面试、评价、情景模拟等方法进行筛选，确定最后录用人选。

（五）雇用管理与劳资关系

员工一旦被零售企业聘用，就与零售企业形成了一种雇用与被雇用、相互依存的劳资关系。为了保护双方的合法权益，有必要就员工的工资、福利、工作条件和环境等事宜达成一定协议，签订劳动合同。

（六）入职教育、培训和发展

任何应聘进入一个企业的新员工，必须进行入职教育，以了解企业，接受企业经营理念。入职教育的主要内容包括零售企业的历史发展状况和未来发展规划、职业道德和零售企业纪律、劳动安全卫生、社会保障和质量管理知识与要求、岗位职责、员工权益及工资福利待遇等。为了提高广大员工的工作能力和技能，有必要开展有针对性的岗位技能培训。对于管理人员，尤其是对即将晋升者有必要开展提高性质的培训和教育，目的是促使他们尽快在更高一级的职位上具有全方位的知识和技能，如图5－6所示。

（七）绩效考评

工作绩效考评，就是对员工的胜任能力、工作表现及工作成果等进行评价，并给予量化处理的过程。考核结果是员工晋升、接受奖惩、发放工资、接受培训等人力资源管理决策的有效依据，它有利于调动员工的积极性和创造性，并能检查和改进企业人力资源管理工作。

（八）帮助员工的职业生涯发展

人力资源管理部门有责任鼓励和关心员工的个人发展，帮助其制定个人发展计划，并及时进行监督和考察。这样做，有利于促进零售企业的发展，使员工有归属感，进而激发其工作积极性和创造性，提高零售企业效益。人力资源管理部门在帮助员工制定个人发展计划时，有必要考虑与零售企业发展计划的协调性和一致性，促使个人发展计划的顺利实施并取得成效。

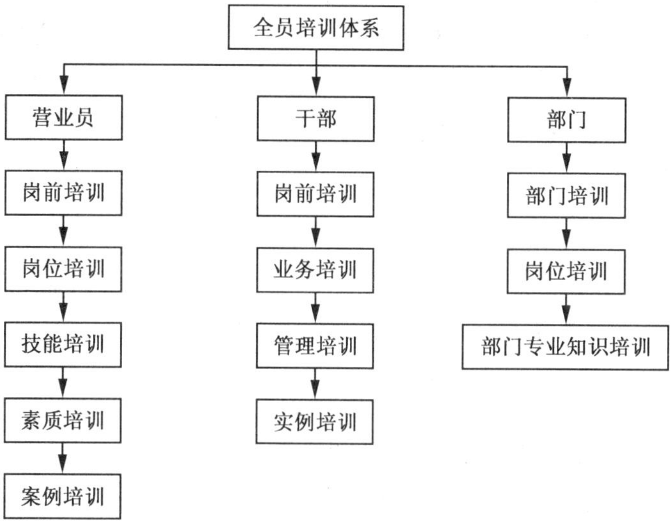

图 5—6　全员培训体系

（九）员工工资报酬与福利保障

合理、科学的工资报酬与福利体系关系到零售企业中员工队伍的稳定。人力资源管理部门要从员工的资历、职级、岗位及实际表现和工作成绩等多方面，为员工制定相应的、具有吸引力的工资报酬福利标准和制度。员工福利是社会保障和零售企业保障的一部分，是工资报酬的补充和延续，它主要包括政府规定的退休金或养老保险、医疗保险、失业保险、工伤保险、节假日，并且为了保障员工的工作安全卫生，提供必要的安全培训教育和良好的劳动工作环境等。

（十）建立员工档案

人力资源管理部门有责任建立员工档案，并保管其工作表现、工作成绩、工资报酬、职务升降、奖惩、接受培训和教育等方面的书面记录材料。

二、零售企业对各类人员的考核

（一）对售货员的绩效考核

零售企业对售货员进行考核应当制定系统的考核办法，要为售货人员制定科学的、切实可行的考核标准。在这些标准中，有些只能用来考核售货员的个人工作，有些既可以考核售货员的个人工作，又可以对售货员的集体工作进行考核。

对售货员考核常用的标准有：

1. 转变率

转变率＝（购买商品的顾客总人数÷进入商店的顾客总人数）×100％

这种衡量指标反映看物购货的人转变成顾客的百分比，以及全部售货人员的工作效果。转变率差是由各种原因造成的：首先是顾客需要售货员帮助选购时，售货现场没有足够的售货员；其次是售货员不少，但是没有较好的销售工作；再次是售货员无法控制的一些因素，如准备的商品不充分、花色品种不齐、商店开门过迟、关门过早等。当转变率低于标准时，企业应力图找出原因，采取措施，纠正这种情况。

2. 每小时销售额

衡量售货员工作效果的最常见的标准是每小时的平均销售额。这是以一定时间内的全部销售额除以售货员工作时间来计算的。运用这种衡量方法时，一定要为售货员规定一套专门的衡量标准。比如在百货商店，玩具部与珠宝首饰部每小时的销售额大不相同，7月份与12月份每小时销售额也多有不同。

3. 时间的利用

确定售货员利用他们工作时间的标准。售货员的工作时间可以花费在以下四个方面：

(1)售货时间。它是指应顾客购买需要，帮助顾客选购所花费的全部时间。这包括接待顾客、与顾客交谈、进行商品介绍和宣传、开写售货单据，以及在其他可能为商店增加收入的方面为顾客提供的服务。

(2)非售货时间。这是指花费在非上述售货任务方面的任何时间。

(3)闲散时间。这是指售货员在售货场所花费的与任何业务经营无关的时间。

(4)不在售货场所的时间。这是指业务人员不在售货场所的任何时间。他们可能在用餐，在休息室休息，在商店的其他场所等。

零售企业可以为以上各类时间制定一定的标准。比如，标准的时间分配为：60%花在售货上，28%花在非销售活动上，5%的闲散时间，7%的时间不在售货场所。对这些标准的任何偏离都应当了解，如有必要，应当采取纠正措施。

(二)对采购人员的绩效考核

绩效考核是防止采购腐败的最有力的武器。好的绩效考核可以达到这样的效果：采购人员主观上必须为公司的利益着想，客观上必须为公司的利益服务，没有为个人谋利的空间。如何对采购人员进行绩效考核，跨国零售企业有许多很成熟的经验可以借鉴，例如量化业务目标和等级评价。跨国公司每半年就会集中进行员工的绩效考核和职业规划设计。在考核中，交替运用两套指标体系，即业务指标体系和个人素质指标体系。

业务指标体系主要包括：

(1)采购成本是否降低？卖方市场的条件下是否维持了原有的成本水平？

(2)采购质量是否提高？质量事故造成的损失是否得到有效控制？

(3)供应商的服务是否增值？

(4)采购是否有效地支持了其他部门，尤其是营运部门？

(5)采购管理水平和技能是否得到提高？

当然，这些指标还可以进一步细化。如采购成本可以细分为购买费用、运输成本、废弃成本、订货成本、期限成本、仓储成本等。把这些指标一一量化，并同上一个半年的相同指标进行对比所得到的综合评价，就是业务绩效。

在评估完成之后，将员工划分成若干个等级，或给予晋升、奖励；或维持现状；或给予警告或辞退。可以说，半年一次的绩效考核与员工的切身利益是紧密联系在一起的。

国内有些零售企业的考核流于形式，其缺陷就是没有量化的指标和能力评价，考核时也不够规范，同时缺乏培训安排。

绩效考核更多的作用是提高员工的工作积极性，但对于防止采购腐败仍不失为有效的措施。

三、零售企业的薪酬管理

薪酬管理是企业进行人力资源管理的一个非常重要的工具，运用得当，会获得员工工作热情升高而企业人工成本又比较合理的良好效果；反之，常常会造成员工满意度低、人才流失、企业效益下降等不良后果。薪酬结构指固定薪酬与可变薪酬的组合问题。对零售企业而言，两者的合理组合特别重要，应选择适当的薪酬支付方式。

(一)固定薪水

固定薪水是售货员每隔一定时间，不管销售额多少均可得到一份固定的薪水。绝大多数小型零售企业采取这种劳动工资办法，他们一般不给售货员分派非销售的任务。如果售货员在非销售方面出力，可以另外得到相应的酬金。许多薄利多销的连锁商店也采用这种劳动工资办法，因为他们的售货员不过是按顾客需要取货，很少有可能产生诸多额外的销售额。固定薪水使售货员收入有保证，但它对售货员的格外努力很少有什么鼓励。因此，要使这种劳动工资办法有效果，一定要与定期的考核结合起来，以便鉴别优秀的售货人员，对其确定更高的薪水待遇。

(二)直接酬金

直接酬金是售货员的收入按他们的销售额，给一定比率的酬金。酬金的比率，可以是所有商品销售额均采用同一个比率，也可以根据不同商品的获利可能性确定不同的比率。零售企业售货员领取直接酬金的，一般为销售额的 2%～8%。支付直接酬金的办法，为售货员在经营中产生的销售额提供了比较明确的鼓励标准。但在买卖不景气的时候，售货员就可能得不到足够的收入，对此，绝大多数零售企业对支付直接酬金的办法作了一些修改和调整，即在按规定比率支付直接酬金达不到规定的最低限度时，允许售货员从今后的酬金中提取一些工资，直到达到每月的规定数。采用直接酬金办法存在的主要问题是，售货员为了多销售而损害零售企业在顾客中的印象以及今后长期的业务经营。

(三)薪水加酬金

薪水加酬金是企业对售货员支付固定薪水，加上根据整个销售额或者超过定额部分的销售额给予一定比率的酬金。在这种办法中，固定薪水一般比全部支付直接薪水要低一些，但是加上支付的酬金，整个收入一般比全部支付直接薪水要高一些。实行这种办法，售货员的基本收入比较稳定，有利于鼓励他们执行非销售任务，还可以鼓励他们在销售中努力。因此，它是固定薪水与直接酬金办法之间的一种比较好的折中办法。

(四)钟点计薪制

零售企业营业时间长，在营业时间内各时段顾客人数差别很大，因此零售企业普遍雇用一部分钟点工或兼职员工，在高峰时段投入工作。这些员工的报酬完全按照钟点计算。

(五)附加利益

零售企业的雇员在接受正规工资(薪水与酬金等)以外，还可以接受以下四种附加利益。

1. 本企业雇员购物享受优惠折扣

几乎所有的零售企业对售货员或职员在本店买商品均给予优惠折扣。有些零售企业给本企业购物的员工优惠折扣在 10%～20%。

2. 保险和退休金

除正规工资外，提供保险和退休金也是一种额外的工资形式，它可以使员工得到多方面的保障。

3. 推销奖金

推销奖金(push money,PM)是在基本薪水和正规酬金以外付给售货员的,目的是鼓励售货员做出更多努力。PM既可以由零售企业承办,也可以由供应商承办。零售企业为了鼓励售货员销售过时的或滞销的商品,可以给售货员PM。推销最多的售货员可以免费旅游,或者获得一些其他的奖金。

4. 其他福利

包括休假、婚丧补助、生日礼物、购物折扣、节庆福利品、在职进修、国内外研修考察、资深员工奖励、分红奖金、员工入股、员工餐厅、健康检查、员工辅助等。

第四节　零售企业信息系统

零售管理信息系统是采用计算机技术、通信技术、数据库技术及其他相关技术,运用一系列科学方法,为零售企业实现商品流、资金流、信息流优化管理与控制目标的信息系统。零售管理信息系统是零售自动化的重要组成部分。零售管理信息系统在零售行业的广泛使用,加速了零售业的信息化和全球化进程。特别是近年来互联网技术的快速发展,不仅带来了零售业在管理手段和方法上的变革,也带来了零售业管理理论和思维方式的变革。零售管理信息系统中常采用的技术主要有以下几种。

一、商品条形码

条形码技术是随着计算机与信息技术的发展和应用而诞生的,它是集编码、印刷、识别、数据采集和处理于一身的新型技术。

使用条形码扫描是当今市场流通的大趋势。为了使商品能够在全世界自由、广泛地流通,企业无论是设计制作、申请注册还是使用商品条形码,都必须遵循商品条形码管理的有关规定。商品条形码的诞生极大地方便了商品流通,现代社会已离不开商品条形码。据统计,目前我国已有50万种产品使用了国际通用的商品条形码。我国加入世贸组织后,企业在国际舞台上必将赢得更多的活动空间。要与国际惯例接轨,适应国际经贸的需要,企业更不能慢待商品条形码。

零售商品的条码标识由全球贸易项目代码(GTIN)及其对应的条码符号组成。零售商品的条码标识主要采用EAN/UPC条码。商品条形码的编码遵循唯一性原则,以保证商品条形码在全世界范围内不重复,即一个商品项目只能有一个代码,或者说一个代码只能标识一种商品项目。不同规格、不同包装、不同品种、不同价格、不同颜色的商品只能使用不同的商品代码。

EAN-13通用商品条形码一般由前缀部分、制造厂商代码、商品代码和校验码组成。商品条形码中的前缀码是用来标识国家或地区的代码,赋码权在国际物品编码协会,如00～09代表美国、加拿大,45～49代表日本,690～692代表中国大陆,693代表中外合资,471代表我国台湾地区,489代表香港特区。制造厂商代码的赋权在各个国家或地区的物品编码组织,我国由国家物品编码中心赋予制造厂商代码。商品代码是用来标识商品的代码,赋码权由产品生产企业自己行使,生产企业按照规定条件自己决定在何种商品上使用哪些阿拉伯数字为商品条形码。商品条形码最后用1位校验码来校验商品条形码中左起第1～12位数字代码的正确性。

由于条形码的识读是通过条形码的条和空的颜色对比度来实现的，一般情况下，只要能够满足对比度（PCS 值）的要求的颜色即可使用。通常采用浅色作空的颜色，如白色、橙色、黄色等，采用深色作条的颜色，如黑色、暗绿色、深棕色等。最好的颜色搭配是黑条白空。根据条形码检测的实践经验，红色、金色、浅黄色不宜作条的颜色，透明、金色不能作空的颜色。

二、电子数据交换系统

电子数据交换（EDI）是由国际标准化组织（ISO）推出使用的国际标准，它是指一种为商业或行政事务处理，按照一个公认的标准，形成结构化的事务处理或消息报文格式，从计算机到计算机的电子传输方法。简单地说，EDI 就是按照商定的协议，将商业文件标准化和格式化，并通过计算机网络，在贸易伙伴的计算机网络系统之间进行数据交换和自动处理，俗称“无纸化贸易”。由于 EDI 具有高速、精确、远程和巨量的技术性能，因此 EDI 的兴起标志着一场全新的、全球性的商业革命的开始。国外专家深刻地指出：“能否开发和推动 EDI 计划，将决定对外贸易方面的兴衰和存亡。如果跟随世界贸易潮流，积极推行 EDI 就会成为巨龙而腾飞，否则就会成为恐龙而绝种。”时至今日，EDI 历经萌芽期、发展期已步入成熟期。英国的 EDI 专家明确指出：“以现有的信息技术水平，实现 EDI 已不是技术问题，而仅仅是一个商业问题。”

GS1 英国的研究显示，杂货店行业每年因使用 EDI 而节省的成本多达 6.5 亿英镑。该项研究还指出，仅仅将“提前发货通知”这项商业文件自动化，就可为杂货店行业进一步节省 2 亿英镑。光是从财政角度而言，与业务伙伴实施 EDI，有助于显著节省成本，而且每添加一项文档，都可以提升节省幅度。不过，在众多 EDI 优点中，节省成本只是冰山一角。

EDI 的主要优点是速度及准确度，提升营运商效率也是主要考虑因素之一，在很多情况下，最大的优点在于商业运营的策略性层面。

三、销售时点信息系统

销售时点信息系统（POS），是指通过自动读取设备（如收银机）在销售商品时直接读取商品销售信息（如商品名、单价、销售数量、销售时间、销售店铺、购买顾客等），并通过通信网络和计算机系统传送至有关部门进行分析加工以提高经营效率的系统。

POS 系统最早应用于零售业，以后逐渐扩展至其他如金融、旅馆等服务行业，利用 POS 系统的范围也从企业内部扩展到整个供应链。POS 系统应用于零售业有以下优点。

（1）方便消费者的购物消费结算，方便快捷，能刺激大额采购和冲动性购物，增加商户营业额。据统计，安装移动 POS 机的商户销售额增长达 40%以上。

（2）减少商户清算现金、交存银行等环节，增加资金周转速度。

（3）有效规避假币和现金管理安全风险。

（4）提升交易处理速度，加快商户资金使用。

（5）增加商户在银行的现金流水量，有益于将来有需要时办理贷款。

（6）吸引 30 亿银联卡消费者，尤其是信用卡持卡消费群体（消费者看中了商品，但苦于口袋没有足够的资金，如用信用卡消费的话，不但能解决资金的问题，而且他还可以轻松地申请分期还款）。

（7）提升商户品位和形象，帮助商户在激烈的市场竞争中树立优势。

本章小结

零售企业通过设计他们的组织结构，并采用相应的信息系统来提高他们满足顾客需求的效率。公司的组织结构决定了员工要承担的责任，以及他们应向谁负责。零售组织的结构因机构类型的不同而不同。本章分别描述了小型零售商店、百货商店、连锁商店、购物中心、超级市场的组织结构。零售人力资源管理是零售企业组织的重要组成部分。

案例分析

在美击败沃尔玛！这家超市用七招俘获美国中产的心

有这样一家传奇的企业：它在全球41个国家和地区拥有600多家卖场，年销售额超过970亿美元，是全美第二大、全球第七大零售商。它虽然比竞争对手沃尔玛晚出生20年，销售额仅是对方的零头，但它的单店经营业绩却是沃尔玛的4倍，成为其最强劲的竞争对手。它在全球拥有7 000多万名会员。作为一家“财富500强”的企业，它从来不在媒体上做广告，没有专门的媒体公关团队——它就是好市多(Costco)——一个让芒格最想带进棺材的企业，一个最受雷军推崇的企业。它能取得如此巨大的成功，其背后是遵循了怎样的商业法则？

好市多(Costco)

法则一：为了低价，甚至可以不盈利

好市多创始人之一詹姆斯·辛内格曾说：自己在零售业摸爬滚打几十年，看到太多沉沉浮浮，许多像希尔斯(Sears)那样曾经辉煌一时的商家最后变得门可罗雀，就是没有抵制住加价的诱惑。

好市多不但抵制住加价的诱惑，甚至价格低到不盈利。好市多将商品的毛利率控制在10%左右，而一般超市的综合毛利润都在15%～25%。很多品牌不错的日用品在这里都是最低价格，甚至包括一些从不降价的奢侈品。好市多是如何做到的？

第一，深库存模式。好市多有自己专门的中枢货运系统，在仓储式门店里面，有500多家把整块土地都买了下来，只有140多家是租赁的。好市多的商品都是一些热销低价商品，存货周转天数才30多天，比电商还少，这样可以极大地降低商品的库存和物流成本。

第二，出色的议价能力。依靠巨量的销售能力，压低进货价格，如果一家供应商在别的地方定价比好市多还低，那么它的商品将永远不会再出现在好市多的货架上。因为议价没有达成统一，你会发现好市多没有可口可乐，为了弥补这一缺失，好市多会销售更物美价廉的自营可乐。

第三，塑造廉价形象。好市多有更丰富的产品可供选择，比如你能买到广式香肠、台湾凤梨酥和月饼，甚至低价销售一些高档手袋、瑞士名表和珠宝等。为了避免奢侈品侵害其苦心经营的低价形象，好市多在普通货架上卖GUCCI、COACH等奢侈品时，会要求供货商更改其传统的包装，在外观上显得廉价一些。

法则二：不靠产品赚钱，靠会员来赚钱

相比一般超市“生鲜赚人气，日用赚业绩，家电赚利润”的理论，好市多的盈利方式完全不同。低价策略让好市多不以卖东西赚钱，而是以会员赚钱，和现在互联网流行的“羊毛出在猪身上”的商业模式如出一辙。

好市多的会员分为执行会员和非执行会员。执行会员要求交110美元的年费，有资格在一年内享受消费总额2%(最高750美元)的返现，以及一部分保险优惠；而非执行会员只交55美元的年费，除了可以进场消费外还能额外带人进去。

不论是执行会员还是非执行会员，都可以享受卖场的免费服务，例如：免费安装轮胎、免费视力检查、镜架调整服务以及免费停车。好市多承诺，顾客在缴纳会费后，任何时候若对服务不满意决定退出，都将获得全额返款，但好市多的会员续费率达到了惊人的90%，这就意味着客户的回头率是90%。

好市多的会员费，以每年2亿美元在增长，2014年的会员收费为24亿美元；而销售利润在100亿美元左右，扣除了所得税后，净利润在20亿美元左右，这刚好跟会员费收费差不多，说明这家公司真的是靠会员挣钱。目前，好市多拥有7 000多万名持卡会员，已经成为全球会员数最多的超市。

法则三：服务好到有点“过分”

都说“海底捞”的服务有毒，但如果你体验了好市多的服务，绝对会颠覆你的世界观。

我们曾经看到无数因退货而破产的企业案例，比如在美国市场销售液晶电视的歌林，因为一款产品的高退货率，成为它破产的原因之一。而好市多的退货政策，却相当疯狂。

好市多规定，除了电脑、数码相机和投影仪等一些电子产品需要在购买后90天内进行退换外，其他商品没有退货期限。也就是说顾客在购买后，随时都可以拿着商品无理由退换，而且不需要提供购物收据。

关于好市多的无理由退货，曾经一度刷屏社交网络，比如有人成功退掉已经发烂的桃子、蔫掉的盆栽、吃到只剩一颗的巧克力盒，甚至买了几年的衣服。

不管你的理由是什么，收据有没有，时间过去多久，只要你的好市多会员卡里有消费记录，都可以成功退掉。有网友调侃，在好市多可以品尝能撑饱肚子的免费试吃食物；可以通过不断的退换鞋，让你好几年都不用花钱买新鞋；可以免费换掉跑了1 000公里的米其林轮胎。只要你有一张好市多会员卡，就能养活自己。

好市多通过这种特别"过分"的服务，你会发现，最后反而好市多的退货率特别低。

法则四：和你的价值观一致

好市多的这种经营理念，是一种规模经济和分享经济的结合体。

根据好市多的价值取向，目标客户群被锁定在年收入 8 万～10 万美元的所谓中产阶层群体。这个相对聚焦的定位群体，有着独特的价值取向。

你会发现，在购物的潜移默化中，你的消费观和价值观都能在好市多找到。很多人在获得第一张会员卡的数年后，就已经成为好市多最忠实的顾客。每天早上起来，洗漱时用的牙膏、浴液、剃须刀；早餐吃的面包、喝的牛奶和咖啡；午餐时的水果，晚饭后的零食；冰箱里的鸡鱼肉蛋、矿泉水、洗涤剂、擦碗布，通通都是从好市多买的。当然，还有卫生纸，每年好市多会售出10 亿卷卫生纸，连起来可以绕地球1 200圈。

于是在好市多消费变得非常简单，这里每款商品的质量都非常让人放心，很多都是爆品，有的商品例如烤架烤鸡甚至有了自己的 Facebook 页面。

好市多也经营别的服务，比如配眼镜，直接一个电话就可以搞定；比如汽车和住房保险，一年可以节约 700 美元。最奇葩的就是好市多的加油站，因为会员价格明显低于其他加油站，所以你常常可以看到一排长长的队伍。

像这样的消费者，在好市多7 000多万会员中，绝非个例，他们生活在好市多的产品当中，而且生活得很好。

法则五：有态度的购物体验

"有限性"，是好市多区别于其他企业的经营特色。

什么叫"有限性"，简单来说就是单一极致的产品思维。美国人的价值观相对简单和专一，消费观相对成熟，这些都有助于仓储式超市在美国文化的土壤里继续发扬光大。

虽然感觉好市多什么都卖，但其实你会发现好市多的商品庞而不杂。CNBC 的报道中曾经披露：美国一家普通超市，出售的货物种类有 4 万种，沃尔玛会高达 10 万，但是好市多只出售4 000种产品，同一类商品只有一到两种品牌可供选择。

这来源于好市多的销售人员的研究，他们发现过多的选择往往会降低消费者的购买欲望。所以一间普通超市内货架上的番茄酱种类可能会有 20 种，但好市多售卖的番茄酱总是只有一款"亨氏"。

值得一提的是，好市多把有限的品类和品牌的选择也授予了中国品牌——海尔和联想。在一款居家移动式换气机产品中，好市多推荐了海尔品牌。联想品牌的笔记本电脑也在商品范围内。这既说明中国品牌以物美价廉的形象在国际市场上的竞争力在提高，也说明好市多对于商品和服务有自己独特的价值判断。

不仅如此，好市多商品的陈列也暗藏玄机。

一般超市会把应季商品以及符合社会动态的商品大量摆放在入口等显眼的位置，而好市多产品的摆放则与购物者的步伐动线相同：当你随着购物车阵排队进入商场，迎面而来的先是一大排电视和 3C 产品，再来的是维他命和化妆品。

顾客在刚进商场时，心境最好，愿意慢慢浏览，而维他命和 3C 产品是最需要比较，也最容易使人冲动购买的高价单品。接着，依次是餐厨用品、家居和衣服等等，在顾客开始感到不耐烦的时候，食品区就像是老天安排的仙境般出现在眼前，这样的购物体验的确高明。

法则六：从不做商业宣传

为了砍掉一切费用，好市多甚至从来不做商业宣传。

打开好市多的官网，可以感觉到它与其他零售企业的不同。好市多官网首页没有花花绿绿的促销广告，也没有与脸谱、推特等网络传播平台相互链接，网站首页上红、蓝、黑三种颜色，简单得让人觉得有些“土气”。

那么，好市多又是怎么进行品牌传播和形象维护的呢？你可以理解为，好市多的品牌传播和市场活动融化在社区责任与客户关系活动中，通过一系列独特的辅助性产品和服务，既实现商业盈利目的，又达到了品牌传播目的。

比如，好市多有两项会员专属的服务：销售“助听器”和组织“作者签售”活动。

助听器，是一款很多人从不在意的产品，相信世界上绝大多数零售商也不会售卖这种商品。然而，它却被好市多选中，作为仓储会员店的辅助性服务产品。它抓住的不是普通消费者的眼球，而是全球7 000多万的好市多会员，这样精准的口碑传播，已经胜过上千万美元的广告投入。

而另一个“作者签售”活动，恐怕是全世界独一无二的特色服务项目。在2013年全球各地的作者签售活动计划表中，近60次的签售活动在好市多全球范围的仓储会员店举行。

诸如这种大胆的创新宣传方式，每年在好市多里比比皆是，因此它从来不屑于做商业推广。

法则七：你和员工有福同享，员工和你有难同当

如果评价世界上员工幸福感最高的企业，好市多可能是当之无愧的第一。

零售业是美国最吝啬的行业之一，雇员不满程度往往最高。好市多里的工作人员总是非常热情，沃尔玛的员工每小时平均工资为12.67美元，但是好市多的平均工资却为20.89美元，而且还向88%的雇员提供健康保险，这在零售业是非常少见的。《纽约时报》在一篇报道中，提到了好市多雇员的优厚待遇，并将之同沃尔玛靠极力压低员工工资来节省成本的行为进行对比，将其经营理念称为“反沃尔玛式经营”。

当年经济危机爆发时，其他公司开始纷纷裁员，好市多的领导层却认为应该共度时艰，反而决定给所有员工涨工资。

企业的基因决定了企业文化。好市多的创始人詹姆斯·辛内格，当年从货场卸货员一步步开始做起，所以好市多也一直非常重视员工的培养，很多最初在停车场搜集购物车的底层员工，最后都进入了管理层。为了确保基层员工的晋升机会，好市多从不招收刚毕业的MBA，意味着你必须从基层做起。

优厚的福利和光明的职业前景，使雇员忠诚度大大提高，在好市多工作一年以上的员工，离职率只有5%。好市多成立30年来，从未发生过重大劳工问题。

后　记

中国的商业皇冠是淘宝，但是美国和加拿大的皇冠是好市多，它的巨大成功归结起来无非三点：将商品做到了极好，将价格降到了极低，同时又将服务做到了超人预期。这很好地诠释了零售的本质规律。

虽然电子商务不断侵蚀传统零售商的市场份额，但是好市多的销售额却在不到10年的时间里翻了一倍多，这对于一个几千亿元销售规模的公司来说非常难得。此外，好市多的股价表

现也非常稳健,在10年里增长了近4倍,这样的表现超越了经济周期性低迷和金融危机的影响。

关于好市多鲜为人知的趣事

好市多是美国最大的披萨连锁店之一

好市多制作的超级巨大的芝士披萨已然成为美国人的最爱。没有人会想到好市多仅靠“商场内部的饮食区”而成为在美国拥有400多家分店的“披萨连锁店”,并借此一举成为美国最大的披萨卖家之一。当然,好市多饮食区也因其他产品而闻名,如热狗及汽水套餐,该产品将近30年保持着1.5美元的销售价格。

好市多与苹果公司等大品牌时有矛盾发生

蒂芙尼公司:2013年2月,该珠宝公司提起了总额达数百万美元的诉讼,因为好市多所出售的戒指上贴有“蒂芙尼订婚戒指”的标签,但该珠宝却并非蒂芙尼出品。

苹果公司:当好市多被限制只允许在商店出售iPod而非网上销售时,好市多于2010年全面停止出售苹果产品。此后,这两家公司似乎一直存有隔阂。

可口可乐公司:在可口可乐未能向好市多提供令其满意的价格后,好市多在2009年将所有的可口可乐汽水下架处理。这一情况持续了大概一个月,直至好市多感觉他们已经赢得了这场谈判之争。2013年,好市多与可口可乐发生了一场类似的价格纷争,随后好市多将可口可乐从饮食区撤换掉,并取而代之以百事可乐。

星巴克:星巴克曾经因咖啡豆减价却未向好市多提供折扣的问题,导致好市多威胁说要将星巴克的所有咖啡产品从商店下架。据报道,星巴克董事长霍华德·舒尔茨后来致电好市多老板詹姆斯·辛内格并质问其:“你以为你是谁?价格警察吗?”结果詹姆斯·辛内格回答说:“是的。”

(资料来源:联商网)

讨论题:

为什么众多零售企业都在向好市多学习与借鉴?

延伸案例:

1. 对比山姆会员店(Sam’s club)与好市多的发展。
2. 为什么雷军非常推荐好市多?
3. 芒格之于巴菲特意味着什么?

思考题

1. 零售组织结构设计的要求有哪些?
2. 请举例说明小型独立零售商、百货商店和连锁商店的组织结构。
3. 谈谈零售企业人力资源管理的重要性。
4. 零售企业如何对不同的员工制定合适的考核标准?

第六章　商圈分析及选址

本章学习要点

1. 了解商圈的构成及影响商圈的因素；
2. 零售商店选址决策。

关键术语

商圈　选址

第一节　商圈分析

零售业是地理性产业，任何一家零售商的销售活动都受一定的地理条件制约。不论零售商的主观努力程度如何，零售商店吸引顾客的地理区域、范围对零售商的经营效果有着极大的影响。地理位置的优势会带来高收益，因此，店址选择对商店经营成功与否关系十分重大。好的店址是商店的一笔无形资产，可以使其兴旺发达，而选址不当则易造成商店经营困难，甚至倒闭。许多人把商店经营成功的首要因素归结为“Place，Place，Place”（选址，选址，选址），可见店址选择的举足轻重。由于店址一旦确定便很难变动，对于新开设的商店，详细规划商店的地理位置显得尤为重要。

一、商圈及其意义

（一）商圈的定义

商圈也称零售交易区域，是指以零售商店所在地为中心，沿着一定的方向和距离扩展，吸引顾客的辐射范围。简言之，商圈就是零售商吸引其顾客的地理区域，也就是来店购买商品的顾客所居住的地理范围。商圈可分为成熟商圈和未成熟商圈。成熟商圈是指早已形成的比较固定的商业区域，一般不受个别门店开设的影响；未成熟商圈是指尚未成型的商圈，某一门店的进入会对其范围大小产生一定影响。

（二）商圈的构成

零售企业的经营活动通常有一定的地理界限，即有相对稳定的商圈。不同的零售企业由于其地理位置、交通状况、经营规模、经营方式、经营品种和经营条件的不同，商圈规模、商圈形态等存在很大差别；而且，同一零售店在不同的经营时期受到不同因素的干扰和影响，其商圈并不是固定不变的，商圈规模时大时小。商圈形态表现为各种不规则的多边形，为了便于分析研究，一般将其视为以零售店为中心的同心圆，如图6－1所示。

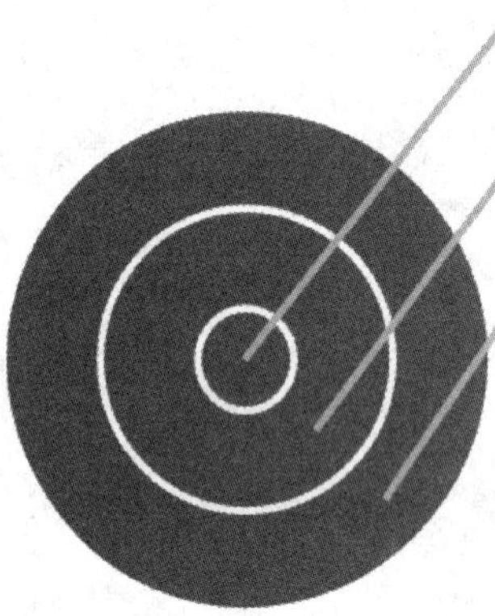

图6－1　商圈的构成

1. 核心商圈

核心商圈也称为主要商圈，是最接近零售店并拥有高密度顾客群的区域，通常商店55％～70％的顾客来自核心商圈。

2. 次级商圈

次级商圈是紧邻核心商圈，位于核心商圈之外的区域。这个地区消费者的购买力大，但它与竞争者的次级商圈往往是重叠的，故该地区的消费者是零售店要重点争夺的顾客，且是商店获取利润的关键，通常商店15％～25％的顾客来自次级商圈。

3. 边缘商圈

边缘商圈是位于次级商圈以外的区域，这个商圈的消费者太分散，所占比例也小，商店的营销手段也不易产生有效作用，因此，商店的营销工作一般不把这部分商圈纳入争取范围。通常商店5％～10％的顾客来自边缘商圈。

在进行商圈的划分与研究时，并不是所有类型的零售店都适合于上述的商圈划分。这是因为零售业态具有多样化的特点，零售企业的差异化和个性化有多种多样的表现。一般而言，在一个相对独立的生活区，零售业态并未形成多样化，也未形成商业中心格局，商圈划分就不会很明显。但是，对一个地区性大中型超市的商圈分析，就适用上述分类。

但是，在现实生活中，这样典型的地区性商店所占比例并不是很大，而出现的例外情况却非常多。例如，位于商业区域购物中心内，有影响、有特色的专业店、专卖店，其商圈可能比整个商业区更大，可称为目标商店；附属于大商场、商业区、购物中心内的小食档、报刊亭，自身并无商圈可言，其顾客是分享所在商场的客流，这类商店可称为依附式商店；居民区内的便利店，其服务的顾客就在居民区内，所以几乎没有边缘商圈的顾客。而位于商业中心的零售店，核心商圈的顾客密度较小，也不是商圈的主要组成部分；相反，次级商圈和边缘商圈的顾客密度相对更大。对于大型零售商店而言，由于经营规模与商品品种等原因，吸引了很多以购物为目的的顾客，这类大型店，其边缘商圈的顾客往往最多。

（三）商圈顾客的来源

零售店有特定的商圈范围，在这一范围内，零售店的服务对象，即顾客来源可分为以下三部分。

1. 居住人口

居住人口是指居住在零售店附近的常住人口，这部分人具有一定的地域性，是核心商圈内基本顾客的主要来源。他们的忠诚度较高，消费场所比较固定，但是顾客人数弹性较小，难以扩大市场，单店规模不宜在短期内进行大调整。

2. 工作人口

工作人口是指工作地点在零售店附近的人口，这部分人中常常利用上下班就近购买商品，他们是次级商圈基本顾客的主要来源。商圈内工作人口越多，商圈规模越容易扩张，潜在的顾客数量越多，单店扩大规模越具有可行性。

3. 流动人口

流动人口是指在交通要道、商业繁华地区和公共活动场所过往的人口。这部分人是处于商业区内的零售商店的主要顾客来源，是构成边缘商圈内顾客的基础。流动人口选择消费场所的随意性较大，忠诚度较低，从而较易受到商业竞争对手的影响。

（四）商圈分析的意义

商圈分析就是经营者对商圈的构成情况、特点、范围以及影响商圈规模变化的因素进行调查和分析，为选择店址，制定和调整经营方针与策略提供依据。进行商圈分析，首先，要了解商圈内消费者的人口数，未来发展情况及社会经济特征，这些都是商圈购买力的基础；其次，要在取得上述资料后，有的放矢地举办针对消费者的促销活动，做到低投入、高效益；再次，要了解现有商圈内的竞争状况，为商店的下一步发展未雨绸缪，及早安排。

（1）商圈分析可用于新开商店的选址，商店的选址必须以选择适当的商圈作为基础。

（2）商圈分析可以具体了解消费者的构成及其特点，从而确定商店的目标市场和经营方针，并随时根据商圈内消费群的变化灵活调整营销组合策略。

（3）商圈分析可以预测新开商店的经济效益，根据商圈购买力的大小及在本店的购买概率大体测算本店的销售额。

（4）商圈分析可以帮助零售商计算出特定地理区域内的最佳网点数。

（5）商圈分析可以帮助零售商了解周围环境的其他因素变化，如竞争状况、城市建设、政策法规、经济增长等情况。

二、商圈的影响因素

（一）商店规模

商店规模越大，其市场吸引力强，从而有利于扩大其销售商圈。这是因为商店规模大，可以为顾客提供品种更齐全的选择性商品，服务项目也将随之增多，吸引顾客的范围也就越大。当然，商店的规模与其商圈的范围并不一定成比例增长，因为商圈范围的大小还有许多其他影响因素。

（二）经营商品的种类

对于经营居民日常生活所需的食品和日用品，如牙膏、食品、卫生纸等的商店，一般商圈较小，只限于附近的几个街区。这些商品购买频率高，顾客为购买此类商品，常为求方便，不愿在此比较价格或在品牌上花费太多时间。而经营选择性强、技术型强、需提供售后服务的商品以及满足特殊需要的商品，如服装、珠宝、家居、电器等，由于顾客购买此类商品时需要花费较多时间精心比较商品的适用性、品质、价格及式样之后才确认购买，甚至只认准某一品牌，因而零售商需要以数公里或更大的半径作为其商圈范围。

（三）商店经营水平及信誉

一个经营水平高、信誉好的商店，由于具有颇高的知名度和信誉度，吸引许多慕名而来的顾客，因而可以扩大自己的商圈。即使两家规模相同，又坐落在同一个地区、街道的商店，因其经营水平不一样，吸引力也完全不一样。如一家商店经营水平高、商品齐全、服务优良，并在消费者中建立了良好的形象，声誉较好，则其商圈范围可能比另一个商店大二三倍。

（四）促销策略

商圈规模可通过广告宣传、推销方法、服务方式、公共关系等各种促销手段赢得顾客，如优惠酬宾、有奖销售、礼品券等方式都可能扩大商圈的边际范围。香港百佳、屈臣氏经常大做广告，通过每周推出一批特价商品来吸引边际商圈顾客慕名前来。

（五）家庭与人口因素

商店所处的外部环境的人口密度、收入水平、职业构成、性别、年龄结构、家庭构成、生活习惯、消费水平以及流动人口数量与构成等，对于商店商圈的形成具有决定性意义。

（六）竞争对手的位置

竞争对手的位置对商圈大小也有影响。如果两家竞争的商店相距有一段路程，而潜在顾客又居于其间，则两家商店的商圈都会缩小；相反，如果同业商店相邻而设，由于零售业的“群体竞争效应”，顾客会因有更多的选址机会而被吸引前来，则商圈可能因竞争而扩大。

（七）交通状况

交通地理条件也影响商圈的大小，交通条件便利，会扩大商圈范围，反之则会缩小商圈范围。很多地理上的障碍如收费桥梁、隧道、河流、铁路，以及城市交通管理设施等，通常都会影响商圈的规模。

三、商圈形态

（一）商业区

商业区为各种商业行业集中的区域，除了零售商集聚外，还有餐饮、娱乐等。商业区人气旺盛，流动人口多，商圈具有规模大、档次高的特点，商业区的消费具有快速、流行、前沿等特点。

（二）住宅区

住宅区商圈坐落于居民集中的区域，该区居民人口众多，但与中心商业区相距较远，从而形成独立的商业圈。住宅区的商店以中低档为主，业态以超市、菜场为主，消费群稳定，食品和日用消费品购买频率最高。

（三）文教区

文教区商圈依靠大、中、小学而形成。文教区商圈内的业态主要是超市、便利店、文具用品店、饮食店等，消费者以学生居多。中国的大专院校过去把职工宿舍建在学校周边，老大学的文教区的消费者包括大量的教职工和家属，商圈特点接近住宅区，菜场也是其中的重要业态。文教区商圈的商店档次居中，但对休闲用品、食品、文教用品的购买率高。

（四）办公区

办公区商圈依托办公楼、写字楼、机关单位，这里工作人员众多，生活节奏快。业态以便利店、文印店、快餐店等为主，消费习性为便利性、消费水准不低，白天热闹、晚上冷清。

四、商圈划定方法

商店商圈的划定方法对于已设商店和新开设商店各有不同。

（一）已设商店的商圈分析

对于已设商店，通过信用卡购物记录、邮购地址、抽样调查记录、送货上门登记、售后服务登记、顾客意见征询等途径可搜集有关顾客居住地点的资料。从资料分析中即可掌握本企业客流量的大小，其中哪些人是固定消费群体，哪些是流动顾客，根据固定消费者住址，在地图上加以标明，即可分析出商店的主要商圈、次级商圈和边缘商圈。

（二）新开设商店的商圈分析

对于新开设的商店，划定商圈主要根据当地市场的销售潜力。

(1)人口规模及特征，包括：人口总量和分布密度；年龄结构；平均教育水平；职业构成；人口变化趋势等。

(2)经济情况，包括：产业结构；生产总值、人均可支配收入水平；拥有住房的居民百分比；城市化程度等。

(3)政策法规，包括：税收；营业限制；最低工资法；规划限制等。

(4)劳动力保障，包括：劳动力资源供给；管理人员资源；人员结构；工资水平等。

(5)供货来源，包括：制造商和批发商数目；供应商的可获得性与可靠性；商品运输成本；运输与供货时间等。

(6)促销活动，包括：媒体的可获得性与传达频率；成本与经费情况等。

(7)商店区位的可获得性，包括：城市规划；区位的类型与数目；交通运输便利情况；自建与租借店铺的机会大小；必要的停车条件等。

(8)竞争情况，包括：现有竞争者的商业形式、位置、数量、规模、营业额、营业方针、经营风格、经营商品、服务对象；所有竞争者的优势与劣势分析；竞争的短期与长期变化；饱和程度等。

（三）雷利法则

美国学者威廉·J. 雷利(W.J.Reilly)利用3年时间调查了美国150个城市，在1929年根据牛顿力学的万有引力的理论，提出了“零售引力规律”，总结出都市人口与零售引力的相互关系，被称为雷利法则或雷利零售引力法则。他认为一个城市对周围地区的吸引力，与它的规模成正比，与它们之间的距离成反比，用以解释根据城市规模建立的商品零售区。

雷利零售引力法则以牛顿万有引力为核心，城市人口取代物体质量，城市之间的距离取代物体之间的距离，两个城市从其间某一点吸引顾客的能力与两城市的人口成正比，与各城市至该点的距离的平方成反比，用公式表示为：

公式一：$B_x/B_y=(P_x/P_y)\cdot(D_y/D_x)^2$

公式二：$D_y=d_{xy}/(1+\sqrt{P_x/P_y})$

公式一中，B_x 为 X 城区的吸引力；B_y 为 Y 城区的吸引力；D_y 为 Y 城区至两城区间中间点的距离；D_x 为 X 城区至两城区中间点的距离。

公式二中，D_y 表示 Y 城区向外覆盖的商圈范围；d_{xy} 表示 X 和 Y 城区之间的距离；P_x 表示 X 城区的人口；P_y 表示 Y 城区的人口。

1. 雷利法则的假设前提

(1)两城市主要道路交通易达性一样。

(2)两城市的零售店经营绩效无多大差异。

(3)两城市人口分布相似。

如此才能求得完整商圈而不变形。

2. 雷利法则的局限性

(1)只考虑距离,未考虑其他交通状况(如不同交通工具、交通障碍等),若以顾客前往商店所花费的交通时间来衡量会更适合。

(2)顾客的"认知距离"会受购物经验的影响,如品牌、服务态度、设施等,通常会使顾客愿意走更远的路。

(3)因消费水准的不同,人口数有时并不具代表性,改以销售额来判断更能反映其吸引力。

3. 示例

某地级城市,有各自独立的A、B、C、D四个地区,四个地区人口和距离的资料为:A地区位于中心位置并且是最大的,拥有20万人口,围绕在它的四周是三个比较小的地区;B地区有2万人口,距离A地区12公里;C地区有4万人口,距离A地区10公里;D地区有5万人口,距离A地区6公里。根据雷利法则的计算公式,可以分别计算出A地区能够吸引B、C、D地区居住人口的距离,即A地区在这些方向的商圈范围。

$$D_{AB}=\frac{d_{AB}}{1+\sqrt{\frac{P_B}{P_A}}}=\frac{12}{1+\sqrt{\frac{20\ 000}{200\ 000}}}=9.1(\text{公里})$$

$$D_{AC}=\frac{d_{AC}}{1+\sqrt{\frac{P_C}{P_A}}}=\frac{10}{1+\sqrt{\frac{40\ 000}{200\ 000}}}=6.9(\text{公里})$$

$$D_{AD}=\frac{d_{AD}}{1+\sqrt{\frac{P_D}{P_A}}}=\frac{6}{1+\sqrt{\frac{50\ 000}{200\ 000}}}=4(\text{公里})$$

计算的结果用图6—2表示。

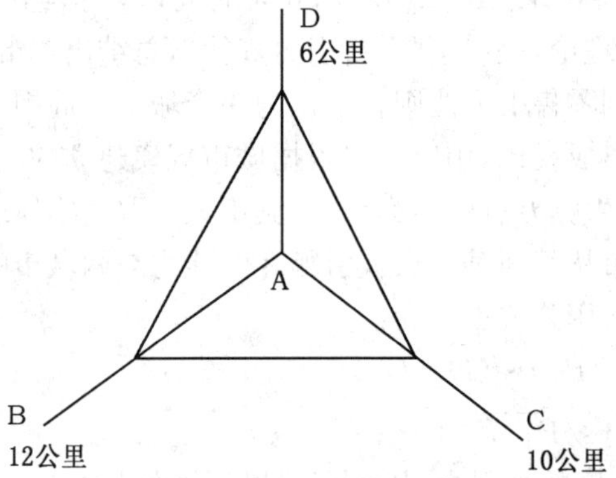

图6—2　商圈计算示意图

结论:A区的商圈覆盖面大,成为四区中的中心点,是消费中心。表面上看,A区是人口多，实际上，人口多的地方往往商店和服务业也很多，其吸引顾客的能力就越大，所以可以用人口数代表市场的大小。雷利的零售引力法则推出后至今仍是划分商圈首选的方法。当然，这种方法的缺陷也是明显的。

（四）竞争与市场饱和度分析法

零售企业只有在分析竞争状况之后才能争取评估某区域的市场机会。尽管某些区域的消费者特点与目标市场很接近，经济状况良好，但如果竞争过于激烈，仍然不是最佳选址。同时，一个地区即便人口少，经济状况一般，但如果竞争较缓和，也可能不失为较好的选址。

考察一个地区的竞争状况，应着重分析以下因素：现有商店的数量、规模，新开店的发展速度，各商店的优势与劣势，长远的发展趋势以及市场饱和度。应该将这些指标与地区的人口数量和增长速度联系起来进行综合分析，不能只看绝对数值。

分析零售业竞争就不能不提到市场饱和度的概念。一个地区零售市场的饱和度可以具体分为商店不饱和区、商店饱和区和商店均衡区三种情况。

商店不饱和区是指销售某一种产品或服务的商店太少，以至于难以满足所有消费者需求的区域。

商店饱和区是指销售某一种产品或服务的商店数量太多，以至于某些零售企业难以获取正常利润的区域。

商店均衡区是指零售企业的数量与消费者需求大致相符，同时零售企业又能正常盈利的区域。

1. 衡量商圈的市场饱和度

衡量商圈内零售市场饱和度时，经营者应首先认识到对某类商品而言，消费者的购买力在一定时期内是恒量的，因而，任何商圈只能容纳一定数量的商店或一定的营业面积。零售企业可以对比实际数值与标准数值，以衡量商圈的市场饱和度，并将不同地区的数值进行比较分析。

零售企业常用以下一些数据来衡量商圈的市场饱和度：

（1）总人口数/商店总数；

（2）商店的平均零售额；

（3）某类商店的平均零售额；

（4）零售额/人口数或家庭数；

（5）单位营业面积的零售额；

（6）零售额/零售业从业人数。

当考察某类商品或服务的市场饱和度时，应对各数据作具体分析。有时，不同的数值并不能代表各地区市场饱和度的实际差别。特别值得一提的是，在计算单位营业面积零售额时，零售企业应该将自己计划开发的新店纳入考虑范围。如果忽略了这一部分，计算结果将严重失真，开设新店后实际的单位营业面积零售额将大大减少。此外，零售企业还应考虑新商店开设的结果是扩大了此类商品的总市场，还是在总市场不变的前提下增加了本企业的市场份额。

2. 测算饱和度指数

饱和度指数是通过计算零售业市场饱和系数，测定特定商圈内某类商品销售饱和程度的指标。饱和度指数用以帮助新设商店的经营者了解某个地区内同行业是过多还是不足。一般来说，位于饱和度指数低的地区的商店，其成功的概率必然高于高饱和度的地区的商店。

饱和度指数的计算公式如下：

$IRS=H \cdot RE/RF$

式中，*IRS* 表示某地区某类商品零售饱和系数；*H* 表示某地区购买某类商品的潜在顾客人数；*RE* 表示某地区每一顾客用于购买某类商品的费用支出；*RF* 表示某地区经营同类商品商店的营业总面积。

3. 示例

为一家新设日用品商店测定市场饱和系数。根据资料分析得知，该地区购买日用品的潜在顾客人数是140 000人，每人每周在日用品商店平均购买 8 元商品，该地区现有日用商店 10 家，营业总面积为17 500平方米。据上述公式，该地区日用品行业的市场饱和系数如下：

$IRS=140\ 000\times 8\div 17\ 500=64$(元/平方米)

64 元/平方米表明该地区日用品商店每周每平方米营业面积销售额的饱和系数。

用这个数字与在其他地区测算的数字比较，*IRS* 越低，表明该市场尚未饱和，成功的可能越大。

第二节 零售商店选址策略

一、零售商店选址的原则

（一）方便消费者购买

商店地址一般应选择在交通便利的地点，尤其是以食品和日用品为主要经营品种的普通超级市场应选择在居民区内，以附近稳定的居民或上下班的职工为目标顾客，满足消费者就近购买的要求，且地理位置要方便消费者的进出。

（二）方便货品运输

零售商店经营要达到规模效应的关键是统一配送。在进行网点设置时要考虑是否有利于货品的合理运送，降低运输成本，既要保证及时组织所缺货物的供给，又要能与相邻连锁店相互调剂。

（三）有利于竞争

零售商店的网点选择应有利于发挥企业的特点和优势，形成综合服务功能，获取最大的经济效益。大型百货商店可以设在区域性的商业中心，提高市场覆盖率；而小型便利店越接近居民点越佳，避免与大中型超级市场正面竞争。

（四）有利于网点扩充

零售商店要取得成功，必须不断在新的区域开拓新的网点，在网点布局时要避免商圈重叠，或在同一区域重复建设。否则相隔太近，势必会造成自己内部相互竞争，影响各自的营业额，最终影响总店的发展。

二、零售商店位置的类型

零售企业要根据自身业态和档次定位选择商店位置，从大的方面来看，选址可以坐落在以下不同类型的区域。

（一）孤立商店

孤立商店是指坐落在路旁或小巷内的零售店，这类商店的附近没有同类的其他零售店。

1. 孤立商店的优势

无竞争对手与其争夺客流；租金相对较低；道路及交通的可见度高；经营上具有较大的灵活性；规模较大的孤立商店如大卖场能有较大场所的停车场，有利于开展“一购齐”，即顾客在此店一次就能买到所需的各种商品。

2. 孤立商店的劣势

如果商店规模不够大，不易吸引远方顾客，商圈较小；需要单独承担促销宣传广告费用；在多数情况下，如无现成建筑场地租用则需要新建，成本高。

孤立商店要吸引并保持稳定的目标客户群并不容易，因此通常适合开设大型购物中心或适合建立顾客一站式购物的大型综合性超市；而小规模的专业店无法在此立足，因为它们既不可能做到花色品种齐全，又无价格上的优势或形成鲜明的经营特色，很难吸引到大量的商店。

当然，孤立商店依附于某一特殊的设施，如学校、厂矿或加油站，则可以吸引周边的流动顾客，而且孤立商店周围的情况也会发展变化，有些购物中心或商业区最初就是由一家有特色的孤立商店发展而来的。

（二）无规划商业区

无规划商业区是指两家或两家以上的商店坐落在一起或非常接近，但商业区的总体布局或商店的组合方式未经事先长期规划。这些商店的布局并非按一定的模式，而是随着时间的推移（先来先开）、零售业的发展趋势及机遇而定的。无规划商业区主要有以下四种类型：

1. 中心商业区

中心商业区（central business district，CBD）是一座城市或城镇的零售业中心，是市内商业网点最密集的购物区，吸引着来自整个市区的消费者，包括所有阶层的人。在此开店，可以借助商业群体效应吸引较多较远的顾客群，是百货商店后专卖店的首选地址；但开办费用一般较高，新建店址难以寻找。目前，在西方国家，由于城市商业区交通拥挤、停车困难、空气污染及犯罪率增高等原因，再加上许多居民纷纷迁往郊区居住，零售商在市中心开设新店的热情逐渐有减退的趋势。

中心商业区的主要优势有：商品丰富、交通便利、客流量大、靠近商务和社交设施，并可提供多样化的服务。

中心商业区的主要劣势有：开办费用高、交通拥挤、停车困难，新店址难以寻找且扩展潜力小。

2. 次级商业区

次级商业区（secondary business district，SBD）是分散在一座城市多个繁华程度较低的购物区域，通常位于两条主要街道的交叉路口，至少有一家百货商店或大卖场和几家专业店或专卖店。此外，周围还聚集许多小商店。这一商业区主要面向城市的某一区域消费者，以消费家庭用品和日常生活用品居多。

次级商业区的主要优势有：商品花色品种基本齐全，没有中心商业区那么拥挤，且相对离住宅区较近。

次级商业区的主要劣势有：供应的商品或服务不均衡、设施老化、货运不便、停车困难。

3. 邻里商业区

邻里商业区（neighborhood business district，NBD）是为了满足单一住宅区购物和服务便利需要发展起来的无规划的购物区。这类商业区位于住宅区的主要街道上，通常以一家超级市场或杂货店为主，由若干小店组成，这些小店大多是干洗店、美容店、理发店、小饭店等。

邻里商业区具有营业时间长、环境安静和购买方便等优势，但同时存在商品的选择范围有限和价格相对较高等缺点。

4. 商业街

商业街(string)是由若干经营类似商品的商店聚集在一起形成的。在许多历史悠久的城市往往会自发形成一条条特色商业街，这是城市发展积淀下来的商业文化，极大地丰富和活跃了城市居民的消费生活。由于这些商业街形成历史较长，有些商业街甚至享誉国内外，如北京著名的古玩一条街等。在这里设店，可以与同类商店一起分享"商业集聚效应"带来的大范围商圈，是小型专业店重要的选址策略之一；缺点是竞争程度较高，能见度低。

(三)规划的购物中心

规划的购物中心是由一组统一规划、建在一起的商用建筑所构成，产权集中，实行集中管理。规划的购物中心作为一个整体来进行设计和运作，各类商店平衡配制，通常是由一家或多家大型商店和许多小商店组成。

规划的购物中心的主要优势：由于有长期规划，商品和服务品种的组合合理；各商店的客流达到最大化；租金通常比CBD低；拥有各具特色且统一规划的购物中心形象。

规划的购物中心的主要劣势：房产所有者的硬性规定，减少了每个商店经营的灵活性，每家商店经营的商品和服务受到一定的限制；租金虽比CBD低，但远高于孤立商店；购物中心同类商店之间竞争激烈。

规划的购物中心主要有三种类型：区域购物中心、社区购物中心和邻里购物中心。

1. 区域购物中心

区域购物中心是一种大型购物中心，它至少有一家大型百货商店，并由50～150家甚至更多小零售店组成。区域购物中心以商品为导向，商品品种广而深，同时提供大量服务，以鼓励消费者在中心购物。在国外，一个典型的区域购物中心的服务对象在10万人以上，他们居住或工作在距中心车程30分钟范围内，人们前往购物的车程平均不到20分钟。区域购物中心占地大，投资高，因此，发展区域购物中心时必须慎重。

2. 社区购物中心

社区购物中心是一种中等规模的购物设施，一般拥有一家百货商店和大型专业商店，此外有几家小商店。社区购物中心有比邻里购物中心更完善的长期规划，商店配置更均衡。它提供以购物便利为导向的商品和服务，品种结构适中，消费者来自一个或多个邻近人口较多的住宅区。服务对象是居住或工作在距中心车程10～20分钟范围内的大约2万～10万人。

3. 邻里购物中心

邻里购物中心是一种以超级市场作为最大商店规划的购物中心，其他商店还包括理发店、美容店、干洗店、快餐店等。邻里购物中心主要向居住或工作在附近的居民提供便利的商品和服务，其服务半径是车程不到15分钟范围内的人口。

三、零售商店选址因素分析

(一)客流规律

1. 客流性质

客流是零售商店经营成败的关键性因素。一家商店若要获得成功，必须有足够的顾客来源。一般来说，任何一家商店的客流都可以分成三种类型：分享客流、派生客流、本身客流。

(1)分享客流。这是指从邻近其他商店形成的客流中获得的，而不是本身产生的客流。这种客流往往是大型商店与小商店之间，或同类商店之间产生。如邻近大商店的小商店，顾客主要目的不是到小商店选购商品，而是专程到大商店购买，顺便进入邻近的小商店逛逛，这些客流是小商店的分享客流。

(2)派生客流。这是指顾客到某地并不是专程购买商品，而是为其他目的顺路进店所形成的客流，如设在火车站旁的商店，顾客来此地的目的主要是乘坐火车，在候车时间顺便进店看看；还有设在交通枢纽附近及旅游点附近的商店，其大部分客流均是这种派生客流。

(3)本身客流。这是指专程到此商店来购买商品所形成的客流。大中型商店的客流大部分属于本身客流。本身客流的形成和发展是零售企业获得经营成功的重要因素。

2. 潜在固定顾客

所有的人都是消费者，很自然地也是商店的潜在顾客。要了解商店的客流规律，必须分析当地的人口总数、人口密度、人口分布及年龄结构、购买力水平等。人口最多的区域产生最多的潜在顾客，未来人口成长的趋势决定着商店的发展规模。商圈内人口的增长情况、新婚家庭的增加、人口年龄结构等都是零售商开设新商店必须了解的。

3. 流动顾客

过往行人也是商店客流来源的一个重要组成部分，其流动规律同样不能忽视。我们需要了解行人的年龄结构，因为有些过路者如儿童、青少年不一定是顾客；了解行人来往的高峰时间和稀少时间；了解行人来往的目的及停留时间。

有些地点虽然拥有相当多的行人来往，但行人的目的并不是购物，如车站、码头等交通枢纽，机关、工厂、学校、公园附近，车辆通行干道等，其行人的目的不在于购物，只是顺便或临时冲动购买一些商品。这类客流一般停留时间短，只有进行一些特殊宣传，才能吸引他们的目光。

(二)周边商店聚集状况

一个地区的商店聚集情况可以分为四种类型。

1. 异种零售业的聚集

这是经营商品种类完全不同的零售企业的聚集，如超级市场或服装专卖店、电器专卖店的聚集等。这种聚集，商店之间不会产生竞争，反而会给商店带来更强的市场吸引力。需要注意的是，异种零售业的形象也需要一定的关联，不能过分冲突，如一家服装店与一家鞋店相邻会十分协调，而与一家自行车修理店相邻则形象反差很明显。

2. 有竞争关系的零售业的聚集

这是指经营同类商品的商店在同一个地区的聚集。这种聚集的结果，使这一商业区企业之间既产生竞争，又产生集聚效应。一方面，使消费者能在同类商店进行商品质量、价格、款式及服务的比较，从而加剧了商店之间的竞争性；另一方面，商店的集聚又会产生集聚放大效应，吸引更多的消费者来商业区购物，从而有效地扩大购物商圈。

3. 有补充关系的零售业的聚集

所谓补充关系，是指两个以上的商店经营商品互为补充，以满足消费者的连带需求作为目的，如家电产品与家电配件商品的聚集即形成相互补充关系。互为补充的几种零售业态也可以在共同的商业区内开店，如百货商店周围聚集的服装专卖店、饰品专卖店、鞋帽专业店等，它们提供了互相补充的、更加全面的商品种类，能共同吸引客流。这在国内大城市的传统商业中心比比皆是。

4. 多功能聚集

零售业与饮食业、服务业、娱乐业以及银行的聚集，这是一种多功能型的聚集，有利于产生放大的聚集效应,从而有效地扩大该地区的购物与服务商圈。

(三)竞争对手分析

零售商店周围的竞争态势对零售经营的成败会产生巨大影响,如果不能有效建立高于对手的竞争优势,就不可能在区域内站住脚。因此,在对商店开设地点做选择时必须分析竞争对手,对直接和间接的竞争者了如指掌,如他们向消费者提供商品和服务的种类,其市场占有率和营销策略等。对竞争对手的分析主要包括以下内容:

(1)竞争店与所开设新店的距离,以及在地理位置上的优劣势;

(2)竞争店的销售规模与目标定位;

(3)竞争店的目标顾客层次特点;

(4)竞争店的商品结构和经营特点;

(5)竞争店的实力和管理水平。

(四)交通地理条件

交通是否便利,地理位置是否优越,是选择店址的一个重要因素。为此,我们可以从以下几方面作具体分析。

1. 交通的便利性

方便的交通要道,如接近公共汽车的停车站、地铁出站口等地,由于来往行人较多,具有开店的价值;交叉路口的街角,由于公路四通八达,能见度高,也是开店的好选择。但是,在有些地方,其道路中间隔了一条很长的中央分向带或栏杆,限制行人、车辆穿越,则会影响开店的价值。

2. 街道特点

由于交通条件、公共场所设施、行走方向习惯、居住区域范围及照明条件等影响,一条街道的两侧客流往往并不均衡,或者同一街道也可能因地段不同而客流量不同。因此,在选择店址时要分析街道客流的特点,选在客流较多的街道或地段。

3. 地形特点

新商店通常应开设在能见度高的地方,如两面或三面临街的路口,公共场所的迎面处,其能见度较高,还可通过尽量扩充橱窗面积、增加出入口等方法提高能见度。

此外,还应研究该地点过去的情况,是否曾是商店?其经营状况如何?有无失败记录?失败原因是什么?虽然过去商店的成败并不能意味着新开商店的失败,但研究这些资料可以为新设商店选择地址提供参考依据。

(五)城市发展规划

城市建设的长远规划也会给商店将来的经营带来重大影响,有些地点从近期来看,可能是店址的最佳选择,但随着城市的改造和发展可能会出现新的变化而不适合开店;相反,有些地点近期看可能并不理想,但从规划前景看又可能很有发展前途。例如,1996 年新开张的广州吉之岛百货公司,选择设在广州天河城的负一层,当时看来似乎交通并不便利,但这地点恰巧是广州市规划中的未来地铁出站口。事实证明,吉之岛的选址十分理想。商店地址在选定之后一般不会轻易迁移,即使迁移也必须付出极大代价,这就要求在选择新店址时,一开始应从长远、发展的角度着眼。因此,要详细了解该地区的街道、交通、市政、绿环、公共设施、住宅及其他建设和改造项目的规划,使选定的店址既符合近期环境特点,又符合长远规划,避免造成损失。

(六)周围环境

店址周围的环境将对零售经营的成功与否产生重大影响。任何一家新建商店,即使规模大得足以支配其环境,也必须对店址周围环境诸如建筑、治安、卫生等情况进行仔细分析。例如,地点附近有许多空建筑,会令人感到颓废衰落而不愿涉足;还有其他如发出不良气味、噪音、灰尘多等不良的环境,都会降低设店的价值;此外,当地居民的教育、宗教、经济状况等都对人们的购买习惯有影响。

(七)物业成本

商店的租赁和购买成本,对零售商具有决定意义。如果物业成本与销售潜力不相上下,就不值得去开发。物业面积和形状也要与零售商的设计思路相吻合。

四、零售商店店址评估

零售商店选址的最后一个步骤是为可供选择的开店地址进行未来经营效益分析,预估新店损益状况。

(一)新店营业潜力

新店营业潜力可通过预测商店营业额来确定。这种预测可以根据过去在类似环境中的经营,同行业的一般水平,或者经过调查后采用统计分析方法计算出来。有一种测算方式比较简单易行,即根据已知的商店商圈内消费者的户数、离店的远近、月商品购买支出比重及新商店在该区域内的市场占有率四个因素来估算。现举例说明商店营业额估计值的计算。

假如新开超级市场的商圈有三个层次:第一层次的核心商圈内居民户数为2 000户,第二层次的次级商圈内居民户数为4 000户,第三层次的边缘商圈内居民户数为6 000户。若平均每户居民每月去商店购买食品和日用品为500元,则:

核心商圈居民支出总额:500×2 000=100(万元)

次级商圈居民支出总额:500×4 000=200(万元)

边缘商圈居民支出总额:500×6 000=300(万元)

据调查分析,新开超级市场的市场占有率在核心商圈为30%,在次级商圈为10%,在边缘商圈为5%,则:

核心商圈购买力为:100×30%=30(万元)

次级商圈购买力为:200×10%=20(万元)

边缘商圈购买力为:300×5%=15(万元)

该新店营业潜力可估计为:30+20+15=65(万元)

(二)开店投资与经营费用测算

通过商圈调查可以估算新店的营业额,但该新店是否值得经营,还必须将营业额与投资额相比较,评估出损益状况。

1. 开店前期投资预估

开店投资主要包括:

(1)设备,如冷冻冷藏设备、空调设备、收银系统、水电设备、车辆、后场办公设备、内仓设备、卖场陈列设备等。

(2)工程,如内外招聘、空调工程、水电工程、冷冻冷藏工程、保全工程等。

(3)商业建筑和停车场费用,如果开店的物业是自己投资建造的,这笔建筑费用也要考虑在前期总投入中。

2. 开店后经营费用预估

经营费用可分为固定费用和变动费用两类。

(1)固定费用,指与销售额的变动没有直接关系的费用支出,如工资、福利费、折旧费、水电费、管理费等。

(2)变动费用,指随商品销售额的变化而变化的费用,如保管费、包装费、商品损耗、借款利息、保险费、增值税等。

上述各项费用要控制在多少以内无一定标准,但最基本的前提是毛利率要大于费用率。同时应注意:货损控制在4%以内;店员薪资总额不得超过总费用的一半;总费用与销售额的比例便利店要在18%以内(以25%的毛利率为基础),超市要在12%以内(17%的毛利率为基础);总费用与总利润之比要维持在80%之内;固定费用占总费用的比例应为85%以上。

(三)损益平衡点分析

损益平衡点是指店铺收益与支出相等时的营业额,新店预期营业额若超过平衡点营业额即有盈利,若低于平衡点营业额即会亏损。

损益的计算方法如下:

实际损益=税前损益-分担总部费用

税前损益=销售毛利-变动费用-固定费用

销售毛利=营业收入-销售成本

损益平衡点的计算方法如下:

损益平衡点营业额=固定费用/(毛利率-变动利率)

经营安全率计算方法如下:

经营安全率=(1-损益平衡点营业额/预期营业额)×100%

此比例是衡量店铺经营状况的重要指标,一般测定为:安全率30%以上为优秀店;20%~30%以上为优良店;10%~20%为一般店;10%以下为不良店。

此外,有些零售商还会对新商店未来的销售利润率、资产利润率和资金周转率等指标进行测算评估,全面分析该店址的综合经济效益。

五、零售商店选址分析报告

目前,随着国内连锁企业的迅猛发展,选址工作越来越被人们所重视,店铺选址也成为一个新兴行业脱颖而出。一般连锁企业总部都设有开发部或拓展部,其中店铺选址员的主要工作包括市场调研、选址、谈判等内容。他们要对拟开发店铺所在城市的基本情况了如指掌,对于诸如人口、交通、购买力等现状做全面的调查,确定该公司拟开发店铺的商圈,选择一定的消费群,进行市场定位,并判别该区域的环境能否达到基本要求;同时,还要对城市的规划、投资政策环境、未来经济发展重心、城市土地行情等都有所了解。当店铺选址员在确定一个合适的店址后,需要做一份详细的选址分析报告,以供主管部门经理和公司领导审核。商店选址分析报告的内容如下:

(1)新店具体位置及周围地理特征表述(附图说明);

(2)新店开业后预计能辐射的商圈范围;

(3)新店交通条件评估及物业特征;

(4)新店商圈内商业环境评估和竞争店分析;

(5)新店商圈内居民及流动人口特征、收入和消费结构分析;

(6)新店的市场定位和经营特色及经营策略建议;

(7)新店的经营风险和效益预估;

(8)新店未来前景分析。

选址报告不仅要详细分析新店址的基本情况、商圈特征和投资效益,而且还要对日后新店经营的风险进行分析,对日后的经营策略提出建议。这就涉及选址信息的利用问题。在选址过程中收集到的大量信息,如果仅仅只用于选择一家店址就丢弃实在是一种浪费。除了选址之外,所收集的信息至少有两种用途:

一是为本新店日后的经营活动做参考。选址调查得出的对当地居民职业和消费习惯的分析,能为新店经理带来很多实际的帮助;对顾客行走路线的考察可以直接决定今后的促销宣传画和户外广告设在哪个方向上。

二是为下一次选址做参考。许多国内连锁企业在选址方面的投资是捉襟见肘的。公司方往往要求选址员每次都付出全力去找寻"最完美"的店址。但选址员苦恼的是,一方面他们的经费不够;另一方面公司方没有足够多的信息积累给他们作支持。常见的一种不良现象是"每一次都得几乎从零开始"。因此,为防止选址信息的遗失,最好在选址过程中就规定选址员必须为日后的经营做出建议,同时,每次选址的详细信息都应该保存下来,供以后选址工作参考。

本章小结

选址是零售企业的重要决策。零售企业要想准确地评价其位置,就必须分析和评估商圈。在分析研究商圈的基础上,企业需要选择相应的地理位置和店址。商店选址是一个综合决策过程,最终形成的商店选址分析报告对零售企业做出相应的决策有帮助。本章以商圈理论为基础,考察零售店址可供选择的类型,重点则讨论零售店店址的选择。

案例分析

上海商圈演变历程

按照时间来划分,基本可以划分为7大阶段。

第一个阶段是开埠前的上海唯一商圈:城隍庙

1843年上海开埠以前,城隍庙是上海民众唯一的游乐之处。直到1992年豫园旅游商城扩建开业,城隍庙成为民俗、小吃、旅游热地,但目前本市市民通常只在豫园购买黄金制品及品尝各种小吃,平时多为外地游客。

第二个阶段是20世纪二三十年代的南京东路(大马路)

1843年,上海开埠,外国金融财团先在外滩建立起金融区,后又沿着当时被称为"派克弄(Park Lane)"的东西向"大马路"发展商业。经过不断的发展,英租界南京路沿线成为上海市的第一商业中心,法租界淮海中路、华界城隍庙、日租界四川北路则堪称当时上海的主要商业副中心,但繁华度与南京东路完全不可相比。

随着外资四大杂货公司——泰兴(连卡佛百货前身)、惠罗、汇司、福利,以及中山籍华侨投资的四大环球百货公司——永安、先施、新新、大新的先后传奇般的崛起,南京东路遂成为上海

城隍庙九曲桥处

乃至当时全亚洲最热闹、最繁华的商业大街。南京路东起外滩，西至静安寺与延安西路交汇处，横贯上海市区中心。全长5.5公里，分为南京东路和南京西路两段。民国时期摩登欧化的南京路已是闻名海内外的“十里洋场”。直至目前，南京东路外来游客数量虽然超过了本市市民，全市最高端的商场也不再汇聚于此，但南京东路仍然是全市客流量最大、总业绩最高的商圈。

值得一提的是，当年的四大百货即已具备了现代购物中心的许多体验业态，餐厅、酒楼、剧场、屋顶乐园、自动扶梯。当年的南京路周围更是汇集了大量剧场、影院、跑马场、宾馆、酒店、金融机构，已经显现现代商圈的雏形。

第三个阶段是20世纪七八十年代的四街，百货商场延续垄断地位

1992年之前的上海四大市级商业中心是四条商业街——南京东路、淮海中路、四川北路、西藏中路（与南京东路融为一体）（南京西路当时尚未崛起，商业仅局限在静安寺区级商业中心）。

人口高度集中在内环内，自行车和公交车是主要交通工具，逛街轧马路是当时市民主要的休闲生活方式。

当时圈型的商圈及超市卖场尚未出现，购物中心更无从谈起，各个商圈大大小小的国营百货商厦是当时上海乃至大陆最大的商业建筑，既引领了时尚潮流，更标志着各大商业街繁荣度。因此，百货商厦最多的南京东路是上海商业的绝对王者，雅致的淮海中路紧随其后。而内环周边商业落后，内环外更是不用谈。

1992年全国业绩最高的三大百货商场业绩，南京东路的第一百货和华联商厦包揽全国冠亚军，10亿元以上的销售额。

1992年全国业绩最高的三大百货商场

序号	企业名称	商品销售额(亿元)	利税额(亿元)	利润额(亿元)
1	上海市第一百货商店	13.503 7	1.080 4	0.732 2

续表

序号	企业名称	商品销售额(亿元)	利税额(亿元)	利润额(亿元)
2	上海华联商厦	10.348 8	0.878 4	0.613 3
3	北京西单商场	8.649 8	0.743 2	0.506 8

1995 年外资百货迅速增加(伊势丹、瑞兴、先施、巴黎春天、太平洋、八佰伴、中兴、百盛)，业绩呈两极分化；家乐福、易初莲花、乐购等外资大卖场火速登陆，市区两级国营百货的业绩也达到历史巅峰期并于次年遭遇拐点。

上海百货商业在转换经营机制的同时，商业设施和购物环境也有显著改善。至 1995 年，建成开业的大型百货商店营业面积在5 000平方米以上的有 32 家，连同 1990 年前的 11 家，共计 43 家，营业额占全行业的 52%。1995 年底，上海百货商业营业面积总计 74.8 万平方米(占全市商业营业面积 884 万平方米的 8.5%)，为 1990 年的 7.15 倍，网点1 076个(未参加百货行业协会的不在内)。

全市百货行业零售额近年来持续上升，1990 年销售 33.81 亿元，到 1995 年销售额达 262 亿元，为 1990 年的 7.75 倍，占上海全年社会消费品零售总额 970 亿元的 27%(1990 年仅占 10.17%)。1995 年，百货零售业从业人员60 090人，人均年销售额 43.6 万元；与营业面积 74.8 万平方米相比，平均每一平方米销售额 3.5 万元。

1995 年百货行业年度销售额超过 2 亿元的企业名单(49 家行业协会成员＋部分外资百货)见下表。

1995 年上海百货行业年度销售额超过 2 亿元的企业

上海市第一百货商店股份有限公司	新新百货公司	上海市第四百货商店
豫园商城股份公司	上海市第三百货商店	上海妇女用品商店
上海华联商厦股份有限公司	国际商厦	上海市第五百货商店
长江口商城股份公司	新世界股份公司	松江供销商厦
西门集团公司	汇联商厦	上海市第八百货商店
不夜城股份公司	大名百货公司	九洲商厦
东方商厦	上海名品商厦	南洋商厦
上海市第九百货商店股份公司	宜川购物中心	爱晖购物中心
上海市第七百货商店	浦东商场实业公司	三峰精品商厦
六百实业公司	上海市第十一百货商店	长江口商城精品商厦
亨达利钟表公司	金山商厦	开开(集团)股份公司
曹杨商场	奉贤鸿雁商场	环龙商场
宝钢商场	五星公司	益民百货股份有限公司
朝阳百货公司	锦丽华购物中心	九洲集团公司
松江百货大楼	博乐购物中心	万象(集团)股份公司
虹口商厦	中联商厦	黄金广场

续表

外资		
徐家汇太平洋百货	淮海中路华亭伊势丹(停业)	浦东八佰伴
南京东路先施(停业)	美美百货(停业)	
其他		
友谊商店	华侨商店	

第四个阶段是 20 世纪 90 年代中后期:四街四城 百货业持续欣欣向荣

太平洋、八佰伴、巴黎春天、伊势丹、百盛等新型外资百货冲击原来的精品商厦、华侨、益民、九百等中小型国营百货。

1993 年前后,上海地铁出现,大量新式公寓出现在内、中环间,人口外扩,陆家嘴和南京西路两大新 CBD 出现,购物中心开始步入启蒙布局期。

市级商业中心由原四街南京东路、淮海中路、四川北路、南京西路(替代西藏中路),扩展至徐家汇商城、豫园商城、新客站不夜城、浦东新上海商业城四大新圈型商圈。商圈分流现象开始出现,徐家汇、浦东新上海商业城凭借太平洋百货、东方商厦、八佰伴强势崛起,南京东路借助于第一百货和新世界城仍保住了上海第一商业街地位,但南京西路凭借梅龙镇广场和恒隆广场等新型高端购物中心后发制人,多商圈格局初步显现。

至 21 世纪初期,形成了以“四街四城”市级商业中心为核心,以地区商业中心和居住区商业中心为支撑的多层次、多心化、组团式的商业布局。

当时,南京东路突出发展购物、娱乐、餐饮、观光、文化、展示、休闲等综合经营功能;四川北路以品牌专卖和大众消费为主;徐家汇商城以多层次多样化经营为特色,发展购物中心、主题商厦、专业店、专卖店、万国餐饮等;淮海中路的定位基本和南京西路相似;新上海商业城、新客站不夜城依托区位优势,加快周边地区商业设施配套建设,形成新型商圈;豫园商城则突出商业、旅游、文化三位一体的特色,成为商旅结合、联动发展的商业中心。(当时量化指标为商业街长度一般在1 200米以上,或商业集聚在 25 公顷的区域范围内,客流量在 50 万,基本商业面积为 30 万平方米)

第五个阶段是2001～2010年:

十大市级商业中心 众多购物中心度过培育期,多商圈格局真正形成

原先不被看好的商圈,随着初期惨淡运营的港汇、正大、新天地、龙之梦、大宁、五角场万达先后成功而升级。

地铁线路逐渐网络化,私家车日益增加,公交车及自行车出行比率降低,中、外环间迅速城市化,人口加速外流,市中心人口密度降低,购物中心大量兴建,市中心商圈被新兴商圈分流的效应日渐明显,但大型百货商场凭借折扣优势仍占有一定市场。

上海在南京东路、淮海中路、四川北路、南京西路、徐家汇商城、豫园商城、新客站不夜城、浦东新上海商城 8 个市级商圈的基础上,江湾五角场和中山公园商圈借助于五角场万达、百联又一城、龙之梦三大购物中心升级成为市级商圈,市级商圈的数量达到 10 个,建成 24 个区域商业中心、10 个特色功能区、20 条风情专业街以及 40 多个新型社区商业中心,形成“多中心、集聚型、超广域、网络状”的新商业布局体系。

第六个阶段是 2011～2015 年：
扩展至 15 大市级商圈，大型购物中心遍地开花并取代百货的霸主地位

随着上海城市化进程及地铁网络的加速，商圈分布由中心城区向郊区新城辐射。私家车比例日渐提高，居民消费方式多元化（旅游、教育、医疗养生费用、房地产投资占比日益上升），就近消费体验消费渐成主流，大型一站式购物中心及奥特莱斯发展迅猛，轧马路逛街不再主流，融社交、体验、娱乐、教育于一体的生活方式大行其道，传统百货商场无论硬件设施还是内容都不再具有优势而逐渐式微（导致原先拥有百货优势的淮海中路和四川北路能级及辐射力下降，仍能保持增长的百货均为超大型的百货购物中心）。虽然全市商业地产总量渐趋过剩，但优质项目供给仍然不足，中、外环商圈实力上升。

在已有 10 个市级商圈的基础上，近年来新增大虹桥商务区、中环、迪士尼三个市级商圈，及大宁（凭借大宁国际商业广场和久光大宁城替换不夜城）和真如两大远期市级商圈，基本形成“市级、地区级、社区级”三级商圈体系，重点商圈集聚辐射能级不断提升。

近期规划形成的 13 个市级商业中心包括：南京东路、南京西路、四川北路、豫园商城、徐家汇、中环（真北）、淮海中路—新天地、小陆家嘴—张杨路（原新上海商业城）、五角场、中山公园、迪士尼国际旅游度假区、虹桥商务区、新虹桥—天山。

近年来，上海商业在形态和能级上都有较大的发展。与“2009 年版”规划相比，2014 年新规划有了明显的提升。比如，由于 IFC 国金中心、正大广场两大购物中心的崛起，这次将原先的张杨路商业中心（新上海商业城），增改为小陆家嘴—张杨路商业中心；长宁区的虹桥商业中心也由于金虹桥购物中心、南丰城、百盛优客等购物中心而改为新虹桥—天山商业中心。

上海将以“多中心、多层级、网络化”为原则，尤以要形成 15 个市级商圈，市级商业中心是以城市总体规划确定的市级公共活动中心和综合性商业街区为主要空间载体；商业设施集聚在不少于 25 公顷的空间范围，规划商业设施建筑面积不低于 50 万平方米，商务建筑面积不低于 150 万平方米；大型商业网点集聚度高，百货店和购物中心等大型商业业态的建筑面积占全部建筑面积的 40%以上；服务人口为 50 万人以上，日客流量达到 20 万～30 万人次；交通、市政等基础设施配套完善，公共交通网络便捷。

传统商圈依然强大，南京东路、小陆家嘴一张杨路和南京西路商圈领跑全市。新兴商圈快速崛起，包括五角场、大宁、世博、长宁等后起之秀正在缩小与传统商圈的差距。各大商圈你追我赶，不进则退。（与各个商圈的历史数据比较，进步的如南京西路、五角场、大宁、中山公园、共康，退步的如四川北路、淮海中路、曹家渡，徐家汇则几乎停滞）。

15 个市级商圈都列出了明确定位。比如，南京东路商业中心，定位为成为具有示范引领作用、集国际知名品牌集聚、新兴业态和模式引领的国际影响力的商业中心；淮海中路商业中心的定位则是建设成为上海体现中西文化交融，具有近代历史风情、欧陆建筑风格、经典时尚高雅特征的综合商业功能区等等。

第七个阶段是 2015 年：
城郊及远郊购物中心升幅显著，街铺一地鸡毛，传统市中心商圈格局彻底打乱

近年来，上海百货商场平均每年新增由以往的 5～6 家以上下降到如今每年平均 2～3 家，且每年关停转型的百货店逐年增多；而每年新开业各类购物中心则由每年以往不足 10 家，猛升至每年 30 家左右，购物中心已经成为上海商业的绝对主导力量。同时，市中心局部区域出现空心化，以往热门的街铺出现大量空铺且空置期大大延长。

宏观而言，上海商圈将面临以下几方面的态势：

一是56个地区级商圈，竞争势必日趋激烈，分流反截留。上海新一轮经济发展打开了城市商业的新天地。未来6年，上海将形成外环线以内规划19个地区级商业中心。其中，近期规划17个：控江路、打浦桥、共康、长寿、曹家渡、外高桥、北外滩、南方商城、北中环、长风、南外滩、前滩地区、唐镇、世博园区、徐汇滨江地区、御桥地区、虹桥吴中路地区；中远期规划2个：杨浦滨江地区、苏河湾地区（含不夜城）。

外环外规划37个地区级商业中心，具体为崇明新城地区、崇明老城地区、陈家镇地区、长兴地区、淞宝地区、顾村地区、嘉定老城地区、嘉定新城地区、远香湖地区、南翔地区、青浦老城地区、向阳河—外青松地区、七宝地区、莘庄地区、颛桥—浦江地区、江川地区、国际生态商务区地区、松江新城北区地区、松江老城地区、枫泾地区、金山新城北部地区、滨海地区、环金海湖地区、百联南桥地区、泥城地区、南汇地区、惠南镇地区等。与区域总体规划相衔接，规划特别强调，“外环线以外区域重点建设与新城、新市镇相匹配的地区性商业中心和商品流通中心”。商业设施总建筑面积不低于30万平方米，商业集聚在不少于8公顷的区域范围内，日均客流量在10万人次以上的综合性商业功能区，被定位为地区级商业中心。

随着真如、虹桥商务区、徐汇滨江、杨浦滨江、苏河湾等商圈的陆续开工建设和投入运营，未来上海市的商圈格局会发生新的变化。

总体来看，传统区级商圈中的老西门、曹家渡等复苏速度较慢，莘庄、七宝、吴中路、南桥、北外滩、苏河湾、徐汇滨江、世博、前滩凭借地段、人口及开发商优势则有望在将来升级为市级商圈。

继徐家汇、五角场、花木、真如四大内中环城市副中心后，规划虹桥、莘庄、川沙、吴淞四大外环外城市副中心。

二是限制商业设施过度建设。值得注意的是，前几年上海商业设施建设过快。2008～2013年，本市商业面积新增1 810万平方米，其中尤以浦东和郊区的商业面积增量明显，2009～2013年，年平均增幅为5.96％。

上海商业网点规划缺乏约束力，导致城市商业供过于求，使得商业同质化现象普遍。本市互联网等线上商业发展迅猛，使得在商业布局规划时不得不考虑对超大型和大型商业网点有所限制。为此，新的规划提出，限制超大型和大型商业网点的过度建设，未来6年“年平均增长2.6％～3.6％”，几乎是“拦腰一刀”。

新一轮规划对商业建筑设施提出总量控制、存量优化的原则，注重商业经济质量的特色非常明显。规划提出：“中期2016～2020年，规划商业设施建筑总量控制在7 000万～7 500万平方米”；上海的商业中心更加强调功能定位、业态配比、品牌引进，特别是要“实现差异化发展，避免无序竞争和重复建设。”

未来上海将形成“市级商业中心、地区级商业中心、社区商业中心＋特色商业街区”的“3＋1”布局体系，鼓励发展新业态、新模式、新技术，推进产业高端化、集约化、服务化发展，增强集聚辐射功能，努力提升全球资源配置能力。

未来上海的商业不仅是外延的扩张，更是“内涵”的提升：未来商业将向消费和服务多样化发展，商业网点不仅限于商品买卖，其他如展示、体验、交往、娱乐、教育、休闲等功能将会增加，多元化、个性化经营更加发展，对设施空间载体将产生进一步的需求。

此外，新型社区商业将扮演更加重要的角色。新型社区级商业中心具有多重功能，依据服务人口规模和服务半径，明确不同规模社区商业服务设施的配置标准；同时，合理配置菜市场、超市、便利店、药店、大众餐饮店等必备业态，拓展社区定点服务、预约咨询、上门服务、网订店取和“微生活”、“云社区”等新兴服务模式。在“立体化”的商业服务体系中，上海将变得更为宜居。

三是购物中心供应量激增，竞争激烈，购物中心业的营业总收入增幅下降。据上海购物中心协会统计，从过去10年的数据分析可以看出，上海购物中心营业总收入首次仅有个位数增长。2015年，上海购物中心营业总收入1 379.67亿元，比上年增长7.1%。

上海是外资品牌入华后首选地带，相比于内地其他一些城市，上海的商业市场环境、资源与发展都有相对优越性。2015年，上海统一运营且达标的购物中心共有148家(全市集中性大型商业设施超过200家)，较2014年净增19家。不过，购物中心经营质量并没有与数量同步增长。根据统计，年营业收入在10亿元以上的购物中心仅有35家，占全市已开业购物中心数量的23.6%，营业收入占购物中心营业总收入的71.2%。其中，年营业收入达30亿元以上的10家购物中心，占购物中心营业总收入的1/3。

崇明、青浦、奉贤等远郊地带尚处于潜力地区，有较大成长空间，但大批开发商依然热衷在超负荷运转的中心城区前仆后继。据统计，2015年，中心城区新开购物中心73家，面积805.2万平方米；浦东新区31家，面积358.4万平方米；青浦、奉贤、金山、松江等远郊区20家，建筑面积212.4万平方米；崇明县仍处在待建状态。

不仅是购物中心经营出现两极化，在优质商圈中的商业与新城商业成长性上也出现差距。据统计，中心城区购物中心营业收入同比增长3.2%，浦东新区同比增长6.8%，城郊区同比增长5%，远郊区同比增长11.5%(单店基数低且单店总业绩仍落后于市区商场)，高于中心城区购物中心增幅(但最高业绩及平效最高的高端商场仍集中在核心商圈，建筑规模及总业绩规模最大的购物中心则集中在内环及中环的地铁站附近)。

总　结

新中国成立前，上海南京东路以摩登四大百货名店名扬全球。此后，南京东路携手西藏中路、淮海中路、四川北路成为上海四大商业街。

90年代初期，随着大量中型百货商厦拔地而起，上海商业格局扩容成为“四街四城”，新增了4个圈形商业城：豫园商城、徐家汇商城、浦东新上海商业城、新客站不夜城。

1991年前后随着首批外资百货(伊势丹、先施、端兴、东方、太平洋、百盛、八佰伴等)率先登陆沪上，上海再次引领全国商业风尚之先。

1997年前后，上海第一个都会型购物中心梅龙镇广场、地区型购物中心八佰伴IMM、嘉里不夜城几乎同时亮相，购物中心自此开启了发展征程。此后，港汇、恒隆、新天地、正大、来福士、百联西郊、大宁、K11、IFC、浦东嘉里城等风格各异的购物中心层出不穷。但这些购物中心的先锋开业之初几乎全部不被看好，甚至面临当时优势百货企业的封杀与嘲笑。

伴随购物中心艰难而又蓬勃的发展，上海市级商圈数量进一步猛增，五角场、虹桥、中山公园、中环由区级商圈升级为市级。

上海商业自此已迎来多轮变革，但直至2010年之前，百货店总体还是掌控着沪上商业主动权。

2011年开始，城市外扩加速，购物中心同样加速扩展，百货业则步入下滑通道。

上海的奥特莱斯四处开花，除了百联青浦奥特莱斯业绩勇冠全国外，浦东佛罗伦萨小镇、米格天地、上海国际时尚中心、弈欧来分布于全市。

目前，上海的大中型商业项目的数量已超过200家。商场越来越多，分布越来越密，商场特色日趋重要。商圈分化在所难免，部分以传统中小型百货店为龙头的市级商圈出现衰退，比如淮海路、四川北路。全上海，目前年销售额超过 20 亿元的百货店只有 3 家，超过 20 亿元的购物中心则多达十来家。

总而言之，上海商业正呈现多维度多元化发展趋势。一方面商业竞争日趋激烈；另一方面特色创新的休憩型、娱乐性、生活型项目，都有各自生存空间。

在这个百家争鸣、百花齐放，同时也是物竞天择、大浪淘沙的年代，上海商业的中坚力量正厚积薄发积极创新应变（如 K11、淮海 755、百盛优客、大悦城、大宁国际商业广场、浦东嘉里城、七宝万科）。

（资料来源：联商网）

讨论题：

结合上海商圈案例，总结分析零售业态发展变化趋势。

延伸案例：

1. 介绍自己家乡的商业街。
2. 广州吉之岛。
3. 广州天河城。

思考题

1. 什么是零售企业的商圈？影响商圈的相关因素有哪些？
2. 为什么选址决策对零售商来说越来越重要？
3. 用雷利法则测算商圈范围存在哪些不足？
4. 零售商店选址分析报告主要包括哪些内容？

第七章　零售商品管理

本章学习要点

1. 零售商品分类与结构；
2. 零售商品组合；
3. 如何优化商品结构；
4. 单品管理与品类管理；
5. 自有品牌的开发。

关键术语

零售商品分类　零售商品结构　零售商品组合　单品管理　品类管理　自有品牌

零售企业经营的是商品，对商品的管理可以说是零售企业最为复杂、耗费精力最大的一项工作。商品管理水平的高低在很大程度上决定零售企业的经营绩效。商品管理内容丰富，包括商品分类、零售商品组合、单品管理、品类管理、自有品牌开发等。

第一节　商品的分类

一、主要零售业态的商店定位

零售企业在确定自己的目标顾客后，就要考虑用什么样的商品去满足这些顾客的需求。这种从目标顾客需求出发来确定商品经营结构的过程就是商品定位。

商品定位与业态有着密切的关系。由于业态是以经营商品重点的不同而划分的营业形态，所以业态决定商品结构和商品定位。业态的不同，实质上就是商品定位的不同。下面介绍几种重要零售业态的商品定位。

(一)百货商店的商品定位

百货商店是经营范围最广的业态，商品定位以服装、鞋类、箱包、化妆品、首饰、文体用品、玩具、家电、小百货为主。商品大类有十几种，中国的百货商店现在一般不再经营食品，而国外的一些百货商店里仍然有一个层面经营食品，有的是在地下室开设超市，百货商店也有让顾客一次购齐的功能。美、日、法等国的大型百货公司，销售的商品多在25万种以上，最高的达到50万种。南京新百经营品种达到近30万种。百货商店的商品档次一般在中档以上，经营各种知名品牌商品。突出商品的品牌效应是百货商店的一个特征。

（二）标准超市的商品定位

标准超市是以经营食品与日用品为主的，食品占全部商品构成的70%左右。它的业态特征以生鲜食品（生肉、鲜鱼、蔬菜、水果等）作为它经营的重点商品，生鲜食品占全部食品构成的50%以上。但是中国的标准超市在实际经营中往往达不到这个比例，原因是生鲜经营难度大、易亏损，许多标准超市降低生鲜经营的比重。

（三）大型综合超市的商品定位

大型综合超市除了经营生鲜食品和一般食品、日用品之外，还增加百货类商品（如服装、鞋帽、家电等）而形成的业态，其中食品类与非食品类各占商品构成的50%左右。大型综合超市经营品种繁多，可达两三万种，商品组合广度宽，目标顾客层广泛。大型综合超市能体现最大限度满足消费者对吃、穿、用等日用生活用品一次购足需要的经营宗旨和商品结构。这是其商品定位的显著特征。

（四）仓储式商场的商品定位

仓储式商场也是以自我服务式、满足消费者对基本生活用品一次性购足需要的大型零售业态。与大型综合超市相比，其经营方式多采取批发配售方式，目标顾客多为杂货店主、小饭店老板、集团采购等，顾客多实行会员制。从业态类型和商品定位来看，仓储式商场以麦德龙和山姆会员店最具代表。两者的经营商品都主要集中于消费者购买频率高、价格实惠且品质优良的品牌商品，商品组合的广度和深度低于大型综合超市。

（五）便利店的商品定位

便利店的食品结构体现便利的特征，主要经营即食、即饮、即用商品，如快餐食品、休闲食品、饮料、香烟、电池、报纸杂志和便利性服务项目等，基本经营宗旨是为消费者创造并提供便利，商品采取小包装，便于一次消费完，经营的对象主要是学生、职员等年轻人、上班族、过路人等，这是一种商品定位很有特色的业态。

总之，各种零售业态之间在商品定位上有着明显的差异，这种定位的差异导致经营的特色。零售经营者一定要在业态定位准确的基础上，在各个环节落实商品定位，强化自身的主力商品经营。

二、商品分类

商品分类不仅是商品管理的基础工作，也直接影响到零售商店的市场定位和各项经营策略。将商品按不同标准进行分类，不仅是出于管理上的需要，也是出于更好地满足目标顾客的需要。

（一）商品分类标准

1. 按顾客群划分

可以根据顾客的性别、年龄、职业、个性等标准将顾客所需要的商品进行分类，如根据顾客的性别可以将商品分为男士用品和女士用品；根据顾客的年龄可以将商品分为老年用品、青年用品和儿童用品；根据顾客的职业可以分为学生用品、军人用品等。

2. 按商品特点划分

根据商品本身的特征，可以根据商品的用途等情况将商品进行分类，也可以按商品的生产等情况进行分类。例如，根据商品的用途可以分为吃的、穿的、用的商品；根据商品使用的季节性可分为夏季商品、冬季商品、春秋季商品；根据商品的使用目的可以分为礼品、自用品、集团消费品；根据商品的品质和价格档次可分为高档商品、中档商品和低档商品。

3. 按顾客对商品的选择程度划分

（1）便利品。便利品是指消费者经常购买、比较熟悉且不必花过多时间进行选择的商品。便利品主要有日常生活消费品、易耗品、应急品等。便利品一般价值较低，如饮料、面包、面巾纸等。

（2）选购品。选购品的价值相对较高、需求弹性较大、挑选性强。顾客对商品信息往往掌握不多，如时装、电器等。购买这些商品，大多数顾客希望获得更多的选择机会，以便对其质量、功能、样式、色彩、价格等方面进行详细比较。

（3）特殊品。特殊品通常指有独特功能的商品或名贵商品，拥有特定的消费对象，如工艺品、高档名牌商品等，顾客往往经过周密考虑，购买目的性较强，品牌忠诚度较高。

（二）商品层级划分

1. NRF 的商品层级划分

美国全国零售联合会（NRF）制定了一份标准的商品层级分类方案，该方案详细界定了各层商品的范围以及它们的组合方式。目前，美国许多大型百货商店和低价位竞争的折扣商店都采用了这一分类方法，其分类是：

（1）商品组。在 NRF 的商品分类方案中，最高级别的商品分类是商品组，是指经营商品的大类，类似国内的商品大分类。如一个百货商店可能会经营服装、家电、食品、日用品、体育用品、文具用品、化妆品等。一个商品组管理下面的几个商品部。通常在国外零售商中，商品组管理职位被称为商品副总裁或商品副总。

（2）商品部。商品分类的第二级是商品部。商品部一般是将某一大类商品按细分的消费市场进行再一次分类，如服装类商品可分为女装、男装、童装等。

（3）商品类别（品类）。商品分类的第三级是商品类别（品类）。这是根据商品用途或细分市场顾客群而进一步划分的商品分类，在大型零售组织，一般每一类商品由一位采购员负责管理。

（4）同类商品。同类商品是商品分类中商品类别的下一级。一般来说，同类商品是指顾客认为可以相互替代的一组商品。

（5）存货单位（单品）。存货单位（SKU）是存货控制的最小单位。当指出某个存货单位时，营业员和管理者不会将其与任何其他商品相混淆，它是根据商品的尺寸、颜色、规格、价格、式样等来区分的，也称之为单品。

2.国内的一般层级划分

（1）大分类。大分类是超级市场最粗线条的分类。大分类的主要标准是商品特征，如蔬菜水果、冷冻食品、加工食品、一般商品、畜产、水产、日用杂货、日用百货、家用电器等。为了便于管理，超级市场的大分类一般不超过 10 个为宜。

（2）中分类。中分类是大分类中细分出来的类别。其分类标准主要有：

①按商品功能与用途划分。如糖果饼干这个大分类下，可以分出炒货类、糖果类、饼干类、蜜饯类等中分类。

②按商品制造方法划分。如畜产品这个大分类下，可以分出肉制品的中分类，包括咸肉、熏肉、火腿、香肠等。

③按商品产地划分。如水果蔬菜这个大分类下，可以分出国产水果与进口水果的中分类。

(3)小分类。小分类是中分类中进一步细分出来的类别。主要分类标准有：

①按功能用途划分。如一般食品大分类中，调味品中分类下，可进一步细分出酱油、醋、盐、味精等小分类。

②按规格包装划分。如一般食品大分类中，饮料中分类下，可进一步细分出听装饮料、瓶装饮料、盒装饮料等小分类。

③按商品成分划分。如一般食品大分类中，食用油中分类下，可进一步细分出大豆油、菜油、橄榄油、芝麻油等小分类。

④按商品口味划分。如糖果类中分类下，可进一步细分出口香糖、奶糖、润喉糖、水果糖等小分类。

(4)单品。单品是商品分类中不能进一步细分的、完整独立的商品品相，如“中华多效155克装牙膏”“美加净复合中药100克装牙膏”就属于二个不同单品。

第二节 零售商品组合

一、零售商品组合结构

(一)商品线概念

一条商品线包括一组密切相关的商品，亦可以视为一个商品系列，如彩电商品线包括各种屏幕、尺寸、品牌的彩色电视机。

1. 商品线的深度

这是指一条商品线内拥有商品品种的数量多少，如彩电商品线拥有的各种规格、尺寸、品牌的彩色电视机。

2. 商品线的宽度

这是指一家商店拥有商品线数量多少。数量越多商品线越宽，如百货商店商品线的宽度很宽；反之，便利店商品线的宽度很窄。

3. 商品线的关联度

这是指不同商品线之间的关联程度。如彩电商品线与DVD商品线的关联度就很强，而彩电商品线与西装商品线的关联度就很弱。

一家零售商店的商品结构实际上就是由不同的商品线组成的。商品线广度和深度的不同组合，形成了商店商品结构的不同配置(见表7—1)，这些配置形成商店的经营特点，甚至决定了商店的业态。

表7—1 商品深度与宽度的组合

		商品线深度	
		深	浅
商品线宽度	宽	商品种类多	商品种类多
		商品品种多	商品品种少
	窄	商品种类少	商品种类少
		商品品种多	商品品种少

（二）商品结构类型

1. 既有宽度又有深度的商品结构

这种结构是商品选择经营的商品线多，而且每条商品线包括的品种也多，为大型综合超市和大型百货商店所采用。由于大型综合商场的目标市场是多元化的，常需要向消费者提供一揽子购物，因而必须备齐广泛的商品类别和品种。

这种结构的优点是：目标市场广阔、商品种类繁多、选择性强；商圈范围大，能吸引较远的顾客专程前来购买，顾客流量大；基本上满足顾客一次进店购齐一切的愿望，能培养顾客对商店的忠诚感，易于稳定老顾客。

这种结构的缺点是：商品占用资金较多，而且很多商品周转率较低，导致资金利用率较低；这种商品结构广泛而分散，试图无所不包，但也因为主力商品过多而无法突出特点；企业必须耗费大量的人力用于商品采购上，为保持一定的新品比率，企业必须花大量精力用于新商品的开发和采购。

2. 有宽度而无深度的商品结构

这种结构是商店选择经营的商品线多，但在每一条商品线中花色品种选择性少。在这种结构中，商店提供广泛的商品种类供消费者购买，但对每类商品的品牌、规格、式样等给予限制。这种结构通常被廉价商店、杂货店、折扣店、中小百货商店等业态所采用。

这种结构的优点是：目标市场比较广泛，经营面较广，能形成较大商圈，便于顾客购齐基本所需商品；便于商品管理，资金周转较快。

这种结构的缺点是：由于每条商品线包含的花色品种相对较少，顾客的选择余地有限，满足顾客需要的能力差；一些人可能在这些商店买不到自己需要的商品，只能满足大众化需求，不适应多样化、个性化需求趋势。

3. 无宽度但有深度的商品结构

这种结构是指商店选择较少的商品线，而在每一条商品线中经营的商品花色品种很丰富。这种结构体现了商店专业化经营，主要为专业商店、专卖店所采用。一些专业商店通过提供精心选择的几条商品线，在每条商品线中配有大量的品牌、花色品种和规格，吸引爱好品牌选择的消费群，消费者很愿意光临这种商品结构的商店。

这种结构的优点是：专业商品种类充分，品种齐全，能满足顾客较强的选购愿望，不会因花色品种不齐全而丢失商机；能稳定顾客，增加重复购买的可能性；易形成商店经营特色，突出商店形象；便于商店专业化管理，树立专业形象。

这种结构的缺点是：过分强调某一大类，不能一站式购物，不利于满足消费者的多种需要；很少经营相关商品，风险较大。

4. 无宽度又缺乏深度的商品结构

这种结构是指商店选择较少的商品线和在每一条商品线中选择较少的商品品种。这种结构主要被一些小型商店如便利店、烟杂店等所采用。这种结构的商店适宜于经营一些价格低廉的日常生活用品，消费者无须挑选，商店地处居民区，居民购物方便。

这种结构的优点是：投资少、成本低、见效快；商品占用资金不大，经营的商品大多为周转迅速的日常用品，便于顾客就近购买。

这种结构的缺点是：种类优先，花色品种少，挑选性不强，难以满足个性化、多样化需求；商圈较小，吸引力不大，难以形成商店经营特色。

表 7—2 是某一综合商店的商品深度与宽度的构成。

表 7—2　　某零售商店的商品深度与宽度的构成

	家用电器	服装	鞋	食品
宽度	电视机 电冰箱 洗衣机 微波炉 空调机 音响 吸尘器	女士服装 男士服装 儿童服装 中老年服装 针织内衣 睡衣	女士皮鞋 男士皮鞋 儿童皮鞋 凉鞋 布鞋 雨鞋	糕点 速冻食品 面包 奶粉 糖果
深度	电视机： 品牌 8 个 （长虹、TCL、康佳、海尔、海信、创维、松下、索尼）			

二、商品组合的类型

零售企业在经营中，可以专门经营一个商品大类，也可以经营几种不同大类的商品。由于商品组合方式不同，会形成零售企业经营的不同特点。零售商品组合大致上有下列几种类型。

（一）多系列全面型

多系列全面型着眼于向任何消费者提供他们所需要的一切商品。采取这种商品组合策略的条件就是企业有能力照顾整个市场的需要。多系列全面型可以从广义和狭义两方面理解。广义的多系列全面型商品组合尽可能增加商品系列的宽度和深度，不受商品系列之间关联性的约束，如一些大型综合超市和大型百货商店就是采取这种组合类型。狭义的多系列全面型商品组合力争提供在一个行业内的全部商品，商品系列之间具有密切关联性，如大型家电专业卖场。

（二）市场专业型

市场专业型是向某个专业市场、某类消费者提供所需要的各种商品。例如，体育用品商店向运动员和体育爱好者提供球类、田径类、游泳、登山等各种体育器材以及运动服装、运动鞋等。市场专业型商品组合不考虑各商品系列之间的关联程度。

（三）商品系列专业型

商品系列专业型零售企业专注于某一类商品的销售，将其商品推销给各类消费者。例如，家具专业商店提供卧室家具、客厅家具等，满足居家和单位的各种需要。

（四）有限商品系列专业型

有限商品系列专业型商品组合的零售企业根据自己的专注，集中经营有限的甚至单一的商品系列以适应有限的或单一的市场需要。例如，照相器材商店专门经营照相机和少数配套产品。

（五）特殊商品专业型

特殊商品专业型零售企业根据自己的专长经营某些具有销路较好的特殊商品项目。由于商品的特殊性，所能开拓的市场是有限的，但是具有一定的市场垄断性，面临的竞争威胁较小，如经营特殊手工艺品的商店等。

三、确定商品范围的考虑因素

零售企业可以选择各种类型的商品结构与组合。如果是一家已经开业的老企业，商品经营范围可以在过去销售业绩的基础上，根据市场预测得出消费需求及其变化趋势的有关资料，进行调整和不断优化。如果是规划一家新店，商店在确定商品经营范围时需考虑以下几方面：

（一）商店业态特征及其规模

确定商品经营范围，首先取决于商店的业态。业态对经营范围有一个基本的规定，不同业态的商店，其商品经营范围有着不同分工。一旦商店的业态确定下来，就要研究框定其大致的经营范围。在既定的业态下，零售商对商品线选择的自由度是有限的，不可能随意发挥，随意设置。与现有业态完全背离的商品设置将得不到消费者的认可，将失去顾客。

（二）商店的目标市场

商店的地址和商圈范围确定以后，其顾客来源的基本特征也就随之确定下来。商店目标顾客的职业构成、收入状况、消费特点、购买习惯都影响着商店商品经营范围的选择。处在城市中心的商店，由于商圈大、目标顾客的流动性强、消费层次复杂，因而经营品种、花色花样应比较齐全；处在居民区附近的商店，消费对象比较稳定，主要经营人们日常生活必需品，种类比较单纯；处在办公区、文教区、郊区、农业区的商店，由于这些地区消费者的特殊职业形成了其特殊需要，在确定商品经营范围时，也要充分考虑这些地区消费者需求的特点。

（三）竞争对手情况

邻近的同行竞争对手的状况也影响着商店商品经营范围的确定。在同一地段内，相同业态商店之间，经营特点不宜完全一致，应有所差别，实现错位经营，其差别主要体现在商店主力商品的种类上。每家商店为突出自己的特色都会选择一个最适合自己形象的主营商品大类。因此，商店只有弄清楚周围竞争对手的经营对策、商品齐全程度及价格和服务等状况，才能更好地确定自己的商品经营范围。

（四）商品策略

在策略上，零售商可以选择齐全的商品策略或市场细分化的商品策略，这两种不同的商品策略影响经营商品的范围。

齐全的商品策略是指商店经营的商品种类齐全、无所不包，基本上满足消费者进入商店后可以一站购齐的愿望。大型综合超市、大型百货商店、购物中心一般采用这一商品策略。任何一个规模庞大的商店要做到经营商品非常齐全是不可能的。对于大型综合超市和百货商店来说，齐全的商品策略只能是在自己业态范围内的齐全。齐全的商品策略的完美程度取决于卖场的面积，但面积是有限的，因此该策略在商品线具有足够宽度的前提下可能会牺牲商品线的深度，也就是每一类商品的花色品种不可能太多。

市场细分化是指把消费市场按各种分类标准进行细分，以确定商店的目标市场。按消费者的性别、年龄、收入、职业等标准进行划分后，各类顾客群的购买习惯、特点以及对各类商品的购买量是不同的，商店可以根据不同细分市场的特点来确定适合某一类消费者的商品策略。例如，百货商店经营以中青年顾客为主，因为这部分顾客对时装的需求非常强烈，借此形成自己独特的个性化商品系列。细分化的商品策略看起来面对的顾客范围缩小，但实际上加强了商品线的深度，极大丰富了花色品种，对目标市场产生很大的吸引力，可能取得非常好的销售效果。但是对同一种类的商品也不是引入品牌越多越好，商店应处理好如何为消费者提供足够的选择机会又不至于浪费太多的投资和营业空间。

（五）商品的相关性

顾客在购买商品时往往是有备而来，一次购物计划会购买许多相关性的商品。作为零售企业在商品的选择上应考虑这种相关性，可以促进销售的增长。许多商品的销售是相关的，美国零售商发现年轻的爸爸在超市购物时会同时购买啤酒和尿布，就把这两种商品放在一起，结果取得了很好的效果。根据商品消费连带性的要求，把不同种类但在消费上有互补性，或者购买习惯上有连带性的商品一起纳入经营范围，既方便顾客挑选购买，也可增加销售额。这就要充分分析商品的相关性，不能只考虑高利润的商品，以至于把毫无关联的商品放在一个商场，违反顾客购物规律。良好的搭配可以相得益彰、相互促进。零售企业应该通过对市场和消费者的深入研究来决定商品范围以及具体种类。

第三节　零售商品结构优化

商店商品经营范围确定之后，并非可以一劳永逸。消费者的偏好在变，生产技术在不断发展，人们收入水平在不断提高，竞争对手的商品策略在变化，企业本身的经营目标也在不断变化。要适应这些变化，零售商就必须经常性地对商品规划进行审视，不断调整商品结构，引入新产品，淘汰滞销品，寻求和保持商品组合最佳化。

一、零售商品结构调整依据

商品结构的调整应首先审视和调查商品结构本身的合理性；然后，再调整具体的单项商品。调整的依据可以根据企业过去的销售记录，这一记录来自于企业信息系统。目前，国内所有的连锁企业都安装了信息管理系统，该系统将前台收银作业的每一笔记录都及时传到企业后台的管理系统中，并与库存系统相联结，后台计算机系统能够即时整理出店铺前台销售的每段时间的商品销售情况。

（一）商品销售排行榜

定期对商品销售额情况进行排名。排在前面的商品属于畅销商品，应予保留；排在后面的商品属于滞销品，应列为淘汰考察对象。然后，再调查每一种商品滞销的原因，如果无法改变其滞销的情况，就应予以撤柜处理。在处理这种情况时应注意：对于新上柜的商品，往往需要有一定的熟悉期和成长期，不要急于撤柜；对于某些日常的生活必需品，虽然其销售额很低，但是，由于此类商品的作用不是盈利，而是通过此类商品的销售来拉动商店的主力商品的销售，不要撤柜；还有一些商品，可能仅仅由于陈列不当而导致销售不畅。在淘汰滞销品时应注意分析其中的具体原因。

（二）商品贡献率

单从商品排行榜来挑选商品是不够的，还应看商品的贡献率。销售额高、周转率快的商品，不一定毛利高，而周转率低的商品未必利润就低。没有毛利的商品销售额再高，也没什么用。毕竟商店是要生存的，没有利润的商品短期内可以存在，但是，不应长期占据货架。看商品贡献率的目的在于找出门店中贡献率高的商品，并使之销售得更好。

（三）损耗排行榜

这一指标不容忽视，它将直接影响商品的贡献毛利。例如，超市经营的鲜奶等日配商品的毛利虽然较高，但是，由于其风险大、损耗多，可能会是“赚的不够赔的”。曾有一家卖场的涮羊肉片在某一地区占有很大的比例，但是，由于商品的破损特别多，一直处于亏损状态，最后唯一的办法是提高商品价格和协商降低供货商提供的商品的残缺率，不然就将一直亏损下去。对于损耗大的商品一般是少订购，同时应由供应商承担一定的合理损耗。另外，有些商品的损耗是因商品的外包装问题引起的，这种情况，应当及时提醒供应商予以改进。

（四）周转率

商品的周转率也是优化商品结构的指标之一，谁都不希望某种商品挤压占用流动资金，所以，周转率低的商品不能滞留太多。

（五）其他因素

除了利用上述信息进行商品内部的调整外，零售商还要考虑其他一些因素，如节假日因素。随着一些特殊节日的到来，也应对商店的商品进行补充和调整。例如，元宵节和冬至期间，就应对汤圆和饺子的商品品种的配比和陈列进行调整，以适应商店销售。

二、新产品的引入

许多零售商对采购员制定一些硬性指标以保证商品的更新，如规定更新商品引入的数量或新商品更新率，要求采购员周期性地增加商品的品种，补充商店的新鲜血液，以稳定自己的固定顾客群体。商品的更新率一般应控制在10%以下，最好在5%左右，过多或过频繁的商品调整有时效果会适得其反，让固定顾客失去对商店的商品印象。另外，需要导入的新商品应符合商店的商品定位，不应超出其固有的价格范围，对于价格高而无销售量的商品和低价格、无利润的商品应适当地予以淘汰。需注意，本节中所描述的新产品是指本零售商店未曾经营过的产品，而不是市场上新开发的产品；有些产品对其他商店可能已经是旧产品，但对本商店而言就可能还是新产品。新产品的引入程序如下：

（一）编制新产品引进计划

商店必须对每一年度的新产品开发做出系统的规划，内容包括增加新分类、增加新项数、增加商品组合群、群里每一分类的利润标准、制定季节性重点商品计划、制定自行开发商品计划等。

（二）新产品评估

不论是厂商主动报价或基于市场需求而由零售商店主动询价，商店有关人员都应就新品的进价、毛利率、进退货条件、广告宣传、赞助条件等予以初评（见表7—3），以确定该新引进产品能给公司带来的收益。这一收益可参照目前公司同一类畅销商品所获得的收益，如规定新引进商品在进场试销的3个月内，销售额必须达到目前同类畅销商品销售额的80%或至少不低于替代淘汰商品销售额。初评之后，还需经过具有商品专业知识的人员所组成的采购委员会进行复评，对拟引进的商品进行筛选。复评的项目除初评项目外，还需对产品的口味、包装、售价及市场接受程度等项目进行具体评价，以防止不合标准的商品流入商店销售。

表7—3 **新产品开发引进评估表**

品名： 货号： 厂商：

	酒类		一般商品类		特殊商品类		得分
毛利率	8%以下	1分	15%以下	1分	20%以下	1分	
	8%～10%	2分	16%～20%	2分	20%～25%	2分	
	11%～15%	3分	21%～25%	3分	26%～30%	3分	
	15%以上	4分	25%以上	4分	31%以上	4分	
配送	自行配送				1分		
	部分配送				2分		
	指定配送（协助厂商）				3分		
	直接配送（统仓）				4分		

续表

退货	不可退货				1分		
	有限退换货				2分		
	可换货				3分		
	可退货				4分		
市场竞争力	超市差价幅度		一般商店差价幅度		便利店差价幅度		
	−10%以下	1分	−5%以下	1分	−5%以下	1分	
	−9%～0	2分	−5%～0	2分	−5%～0	2分	
	1%～5%	3分	1%～10%	3分	1%～10%	3分	
	5%以上	4分	10%以上	4分	10%以上	4分	
广告	媒体		预算		时间		
	宣传单	1分	10万元以下	1分	不定	1分	
	广播	2分	11万～50万元	2分	1～2周	2分	
	报纸	3分	51万～100万元	3分	3～4周	3分	
	电视	4分	100万元以上	4分	5周以上	4分	
赞助能力	年度销售折扣		上架费		其他赞助金		
	1%～2%	1分	1 000元以下	1分	1 000元以下	1分	
	2%～3%	2分	1 000～5 000元	2分	1 000～5 000元	2分	
	3%～4%	3分	5 000～10 000元	3分	5 000～10 000元	3分	
	5%以上	4分	10 000以上	4分	10 000以上	4分	
总分							

说明：1.30分以下，不考虑进货；2.30分以上，同意进货试卖。

（三）新产品试销

对连锁商店而言，贸然将新品引入所有门店销售风险很大。所以，通常是选择部分门店先进行试销，再就试销结果做出是否推广到所有门店的决策。负责该新产品引进的采购业务人员，应根据新产品在引入卖场试销期间的实际销售业绩（销售额、毛利率、价格竞争力、配送服务水平、送货保证、促销配合等）对其进行评估，评估结果优良的新产品正式进入销售系统，否则中断试销，不予引进。

（四）正式引入的准备工作

采购人员准备进货前，在与供应商进行某种新产品采购业务谈判过程中，要求供应商提供该商品详细、准确、真实的各种资料，提供该商品进入连锁超市销售系统后的促销配合计划，制作新的商品陈列配置表。引入一项新产品需要做好许多准备工作，如条码输入、定价、陈列、促销、库存定位、商品知识培训等。

（五）新产品引入后的跟踪管理

新产品导入卖场后要专门对其销售状况进行跟踪观察、记录与分析，不能以为新产品导入卖场就万事大吉。新产品销售额必须达到同类商品的平均额，方可列入企业的采购计划商品目录中，成为正式经营商品。引入失败的新商品，要分析原因，防止日后出现同样的失误。

三、滞销商品的淘汰

（一）滞销商品形成的原因

零售企业一般每年要淘汰相当数量的滞销品，如日本连锁便利店每年约更新1/2～1/3的品项。作为商店管理者，应尽可能避免滞销商品的产生，如加强促销管理、进行限量采购、压低库存、调整商品结构等。但有时滞销商品的出现是不可避免的。滞销商品的形成主要有以下几个原因：

(1)市场需求的变化。消费者的消费习惯发生变化，或者是由于新的替代产品或新款式大量出现，消费者不再喜欢原来的某些产品，原产品在市场上步入衰退期，以前的畅销品逐渐成为滞销品。

(2)供求关系的变化。同类商品大量生成并进入零售领域，供大于求导致商品滞销。

(3)商品进货上的原因。没有把好进货质量检验关，商品质量差，市场反应不好，甚至有顾客退货，造成商品积压而形成滞销品；供货商供应不及时，延误了销售时机，使季节性商品成为过季商品；未掌握商品的销售状况，商场盲目进货而导致积压；进价及采购成本过高，导致商品定价过高，从而影响商品畅销度；贪图厂商搭赠或数量折扣，贸然大量进货。

(4)商店管理上的原因。主要是商品库存分类不清，造成商品没有及时补货而积压，或是因为商品陈列方式不佳、促销方式不力等，都有可能造成商品滞销。

(5)商品存在质量问题。对被技术监督部门或卫生部门宣布为不合格商品，消费者对质量问题反映强烈的商品，会产生严重的滞销。

(二)滞销商品的淘汰标准

1. 销售额排行榜

例如，以 3 个月销售排行榜资料为参考，以最后 100 种商品为淘汰的对象，或是以排行榜最后的 3%为淘汰标准。以这种标准作为淘汰标准要注意的是：这种商品的存在是否为了使商店的商品结构显得更为丰满齐全，而不仅仅是为了销售；这种商品是否因为季节性的原因才滞销。如果属于上述两种情况，则这类商品不应淘汰。

2. 利润贡献率

单从商品排行榜来挑选商品是不够的，还应看到商品的利润贡献率。如果某种商品毛利始终上不去，即使销售额高也用处不大。没有利润的商品短期内可以存在，但是不应长期占据货架。

3. 损耗排行榜

有些商品能够贡献毛利，但是经营中损耗太大。例如，超市经营的新鲜蔬菜等日配商品，经营中损耗很难控制，当天卖不掉就要扔掉，而此类商品的销售偶然性较大，往往是赚了一些毛利，但不够弥补亏损。诸如此类的商品如果不是非经营不可，就要考虑淘汰。

4. 最低销售量或最低销售额

对于那些单价低、体积大的商品，可规定一个最低销售量或最低销售额，达不到标准的，列入淘汰商品，否则会占用大量宝贵货架空间，影响整个卖场销售。实施这一标准时，应注意这些商品销售不佳是否与其布局与陈列位置不当有关。

(三)滞销商品的淘汰程序

1. 列出滞销品清单

商店依据制定的淘汰标准，列出淘汰品清单，并进行数据分析。例如，以销售额排行榜最后的 3%为淘汰基准、以每月销售额排在最后 50 位为基准、以商品品质为基准等，找出销售不佳、周转慢或品质有问题的商品作为淘汰品。

2. 查明滞销原因

有关人员应进一步分析滞销商品的真正滞销原因，究竟是商品不佳还是人员作业疏忽，如缺货未补、订货不准确、陈列定位错误等，然后再确认是否淘汰。确认淘汰的商品应填写商品淘汰申请单。

3. 制定淘汰策略

淘汰策略有两种:一种是立即淘汰,对于具有明显质量问题的产品、生命周期进入衰退期的产品、销售业绩很差的产品,应该采取立即淘汰的策略;另一种是逐步淘汰策略,对于市场供大于求的产品、销售业绩不理想的产品,可以采取逐步淘汰的策略。逐步淘汰是防止立即淘汰引起的经济损失,避免在消费者中产生突然断货的印象。做法是制定一个日程表,逐渐减少该产品的进货和货架空间,同时不断扩大替代产品的供应。

4. 确定淘汰方式

商品淘汰方式主要有两种:一种是退回厂家;另一种是自行处理。采购合约上注明可以退换货的商品,应在规定时期(如食品保质期前半年)将商品及时退回供应商;如果属于商店买断的商品,不允许退换货,或无法退回给供应商的商品(如进口商品、远距离采购的商品等),可自行处理,采取一次性削价处理的方法,或者作为促销的奖品送给顾客。

5. 统一淘汰作业

淘汰滞销品之前,连锁总部应提前向商店告知滞销品的项目及退换货作业程序。滞销品如退给厂商,应及时通知厂商取回退货;如要各门店自行处理,总部应将处理方式及时告知各门店。总部最好确定统一的淘汰日期;淘汰商品最好每个月固定集中处理,不要零散处理。例如,可以规定每月的某一天为淘汰日,所有柜台或店铺在这一天把淘汰商品下架清理。

6. 做好淘汰记录

淘汰作业结束后应做好淘汰商品的记录工作,每月汇编成总表,整理成档案,以避免重新将滞销品引进。

四、畅销商品的培养

畅销商品是指市场上销路很好、不会积压滞销的商品。任何商品,只要受到消费者欢迎,销路好,都可称作畅销商品。

(一)商品畅销的原因

畅销商品之所以能够畅销市场必有其畅销的原因。总的来说,商品畅销市场的原因主要是因为它对消费者有吸引力,能更好地满足消费者的需求。具体而言,主要有以下因素。

1. 商品功能

某种商品,其用途相对消费者来说十分重要,缺之不可,且又无其他商品可以替代,则该商品一定是畅销商品,如大米等生活必需品。如果商品对消费者可有可无,即使具有价格、外观、质量等方面的优势,也较难畅销起来。零售商经营的商品品种应从用途广泛的大众消费品中去发掘。

2. 商品质量

随着人们生活水平的提高,对商品质量的要求也越来越苛刻,有句俗语"不怕不识货,就怕货比货",同类商品,质量更胜一筹的自然容易获得消费者青睐。

3. 商品价格

价格从来都是市场竞争的有力武器,很多商品与同类其他商品相比,在同质的基础上往往以价格便宜而畅销。这也是国内外为什么货仓式商店、平价商店越开越多的原因。在我国,大多数人收入水平与国外相比还有相当大的距离,所以,人们对商品价格尤为重视。

4. 商品包装

在消费者购买商品时，最先接触的是商品的包装和装潢，它给消费者以第一印象，这第一印象的好坏，常常是消费者决定购买与否的关键因素。在我国，青少年的购买动机绝大部分会受到商品包装的影响。

5. 商品商标

一个名牌商标的形成，往往凝聚着企业全体人员几年、几十年乃至上百年的心血和劳动，名牌商标是商品畅销的通行证，它是商品质量的象征，也是企业信誉的保证。在同类商品差别化逐渐缩小、市场出现大量不同品牌的今天，商标知名度的高低便左右着消费者的购买行为。

6. 广告宣传

当今信息社会，"好酒不怕巷子深"这一古老的生意圣经已过时，"王婆卖瓜，自卖自夸"的古训行情看涨，成了现代社会箴言。众多品牌厂商为了争夺中央电视台的广告"标王"而一掷亿金，可见广告宣传对商品销售的巨大影响。

7. 售后服务

售后服务是商品销售的延续，尤其是对于一些技术含量高的商品来说，售后服务做得好，可以让顾客消除后顾之忧，是消费者选购商品的一个重要考虑因素。

8. 顺应潮流

流行歌曲之所以流行，是因为它反映了那个时代的背影。商品也是一样，商品的畅销也往往反映了那个时代的风潮。例如，当今人们重视健康，于是，保健商品和运动器材便成了市场的宠儿。

9. 满足舒适

在人们的基本生活需求得到满足以后，消费者自然会进一步追求更高水平的舒适便利生活，如吃要更美味、穿要更漂亮、住要更宽敞、用要更方便，于是，一些满足这些需求的商品如高级商品、便利商品便应运而生，并逐渐走俏市场。

（二）畅销商品的选择

零售商培养和开发畅销商品与生产厂家有明显的不同，它不直接涉及商品的设计与生产，而主要任务是在选址畅销商品及其市场促销上。

1. 从畅销的各因素出发选择畅销商品

前面所属商品畅销的各种因素均是畅销商品的主要标准。当一种产品出现在市场上时，考察其市场销售潜力，可以从其功能、质量、价格、包装等方面进行综合评估。最常见的是采用打分法，将多种因素按不同程度折成数字来评估该产品。

2. 从过去的销售记录中选择畅销商品

商场可以将每一时期销售排列在前面的商品，作为重点畅销商品来培养，同时应建立商品淘汰机制。香港百佳超级市场的采购计划值得借鉴。为确保采购适销对路的商品，百佳总部每年都要制定详细的滚动商品计划，其步骤是：首先，收集上一年超级市场发展形势、顾客购买频率、购买金额、消费心理和要求等资料；其次，对过去5年的营业额增长率和发展趋势做出统计；再次，在销售的商品中找出最受欢迎的商品，在做出全面分析的基础上确定一下年的商品采购计划。

3. 从竞争对手的营销推广中选择畅销商品

零售商的竞争对手很多，不仅包括同一业态的零售企业，还包括争夺同一类市场的其他零售业态，这些商店同样也面临着培养开发畅销商品的问题。因此，从竞争对手的营销推广活动中去发掘新的畅销商品不失为一条捷径。一般来说，几乎所有商店总会把销路最好的商品陈列在最显著的位置，或为了推广某种商品，卖场内往往会贴有各种各样促销的 POP 广告。经常到竞争对手的商店里仔细观察，可以知道正在流行何种商品，或何种商品较为畅销。

4. 从发达地区和流行起源地选择畅销商品

一般来说，流行趋势从欧美发达国家传到亚洲的日本、我国香港和台湾地区，再到大陆；在国内则是从沿海传到内地，从大城市传到小城市，从都市传到乡村。但不是每个人都有机会去欧美考察，同时，照搬国外流行的商品在国内不一定适用，比较可行的是，到国内流行发源地如上海、广州、深圳等地去考察，这些城市的超级市场或百货商店，大多销售比较超前的流行商品，对开发畅销商品有一定的借鉴作用。

（三）畅销商品的推广

1. 商品陈列

在开架自选的商场里，商品陈列的位置，对激发消费者的购买欲望起着极大的作用。通常，商场的前端和入口处是消费者流动最频繁的地区，也是价值最高的黄金地带，因而也成了商店摆放获利高商品的最佳地点。不过，为了培养畅销商品，商场可以考虑将一部分黄金地段让给正在扶持的这些商品，以引起消费者的注意。

2. 价格策略

价格策略是零售商促销不可忽视的重要工具。如在定价时在商品价格中渗入 6、8、9 等所谓的吉利数字，或者将培养的畅销商品用特价品、限时特卖、特惠包装等形式推出，尽管这些都是常用的价格手段，但效果依然很好，容易为消费者接受。

3. 促销策略

商场促销活动组织的核心在于调动一切卖场导向性营销资源，突出本场本次的促销核心诉求点。商场对畅销商品的促销可以结合价格促销、POP 广告促销和其他方式一起进行。例如，在店墙四周贴满不同颜色 POP 标志，刺激顾客的购买欲；采用 DM（带实物招聘的免费派发海报）、TG（端架促销）、Theme Promotion（主题式活性化促销）、动线堆头、演示促销等，配合现场背景气氛的调控，从心理上和技术上营造畅销商品的印象。

第四节　单品管理与品类管理

经营的分散化及手工操作决定了传统零售商对商品的管理只能是商品的柜组管理或大类管理，无法深入到每一品牌或每一具体商品的管理。当计算机被引入到现代零售业以后，这种强大的技术支持使人们对商品的管理更为深入，商品管理不仅可以深入到某一具体商品，而且可以根据企业管理的需要加以细分，提供所需要的管理信息。

一、单品管理

（一）单品管理定义

单品是对所经营的商品进行细分类的最小单位，单品管理是与品类管理相对应的概念。品类管理是指在商品分类基础上，按一定的商品组合对某一类别商品群进行整体的综合管理，并实行统一的营销组合策略；而单品管理是指以每一个商品品项为单位进行的管理，强调的是每一个单品的成本管理、销售业绩管理。零售商根据企业的营销目标，对单品的配置、采购、销售、物流管理、财务管理、信息管理等活动实施统一管理，即既管理单品的数量，又管理单品的金额；既管理单品的进销价格，又管理单品的流通成本。

在过去，零售企业实行的是品类管理。以百货商店为主流业态的零售企业经营品种达几千种甚至上万种，商店对所有商品统一按单品进行管理存在技术上的困难，整个商店只能对商品实行柜组管理和大中小类管理。

单品管理是相对于传统的品类管理而言的，品类管理尽管也是企业现代化商品管理的一个重要工具，但它毕竟着眼于营销的角度，而信息时代要求的是全方位管理。随着消费者需求的个性化，管理者决策对信息要求的不断深入，商品管理仅仅细到大中小类管理还不够，管理者必须掌握每一个具体商品品项的全程流动状况，于是产生单品管理。只有在计算机技术广泛应用于现代商业的条件下，零售企业才能对所有成千上万的商品品项统一实行单独管理。

应当指出，单品管理与品类管理都是现代零售业的重要商品管理方法，都有各自的优势领域。单品管理的强化，并不意味着它能完全替代品类管理，可以放松和削弱品类管理。单品管理与品类管理应相互促进、相互补充，从而提高零售企业商品管理的总体效益。

（二）单品管理的作用

1. 单品管理是商品流通顺畅的保证

单品管理的强化使得每一种商品的采购、销售、库存环节有机结合，商品购销存的数量得以准确掌握与控制，为商流的顺畅提供了保证，也为商品的物流、资金流、信息流的有序运行创造了良好的条件。

2. 单品管理是企业获取稳定利润的手段

单品管理突出的是适当减少商品组合深度的品牌商品的管理，通过做大品牌商品销量，提高品牌商品的市场占有率，增强零售企业对品牌商品供应商的控制力，来获得稳定丰厚的经营利润和通道利润。

3. 单品管理是优化企业商品的途径

通过单品管理有效地淘汰滞销商品并引进有潜力的单品，保证商品线的健康程度。商品群的优化，可降低库存，减少资金积压，改善空间利用率，提高品类经营效益，可满足消费者需要，提高消费者满意度及忠诚度。

（三）实施单品管理的程序

1. 确定单品目录

以一定的标准确定单品分类及目录，商品的一些信息如品牌、型号、规格、容量、生产日期、购进日期、保质期、产地等是区分各单品项目的依据。这些项目内容自商品采购时就能准确地确定，是不变或变化很少的信息。管理这些信息的关键是要将这些信息项目准确分类，确保一致性和可比性。还有一类信息是可变的，这就是成本信息，包括单品自购进所花费的运输成本、仓储成本、装卸成本、包装成本、加工成本、残损退货成本等。这些成本信息必须准确地分摊给各个相关单品，这是单品管理中不可忽视的。

2. 编制单品代码

编制单品代码是根据一个单品一个编码的原则给单品编码，确保以单品代码的唯一性，实现单品的唯一性。

3. 建立商品数据库

建立商品数据库包括顾客交款时前台 POS 系统扫描录入的单品数据的原始数据库，以及用来核算所有单品成本的单品成本数据库。前台销售数据库的更新由每日进行交易时收银员通过条码扫描仪将交易信息即单品数据录入到 POS 系统数据库中，将这些数据进行统计、汇总，经瞬时处理后，生成所需的各种报表等。单品成本数据库的更新，要求将每批商品的每种活动成本都分摊到每个单品中。这里，成本的分摊是根据实际发生的成本进行分摊，而不是平均分摊，以此为决策提供有用的数据。

4. 单品销售业绩分析

单品销售业绩分析主要有单品获利大小排队和销售量排队两种方法。单品销售量排队很简单，为目前大多数企业所采用，即统计每日每单品的销售量。销售量的大小是非常重要的信息，进行单品管理不能缺少这一指标。但衡量这一指标显然缺乏全面性，因为某个单品卖得好，并不一定获利高，也可能成本较大。因此，还必须对单品按获利大小排队，即比较每个单品的销售额扣除物流成本和进价后的余额。

5. 及时控制和重点管理

单品管理的好处是对各种单品的进销存情况了如指掌，可以进行及时控制，大幅度提高单品管理的准确性和高效性；还在于能够发现获利大且销售量大的单品，对其进行重点管理，对这些单品实施重点采购、重点销售、重点控制其物流成本。当然，有些单品获利小但销售量大，有发展潜力也应作为管理的重点，对销售慢获利又少的单品，应及时调整。

二、品类管理

品类是指消费者认为相关且可相互替代的一组特殊商品或服务。品类管理(category management，CM)是分销商和供应商合作，将品类视为策略性事业单位来经营的过程，通过创造商品中消费者价值来创造更佳的经营绩效。品类管理是把所经营的商品分为不同的类别，并且把每一类商品作为企业经营战略的基本活动单位进行管理的一系列相关活动。

(一)品类管理的步骤

1. 品类定义

品类的定义是指品类的结构，包括次品类、大分类、中分类、小分类，或者是按照 20 商品和 80 商品进行分类。不少零售商都清楚品类的结构，但信息系统中没有相应做维护。当需要知道中分类、小分类的销售情况时，系统只能打出品类所有单品的信息，员工需手工计算某中分类或小分类的销售数据，这极大制约了品类管理的实施。

2. 品类角色

跨品类分析工具帮助我们确定品类对目标购物群的重要性。它汇总了不同购物群在不同品类的购物频率、消费金额等数据。品类所扮演的角色可以从各个角度去区分，如 20 商品与 80 商品、主力商品、辅助性商品、关联性商品和刺激性商品等。

3. 品类评估

品类管理实施之前，需要对商品和品类现状进行评估。品类管理实施后，需要对效果进行评估。评估不能只局限于销量、利润等财务指标，还需考虑库存、脱销、单位产出、人力投入等。因为品类管理涉及滞销单品的淘汰、货架的重新分配等，这些操作很大程度上优化了上述指标。评估还必须有深度，需进行跨门店评估、跨年度评估。

透过市场调查或 POS 系统的数据搜集及分析，来判断某品类在消费者行为中所占的比率，以消费者导向为主来改进卖场商品陈列方式，进而提升整体销售能力。因此，研究消费者行为也是品类管理中很重要的一环。

以往产品销售情况都是借由销售数量与销货毛利的方式来判断的，而在导入品类管理之后，品类管理更是提供了 ABC 成本分析、库存天数、缺货率、库存周转率及消费者满意度等几个方面进行评价，丰富了内容评价和准确性。

4. 品类策略

透过上述步骤，可以明确找出哪些品类最受消费者喜爱，进一步可接着决定要采用何种策略来提升该品类竞争力。此外，若供货商及零售商能依消费者行为共同拟定品类策略，更可增近品类管理效果。

品类策略包括高效的产品组合、高效的货架管理、高效的定价与促销、高效的补货、高效的新品引进等。

5. 品类计划实施

因品类管理涉及层面十分复杂，故执行上仍可能有许多问题需要各层级共同克服，因此公司高层主管的支持及参与尤为重要。公司导入品类管理可先从单一品类开始着手品类管理，一方面可先行发现有哪些问题亟待解决；另一方面可以深入熟悉品类管理的经营模式，积累解决经验。

（二）20 商品的管理

现代零售企业中的 20 商品是品类管理的一个极为主要的内容。

1. 20～80 原则

统计资料表面，在零售商店经营的全部商品品项中，销售额最好的 20%品项的销售额可实现全部销售额的 80%左右，而剩下 80%商品品项的销售额实现总销售额的 20%左右。这种现象在超市显得最为明显。人们把超市经营中，商品品项百分比与相对的销售额百分比之间存在的 20%∶80%关系的规律性现象称为 20～80 原则。其中占销售额最大份额的 20%商品，称为 20 商品。20 商品实际上就是超市所经营的主力商品群。

2. 20 商品管理

（1）减少同类商品品种，降低商品组合深度。在经营品项总数和卖场空间一定的条件下，商品组合的深度大，组合的宽度就相对较窄，有限卖场空间的效率发挥就难以理想。超市经营宗旨是满足消费者对基本生活用品一次性购齐的需求，商品品种齐全是超市经营者的基本要求。但是从单品管理的要求看，品种齐全强调的是不同用途、功能的商品种类应尽可能齐全，商品组合的宽度要适当宽，综合化程度可以高一些，以满足消费者的多样化需求和一次性购齐的需要；商品组合的深度不宜太深，专业化程度不宜太强，即不能过分强调同类商品中不同品牌、品种、规格的齐全。如果销售额在品牌上过于分散，就会导致零售商做不大供应商品牌产品销售量，使超市对供应商缺乏控制力。另外，消费者面对货架上相同用途的众多不同的品牌、规格的商品也会难以选择，增加消费者的购物时间。

（2）利润向少数品种集中。20 商品管理的基本思路是强调销售额的集中，而单品管理的基本思路是突出品牌、增加利润。以单品管理为基础的 20 商品管理，通过做大少数供应商品牌产品销量，提高对供应商的控制力，提高知名品牌商品的市场占有率，能共享供应商节省的促销费用、大批量采购的价格折扣和年终返利，实现利润最大化。

（3）降低管理成本。由于品项和供应商减少，超市采购部采购谈判的交易成本可大幅度下降，运输费用、库存费用等物流成本也可以大幅度降低，促销人员能集中精力做好主力商品的销售促进工作，使经营费用、管理费用有所降低。

3. 20 商品的选择方法。

(1)数据统计法。数据统计法是指管理人员根据本企业POS系统汇集历史同期的销售信息来选择20商品的方法。这些信息资料主要是销售额排行榜、销售比重排行榜、周转率排行榜、配送频率排行榜。在数据统计时要注意的是,销售额排前20%的商品毛利额不一定是前20商品,这时就要综合考虑各个指标的排名。

(2)经验法。对于POS系统尚未建立、规模较小的超市企业,可以参照企业历史同期的销售统计资料,在总的商品品种中选择出销售额排名靠前的20%品项作为20商品。经验法依据人工统计,工作量大。

4.20商品目录的调整

(1)按季节变化调整。随着季节的变化,零售商20商品目录在一年四季中至少要做四次重大调整,每次调整的20商品视零售业态的不同而有所差别。经营服装、鞋类的专业商店调整会超过前一个月目录总数的50%以上,而经营食品为主的超市调整面较小。即使在某一个季节内,不同的月份由于气候、节假日等影响,主力商品也会存在一定差异,每个20商品的调整幅度一般会超过10%。

(2)按商品因素变化调整。许多商品具有生命周期,当某种商品的生命周期由导入期进入成长期、成熟期时,它可能会被引入20商品目录;而当它由成熟期转为衰退期时,它必然会在20商品目录中删除。又如,当某种新商品被成功开发引入超市卖场时,或当某种商品即将组织一次大规模促销活动时,它们应进入新的20商品目录。

(3)按消费需求变化调整。当社会上兴起一种新的时尚产品或新的流行消费方式时,某类商品的消费成为热点,这种商品就可进入新的20商品目录。

上述三种变化调整中,从变化的规律性和预测的准确性角度看,季节变化的规律性最强,调整的准确性最高;其次是按供应因素变化;而消费需求变化的规律性最不易掌握,调整的难度最大。

5.20商品的落实

(1)采购优先落实。在制定采购计划时,将20商品采购数量指标的制订和落实作为首要任务,要保证20商品供货的稳定足量,保证20商品在所有门店和各个时间都不断档缺货,这是20商品得以保证的前提条件。

(2)储存和配送优先落实。在配送中心,要将最佳库存位置留给20商品。要尽可能使20商品在储存环节中物流线路最短,这不仅使零售商降低物流成本的需要,也是在储存环节上保证20商品的体现。

(3)陈列和上架优先落实。在做采购计划时,货架管理员就应该在商品配置图中,将卖场最好的区域、最吸引顾客的货架,指定留给20商品,并保证20商品在卖场货架上有足够大的陈列量。20商品一般应配置在卖场中的展示区、端架、主通道两侧货架的磁石点上,并根据其销售额目标确定排面数。在每天上下午销售高潮过后,理货员要优先对20商品进行上架补货。

(4)促销优先落实。促销部门在制定促销计划时要首先落实20商品的促销,寻求与20商品供应商的各种合作促销活动,充分利用供应商的资源加大20商品促销的力度。同时,制定商场独立的20商品促销。总之,促销应围绕20商品展开。

第五节　零售企业自有品牌的开发

一、零售企业开发自有品牌的意义

自有品牌，简称 PB，又称商店品牌，是指零售企业从设计、原料、生产到经销全程控制的产品，由零售企业指定的供应商生产，贴有零售企业品牌，在自己的卖场进行销售，实质上是零售业的 OEM 产品。

（一）增强零售商在流通中的主导和控制作用

零售企业自有品牌的开发经营，是由零售企业依据顾客需求信息，提出商品的设计、品质要求，因而它更贴近消费者需要。零售企业自有品牌具有信息优势与品种选择上的优势，其开发经营是零售业对工业企业如何更贴近市场的一种"设计"与导向，体现了流通的主导作用。在拥有自有品牌条件下，零售商在与供应商谈判中具有更大的主动权，有利于零售商提高与供应商博弈能力，取得市场经营的主动权和制定价格的主动权。零售企业的渠道权力优势使零售企业由被动的制造商产品接受者转变为市场经营活动的积极参与者，增强了企业抗击市场风险的能力。

（二）有利于零售企业降低商品价格，增强产品竞争力

自有品牌商品是零售企业直接向生产厂家定牌生产的，广告、包装费用少，减少了诸多中间环节，交易费用与流通成本大大降低；同时，由于自有品牌商品全部在自家连锁店销售，无须像一般供应商进入连锁销售系统时要支付巨额通道费、市场推广费。所以，自有品牌商品价格通常可比同类商品价格低 10%～25%，个别产品可以低出更多。

（三）有利于零售企业增加利润

在自有品牌开发、经营过程中，零售企业除了获得正常的销售利润之外，还会获得部分生产制造利润和物流利润。自有品牌商品的毛利率要大大高于生产商品牌商品。

（四）有利于零售企业提高知名度和顾客信任度

零售商自有品牌商品使企业能够创建具有自己商店特色的丰富产品类别，自有品牌的开发是零售企业突出经营特色、进行差异化竞争的重要内容。自有品牌在零售商店里面还有终端陈列优势，自有品牌是零售企业的无形资产。

二、自有品牌的发展

自有品牌出现较早，但直到 20 世纪 60 年代后期才获得较快发展。1980 年，英国零售商自有品牌销售额占总销售额的 17.1%。到了 90 年代，这一比例已经达到 27%以上。在欧洲，瑞士的零售自有品牌商品所占比例超过 40%，德国、比利时、法国都在 10%以上。在美国零售业中，自有品牌在超市占销售量的 20%。自有品牌表明了零售商能力素质的提高和市场势力的增强。许多零售商选择自有品牌战略已成功地打开了一个丰厚的利润之源。例如，美国著名的西尔斯公司就创立了若干自有品牌，在消费者中享有盛誉，自有品牌都深得用户的偏爱。世界百货联合会有 20%～40%的成员拥有自有品牌商品。有研究指出，拥有自有品牌商品是西方业绩较好的零售商的普遍特征之一。

零售自有品牌发展分为五个阶段：

第一阶段，未注册商品具有基本的功能。价格低，在产品和包装方面几乎没有任何资金要求。

第二阶段，低价零售品牌商品与贴有商标的封装产品有相似性。但价格相对较低，在产品方面投资极少。

第三阶段，通过高水平的管理和投资进行重新设计的产品显示与众不同的风格。

第四阶段，同等质量商品通常比品牌商品价格低10%～25%，但商品的质量相同。

第五阶段，强势领导品牌使零售商能够通过产品革新和重新定位提高商品价格。

中国零售企业对自有品牌的开发主要是在超市业态，自有品牌的商品会比同类型的制造商品牌便宜20%以上，且快速消费品的自有品牌的平均毛利率为40%，而代销品牌的毛利率为20%。因此，自有品牌发展能力的强弱是超市业态公司能否取胜的关键之一。

三、自有品牌商品的开发

(一)零售商开发自有品牌产品应具备的条件

(1)规模、资金条件。自有品牌产品是在零售业日益集团化、连锁化和国际化的大趋势下产生的，开发自有品牌产品的成功离不开规模经济优势的发挥。零售商必须规模大、网点多、市场份额高、忠诚顾客稳步增长。同时，自有品牌产品的开发以零售企业为主导，零售商应该具有相应的资金准备和较高的持续盈利能力。

(2)商誉条件。自有品牌产品的形象建立在零售企业本身商誉的基础上，较高的商誉是实施自有品牌战略成功的前提。

(3)信息条件。自有品牌产品的开发必须面向市场，满足消费者的需求。企业必须了解顾客的需求及其变化，及时搜集信息、分析信息、利用信息。

(4)市场营销能力。开发自有品牌产品，企业要承担较大的风险，企业必须具备很强的管理能力、公关能力和市场营销能力。

(5)商标条件。零售企业应该在开发自有品牌产品的初创期，就进行品牌的申请注册工作，以免在日后被他人抢注、冒用时，得不到法律的保护而蒙受损失。

(二)自有品牌商品的选择

选择恰当的商品项目是成功的前提。自有品牌商品的选择必须考虑两个因素：一是被选择商品价格较面向全国市场销售的商品价格有可能降低；二是被选择商品有一定的吸引力，能影响消费者的品牌忠诚。因此，零售商可以考虑选择的自有品牌商品有：

1. 消费者品牌意识不强的商品

对某些商品而言，消费者的品牌意识非常强，如牛奶，只认几大著名品牌；又如运动鞋、化妆品等，消费者对这些商品的品牌意识较强，倾向购买指定商品。因此，零售商开发这类自有品牌的难度就很大，即使开发出来也很难得到消费者认可。而另一些商品，消费者的品牌意识较弱，如肥皂、卷纸等日常用品或食品，零售商可以采用一些促销手段很容易影响消费者的购买行为，因而这些商品可以作为自有品牌商品考虑。

2. 销售量大和购买频率高的商品

只有销售量大的商品，企业才可以实行大量开发订货，从而降低开发生产成本，保证自有品牌商品低价格的实现。购买频率高的商品使得零售商和消费者接触频繁，商品的品牌忠诚度较低，顾客很有可能在其他条件的影响下改变购买品牌，这有利于零售商开发新顾客，促使他们购买新品牌的商品。

3. 单价较低和技术含量低的商品

对于单价较低的商品，消费者可在第一次购买后通过使用决定是否再次购买，其风险性较小。特别是对一些价格敏感度较高的日用品，在同等质量的条件下，消费者更容易接受价格较低的自有品牌商品。而对于单价高的商品，消费者的购买决策是比较谨慎的。另外，技术含量高的商品不宜作为自有品牌商品的开发对象。一则大多数零售商不具备这些商品的开发实力；二则这类商品的品牌忠诚度一般较高，难以改变消费者的购买态度；三则这类商品往往需要强大的售后服务力量，这是零售商力所不能及的弱项。

4. 普通供应商无法生产加工的商品

普通供应商无法生产加工的商品，其保鲜、保质要求高，如部分生鲜食品的加工包装，只能在卖场内的加工场进行。零售商可以良好的商誉做包装，利用渠道短的优势及时把货真价实的商品提供给广大的消费者。因此，这类商品也宜作为自有品牌商品的开发对象。

（三）开发自有品牌的具体途径

1. 零售商委托制造商生产

一些中小型制造商，虽无力开展耗资巨大的创品牌优势，但具有较强的生产制造能力和水平，大型零售商与这类企业联合，就有可能获得双赢的结果。

2. 零售商自设生产基地

零售商自己投资办厂或控股生产企业来生产自有品牌商品，这种形式厂商关系紧密，有共同利益，稳定性较强，交易费用低，但需要零售商有相当的规模与一定的经济实力。

本章小结

零售商品分类具有不同的标准。零售商品结构是由零售商不同的商品线组成的。商品规划是零售商合理确定商品经营范围和商品结构，在有限的资源条件下尽可能满足消费者对商品选择的需要，并突出商店的经营特色。零售商品组合就是一个零售商经营的全部商品的结构，需要零售商对商品结构进行优化。随着零售管理新技术的不断发展，单品管理和品类管理成为当今零售管理的重要工具和管理理念。自有品牌的开发是零售商面临的一个新课题。零售商要树立自己的商品经营特色，适当借鉴国外经验，有计划地开发自有品牌商品。

案例分析

屈臣氏自有品牌 1 年能卖 36 亿？有这十大秘密

据统计，屈臣氏的自有品牌多达 15 个品牌2 000多种，覆盖了护肤、彩妆、男士、洗护等多个领域。实际上，屈臣氏在售的几乎所有品类中，都有屈臣氏自有品牌产品，无论是卸妆巾、驱蚊贴，还是黑头导出液、雨伞。自有品牌虽然与供应商品牌出厂成本差不多，但是省掉了渠道费用、物流成本、批发商中间商成本，这些被省掉的费用就构成了自有品牌的价格优势。屈臣氏自有品牌比市面上同类产品的价格普遍要低 30%～50%，这吸引了更多顾客购买自有品牌商品。在 2013 年屈臣氏品牌零售排行榜中，自有品牌“屈臣氏”以 30 亿元的年销售额稳坐第一，门店销售占比约 18%。而到了 2015 年，有进驻屈臣氏系统的品牌业务主管爆料，屈臣氏中自有品牌贡献了约 36 亿元的销售额，占到了总数的 20%甚至更多。

屈臣氏是一个神奇的地方，它既贩卖任何你想得到的个人护理用品，同时也成就了不少品牌，甚至辅佐一个品类兴起。此外，它也没有忽视打磨另一个重要武器——自有品牌。

对于不少化妆品零售店而言，主要销售的还是专业化妆品公司生产的品牌产品，部分有意做自有品牌的化妆品店，无非也是在高利润、补充产品线和简化价值链长度等利好的驱动下一步步尝试着。

那么，作为化妆品零售界标杆的屈臣氏，自有品牌有多少，又卖得怎么样呢？品观君探访了武汉近10家屈臣氏，为大家揭开屈臣氏自有品牌的秘密。

秘密1：自有品牌贡献超30亿元

如果你要问自有品牌好不好做？化妆品店老板给出的答案中，通常会出现两个极端。部分化妆品连锁店只敢在纸品和毛巾等日用品上做尝试，所占份额极小；另一种声音如金甲虫，曾在今年的采访中表示，自有品牌的销售份额占比已达60%。

屈臣氏的自有品牌在屈臣氏中是什么地位？数据表明，自有品牌在屈臣氏中依然处于重要位置。

在2013年屈臣氏品牌零售排行榜中，自有品牌“屈臣氏”以30亿元的年销售额稳坐第一，门店销售占比约18%。而到了2015年，有进驻屈臣氏系统的品牌业务主管爆料，屈臣氏中自有品牌贡献了约36亿元的销售额，占到了总数的20%甚至更多。

秘密2：自有品牌数量多达15个

用一张表，我们可以对屈臣氏的自有品牌一目了然：

屈臣氏自有品牌	
护肤	Watsons、骨胶原系列、燕窝系列、Water 360、植物水活系列、N.B.、Olive橄榄、天丝系列、虫草系列、Skin Advanced、SKIN Simple
彩妆	my party gal、letsaqua、Makeup MIRACLE、骨胶原系列彩妆
男士	skin Advanced男士护肤、Watsons men男士护肤
洗护	Watsons、骨胶原系列、N.B.等

秘密3：几乎所有品类都卖自有品牌

屈臣氏这15个自有品牌，几乎涵盖了市面上主流的几大品类，包括护肤、彩妆、面膜、洗护和男士。

不过，这并不是全部。实际上，不夸张地说，屈臣氏内在售的几乎所有品类中，你都可以找到屈臣氏自有品牌的产品。无论是卸妆巾、驱蚊贴，还是黑头导出液、雨伞……

可以说，除了卫生巾、食品、头发造型产品、保健品等极少数品类没有屈臣氏自有品牌的产品之外，其他品类你都可以找到屈臣氏自有品牌产品。

品观君大胆猜测，屈臣氏之所以不做这几个品类的产品，也许是生产工艺复杂，也许是品类太细分不值得投入。不过，今年屈臣氏已经开始上架Watsons品牌的计生用品了，也许这4个品类，也将在不久后“沦陷”。

有趣的是，虽然屈臣氏什么品类都爱“插一脚”，但部分小品类中，屈臣氏只出旅行装产品或便于携带的产品。

在化妆品市场中，这的确是一个少有人涉足的领域——几乎没有品牌会做30毫升小容量的卸妆油或者旅行装爽肤水，而屈臣氏做了。不仅如此，屈臣氏还以自有品牌的身份销售分装瓶，供差旅人士出差携带护肤品，让进店的顾客感受到方方面面的便利。

秘密4：自有品牌是同类产品的5～7折

品牌众多、品类细分的屈臣氏自有品牌，其价位一定是屈臣氏目标客群最容易接受的主流价位，并且比市面上同类产品的价格普遍要低30%～50%，这吸引更多顾客购买自有品牌商品。

对于护肤品而言，屈臣氏自有品牌基本与目前国产品牌护肤品的定价类似。而牙刷、沐浴露这种日化用品，则有高、中、低三种价位的选择，以满足不同人群的需要。

比如Watsons的牙刷，既有12元2支的，也有26元2支的。骨胶原系列750ml的沐浴露则与多芬720ml沐浴露的价格不相上下，前者标价37元，后者仅仅贵了7元钱；Watsons的沐浴露则更为便宜，500ml只要19元。

值得注意的是，据店员介绍，屈臣氏自有品牌的护肤品在夏季和其他季节的价格是不一样的，不同品牌价格跌幅也不同。

以30克装的屈臣氏骨胶原蛋清毛孔净化啫喱为例，其售价在秋冬季节是99元一瓶，而到了夏天，是护肤品的淡季，它的价格则下调至55元一瓶，几乎相差一倍。

要知道，55元并不是做活动的折后价，而是明确写在标签上的实价。“所以很多人不知道，夏天其实是囤护肤品的好时机，因为这个季节的价格真的很优惠”。这样看来，调价也是屈臣氏的促销手段之一，且店员毫不避讳地告诉顾客自有品牌价格下调，目的为了能多卖两瓶。

秘密5：自有品牌的促销“很任性”

一个品牌想做促销，需要从品牌到代理商再到零售终端的层层沟通，既不能打折太狠伤害品牌，还要适度给消费者让利，促进购买。

相比之下，屈臣氏的促销则“任性”许多。在已经到来的护肤品淡季，大多护肤品品牌的折扣只停留在部分单品上，甚至没有折扣；而屈臣氏的部分自有品牌则给出了两件7.5折、三件6折这样的活动力度。

屈臣氏自有品牌Skin Advanced中的高端白金钻石系列，则以5折的价格销售其护肤水和乳液。据店员介绍，这个品牌的这个系列，一年的活动也只有这一次，而且不一定每年都有。

除了护肤品外，屈臣氏自有品牌的纸品等高毛利的小品类，做起促销来更不手软。化妆棉“买一送一”，棉签“加一元多一件”，这样大力度的促销不仅吸引眼球，更可以产生连带购买。

秘密6：护肤和防晒卖得最好

屈臣氏自有品牌涉及的产品众多，哪些单品卖得最好呢？品观君为大家列了一份表格，数据来源于屈臣氏2015年各品类的前5排名。

品类	产品名称	品类排名
洁面	白金舒润泡沫洁面乳	第三名
面膜	屈臣氏燕窝沁白臻颜面膜	第一名
乳、霜	白金舒润水凝乳液	第一名
爽肤水	白金舒润水凝啫喱	第一名
面部修护	白金水凝修护精华乳	第一名
眼部精华	屈臣氏骨胶原紧致眼部走珠精华露	第一名
唇部护理	SKIN Simple保湿舒护唇膏	第四名
眼膜	屈臣氏眼部丝炫水润眼膜	第一名

可以看出，屈臣氏的护肤品和防晒表现不俗，这其实也是屈臣氏自有品牌大面积重点陈列的两大品类。

秘密7：自有品牌和名品挨着放

我们走访中发现，作为屈臣氏自有品牌中的当家花旦，屈臣氏给出了足足3/4个中岛来陈列自有的护肤品牌；面膜品类中，自有品牌面膜则占了面膜陈列面积的1/5。

除了大面积陈列，自有品牌商品和知名品牌挨着摆放也是陈列的一大法则。通常，挨着放的两样产品价格和包装都有极高的相似度，很容易让消费者在冲动下产生购买行为。

秘密8：自有品牌来自哪些代工厂

即使屈臣氏出了不少自有品牌，但它也并未建立自己的工厂，自有品牌都是找代工厂生产的。屈臣氏的代工厂众多，我们挑选了其中的7家为大家介绍：

屈臣氏自有品牌代工厂	
佛山万盈	屈臣氏骨胶原系列的研发代工商，屈臣氏金牌供应商，全球战略合作伙伴，总部设在广东省佛山市。
中山诺斯贝尔	屈臣氏天丝系列面膜和其他部分护肤产品的研发代工商，是天丝纤维提供商奥地利兰精集团在中国的独家合作伙伴，同时也是众多国内外大型企业的代工商。
深圳绵俪日用化工	屈臣氏燕窝系列主要研发代工厂，据其官网介绍，每天最高可生产半成品20吨，面膜40万片。同时是华润万家、莎莎、万宁等零售连锁的代工供应商。
广州花安堂	成立于2011年，属于屈臣氏OEM供应商中相对年轻的工厂，是屈臣氏橄榄系列（护肤）、SKIN Advanced、SKIN Simple和屈臣氏男士等产品的主要代工商。
珠海神采生物科技	屈臣氏骨胶原彩妆的主要代工商，是一家生产彩妆为主的企业，产品包括眼影、腮红、粉饼、口红、睫毛膏、指甲油等。
广东柏亚	屈臣氏橄榄系列中洗护发和身体护理类主要代工商。据其官网介绍，其代工尤其擅长个人护理品，与欧莱雅等企业有技术合作。同时是沃尔玛、家乐福等KA自有产品的代工商。
惠州澳宝	创立于1994年的澳宝化妆品（惠州）有限公司，是屈臣氏最早，也是最大的供应商之一，主要方向则是澳宝享誉业内的洗发、护发产品。

秘密9：自有品牌紧跟潮流走

屈臣氏要生产什么产品消费者才会买账？很显然，卖当下最流行的产品就好。

应季产品当然不容忽视，在夏天，Watsons品牌的驱蚊产品和止汗产品已经大面积上架。

而对于其他品类，屈臣氏市场部相关负责人曾透露，屈臣氏会根据市场调研来获取前10位热销产品的信息，并研发自有品牌商品。有些产品，如纸巾等，是简单复制，直接贴牌生产，而一些门槛较高的品类，比如滋补燕窝、彩妆品等，屈臣氏则会通过海外研发中心做适当开发，再贴牌生产。不仅如此，有报道表明，屈臣氏也特别建立了“模拟店铺”，用于了解各分店的销售趋势和顾客需求，确定发展的产品种类。

这包括统计出店铺内每月最热销的代理品牌商品，然后复制出与该热销代理商品近似的自有产品。也包括满足消费者的特定需求，推出具有特色的独家产品。比如，屈臣氏针对不少女性消费者在穿高跟鞋容易被磨脚的问题所困扰，而开发出脚掌贴、脚后跟贴，尽管这些小物件在很多人眼里微不足道，但在业界打出了名气。

秘密10：离不开美容顾问的卖力销售

屈臣氏自有品牌能成为屈臣氏系统内的第一大品牌，必然和美容顾问卖力销售分不开。当我们走进屈臣氏的护肤中岛，第一个热情迎上来的就是屈臣氏自己的美容顾问。

咋知道是屈臣氏的美容顾问？废话，因为她大力推荐自有品牌产品啊！在我们走访的近10家屈臣氏中，几乎所有的美容顾问都强烈推荐正在大促的白金钻石系列水乳，除了试用，美容顾问还会详细地向你介绍各产品中的核心成分及其作用，专业知识水平足够。

不过，如果离开护肤区，屈臣氏的美容顾问就不会再热情介绍了。看来屈臣氏除了护肤品类，洗护和其他品牌还是以自选为主。

说了这么多，各位或许对自有品牌怎么卖心里有数了。不过，研发自有品牌的前提还是店铺的发展要好，对于洗护和面膜怎么卖还有疑惑的，请您不妨往前翻翻屈臣氏相关文章，或许能找到答案。

（资料来源：《化妆品观察》，作者：徐玉婷）

讨论题：

屈臣氏是如何发展自有品牌的？

延伸案例：

1. 西尔斯的自有品牌；
2. 7-11 的品类管理；
3. 阿尔迪的折扣店。

思考题

1. 如何对零售商商品进行分类？
2. 简述零售商品结构及其影响因素。
3. 如何优化零售商品结构？
4. 什么是 20—80 原则？如何进行 20 商品的管理？
5. 零售企业怎样淘汰滞销商品？
6. 零售企业为什么要开发自有品牌商品？如何开发自有品牌商品？

第八章　零售店铺布局与商品陈列

本章学习要点

1. 商店布局的方法；
2. 商品陈列的原则及方法；
3. 橱窗陈列的构思与效果。

关键术语

商店布局　商品陈列　橱窗陈列

零售店铺设计主要是卖场布局和陈列，是指企业为了最大限度地便利顾客购买，运用一定的方法陈列商品、展示商品，利用有限的资源规划和实施场地总体布局，创造理想购物空间的工作。合理的商品陈列可以起到刺激销售、方便购买、节约场地、美化环境、提升形象等方面的作用。

第一节　商店布局

一、店面布局

商店布局应当引导顾客走过商店大部分的地方，并引发额外的购买，以增加购买量。使顾客置身于便利的商品布局中，由商店将多方位、更直观的产品展示给顾客，以缩短挑选时间，加速交易过程。此外，商店布局应在给予顾客足够的空间购物与运用有限珍贵的空间放置更多的商品之间取得平衡性。

一个良好的商店应该满足以下四个方面的基本要求：

(1)安全性。商店门前的人行道与车行道是否隔开；顾客在商店门前观看橱窗是否危险；店内通道是否宽敞；地板是否太滑；陈列的商品是否会倒下来等。

(2)方便性。是否面临大街；是否靠近公共汽车站；店前有无存放车辆的地方；店内有无公共卫生设施与公用电话；顾客是否可在店内一次买完所需商品。

(3)舒适性。店内是否有冷热空调；是否有自动扶梯；店内的空气是否保持流通和新鲜；店铺前是否有拱廊，能在雨天和夏日供行人边走边观赏橱窗；店内是否有椅子供顾客休息；是否有冷饮和咖啡供应。

(4)愉快性。商店橱窗是否引人入胜，内部装修是否富丽堂皇，色彩是否鲜艳；店内灯光是否柔和明亮，广播是否悦耳；店铺内外是否有花坛、喷水池点缀，是否有供儿童玩乐的玩具等。另外，气味也是影响顾客情绪的重要因素，如化妆品柜台的浓郁香味能给顾客留下好感。

目前，店面布局主要有三种类型：格子式布局、岛屿式布局、自由流动式布局。

(一)格子式布局

这是传统的店面布局形式。超市卖场一般呈格子式布局。格子式布局是指商品陈列货架与顾客通道都呈长方形状分段安排，而且主通道与副通道各保持一致，所有货架相互成平行或直角排列。这种布局在国外或国内超级市场中常可以看到。当购物者在走道上推着购物车，转弯就可以走到另一条平行的走道上。这直直的走道和 90°的转弯，可以使顾客依同一方向有秩序地移动下去，犹如城市的车辆依道而行。

1. 格子式布局的优点

(1)创造一个井井有条且有效率的布局；

(2)走道依据客流量需要而设计，可充分利用销售空间；

(3)由于商品货架的规范化安置，顾客可轻易识别商品类别及分布特点，便于选购；

(4)易于采用标准化货架，可节省成本；

(5)有利于营业员与顾客的愉快合作，简化商品管理及安全保卫工作。

2. 格子式布局的缺点

(1)卖场氛围较为冷淡、单调；

(2)当较拥挤时，易使顾客产生被催促的不良感觉；

(3)室内装修方面创造力有限。

格子式布局可以根据卖场规模、卖场特点、顾客习惯而采取各种具体形式，图 8—1 是超级市场的一般布局。

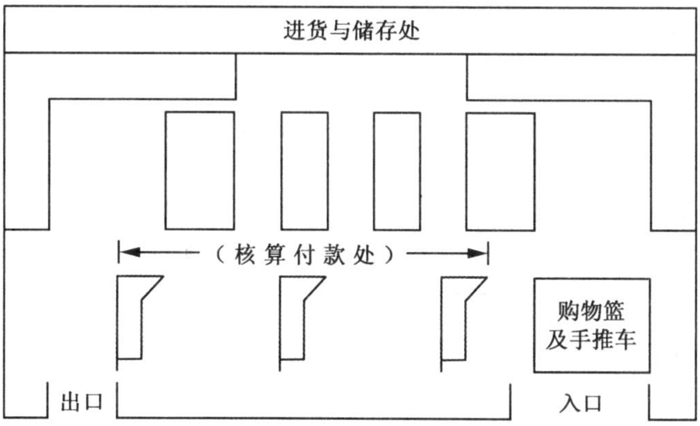

图 8—1　格子式布局的基本形式

（二）岛屿式布局

岛屿式布局是在营业场所中间布置成不相连的岛屿形式，在岛屿中间设置货架陈列商品。这种形式一般用于百货商店或专卖店，主要陈列体积较小的商品，有时也作为格子式布局的补充。

现在国内的百货商店正在不断改革经营手法，许多商家引入各种品牌的专卖店，形成“店中店”的形式，于是，岛屿式布局被改造成专业店布局形式而被广泛使用。这种布局是符合现代顾客需求的。专业商店布局可以按顾客“一次性购足”的心理设置。例如，在顾客买某一品牌的皮革、西装和领带时，以前需要逛几个柜台，现在采用岛屿式布局，则在一个专柜即可买齐。

1. 岛屿式布局的优点

(1)布局富有创意，采取不同形状的岛屿设计，可以装饰和美化营业场所；

(2)商场气氛活跃，能增加顾客的购物兴趣，并延长逗留时间；

(3)容易引起顾客冲动性购买；

(4)满足顾客对某一品牌商店的全方位需求，对品牌供应商具有较强的吸引力。

2. 岛屿式布局的缺点

(1)布局过于变化会造成顾客迷失，顾客会因无耐心寻找而放弃一些计划内购物；

(2)不利于最大限度地利用营业面积；

(3)现场用人较多，不便于柜组营业员的互相协作；

(4)货架不规范，货架成本较高。

岛屿式布局要依靠相互关联的商品，给顾客购买带来方便，在一个地方就能满足顾客的购买要求。图 8—2 是岛屿式布局的一种基本形式。

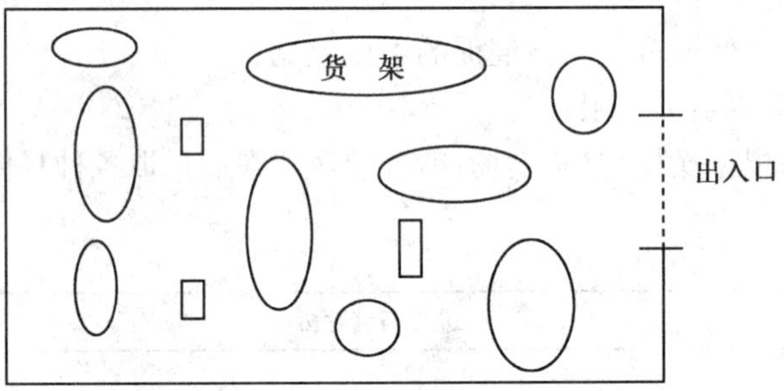

图 8—2 岛屿式布局的基本形式

（三）自由流动式布局

自由流动式布局是以方便顾客为出发点，试图把商品既有变化又较有秩序地展示在顾客面前。这种布局综合了上两种布局的优点，根据商场具体地形和商品特点，有时采用格子形式，有时采用岛屿形式，是一种顾客通道呈不规则路线分布的布局。

1. 自由流动式布局的优点

(1)货位布局比较灵活多变，顾客可以随意穿行各个货架或柜台；

(2)卖场气氛较为融洽，可促使顾客产生冲动性购买；

(3)便于顾客自由浏览，不会产生急切感，增加顾客的滞留时间和购物机会。

2. 自由流动式布局的缺点

(1)顾客拥挤在某一柜台,不利于分散客流;
(2)不能充分利用卖场,浪费场地面积;
(3)这种布局方便了顾客,但对商店的管理要求却很高,尤其要注意商品安全的问题。
图 8—3 是自由流动式布局的基本形式。

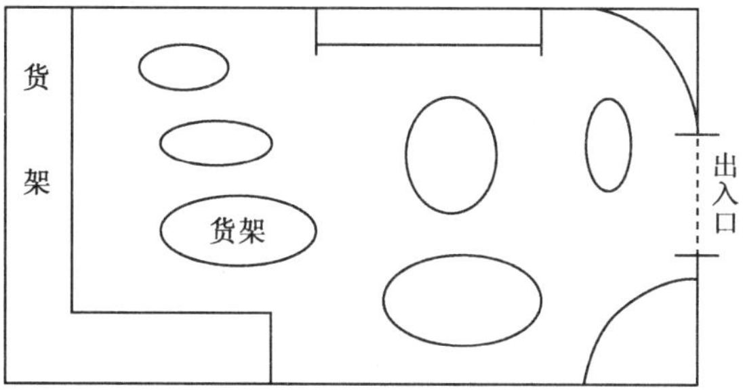

图 8—3　自由流动式布局的基本形式

二、色彩的运用

色彩在现代商业中起着传达信息、烘托气氛的作用。通过色彩设计可以创造一个亲切、和谐、鲜明、舒适的购物环境。在商店内部环境设计中,色彩可以用于创造特定的气氛,它既可以帮助顾客认识商店形象,也能使顾客阐述良好的记忆和深刻的心理感觉。不同的环境色彩能引起顾客产生不同的联想和不同的心理感受,激发人们潜在的消费欲望;同时,还可以使顾客产生即时的视觉震撼。

颜色具有如此的奥妙,不同的颜色会给人不同的感觉,因为颜色本身就具有感觉色彩。表 8—1 列出了不同颜色代表的不同含义,供参考。

表 8—1　颜色及含义表

颜色名称	具有的色彩感觉
红色	激情,喜庆,跳跃,兴奋,欢乐,热,性感,幸福,吉祥,活跃
橙色	激奋的色彩,具有轻快、欢欣、热烈、温馨、甜蜜、时尚的效果
黄色	阳光,温暖,快乐,希望,智慧,高贵,力量,震撼,光辉,知识,具有激励、增强活力的作用
绿色	生机,朝气,生命,清爽,清凉,酸涩,清新,活力,舒服,安逸,复苏,生长,变化,天真,平静。介于冷暖色彩的中间,给人和睦、宁静、健康、安全的感觉
紫色	优雅,高贵,魅力,自傲
粉色	年轻,明朗,给人感觉温柔可爱
灰色	中庸,平凡,朴素,温和,谦让,中立和高雅的感觉。消极一面:使人意志消沉,缺少斗志
黑色	冷色调:沉重,浓重,深沉,神秘,寂静,坚实,严肃,刚健
白色	神圣,圣洁,高贵、优雅,干净,轻快,明快,纯真,清洁,纯洁,纯真,活力
棕色	诚实,平凡,稳定,可靠,信赖
蓝色	冷色调:辽阔,永恒,沉静,平静,清凉,深远,广阔,冷静和沉静,幽雅,深邃,神秘,博大,深沉,理智,它和白色混合,能体现柔顺、淡雅、浪漫的气氛

人们对色彩的感觉来自于物理的、生理的、心理等方面。由于人类从火和太阳那里获取温暖，自然就形成了一种直觉的心理反应，红色给人以温暖的感觉；色彩的冷暖是最基本的心理感觉，暖色如红、橙、黄等，冷色如绿、蓝、紫等。暖色是前进的颜色，给人柔和、温暖的感觉，一般可作为点缀或局部主调；冷色是后退的颜色，给人清凉、冰冷的感觉，一般可作为背景色彩。

麦当劳快餐厅的内部环境设计就是以暖色为主，它能创造出温暖、活跃、热烈的心理感受，这主要是基于吸引快餐店的主要顾客——儿童、青少年而考虑的。美国一家无人售货商店发现肉类的销售量下降了，经过调查发现，店里新安装了一扇蓝色的窗子，蓝色使消费者对肉类感到反胃。因此，商店在色彩的运用中，要考虑“适时”“适品”“适所”“适人”的原则。

总之，色彩的选择和搭配是一门艺术，商家必须学会利用色彩的原理，制造出吸引顾客的效果，用不同的色彩特点体现商店的面貌和风格，根据色彩对比的原理，使每个售货区域都有变化，吸引顾客在多个售货区域停留、比较、增加购物的可能。

三、照明灯光

灯光照明是对商场的“软包装”，也可以向顾客传递信息。商场内明亮柔和的照明，可以准确地传达商品信息，消除陈列商品的阴影，展现商品魅力，美化环境；同时，还可引导顾客入店，便于顾客选购商品，缩短选购时间，增进效率，加速周转。所以，照明是营造商场气氛的一种经济有效的装饰手段。

（一）基本照明

这是为了使整个商店各个部分能获得基本的亮度而进行的照明，也是商场最重要的照明。由于许多商场是向消费者提供家居日常用品，且采用消费者自选方式，为了使消费者能看清商品的外观及标价，商店的基本照明的要求就是明亮。只有灯光够亮，才能吸引顾客。店内照明度不一定平均分配，一般在出入口、主要通道以及营业场所最里面的地方，照明度要有所增强。出入口的照明主要为了达到吸引一般过往行人的注意，诱导他们进入店内；营业场所最里面的照明是为了把入店的顾客进一步诱导到商店的深处，使他在行走过程中产生冲动购买，这几个关键地方的照明应保持高瓦数照明。此外，灯光在天花板上的排列走向十分重要，应与货架保持一致，呈自然走向，这样才能最大范围地照亮商品，消除阴影。

（二）特殊照明

这是为了突出某一特定商品而设置的照明，多采用聚光灯、探照灯等照明设备。特殊照明是为了突出现实商品，因而要考虑如何吸引顾客注意力，与商品色彩协调烘托。一般来说，白光易展示商品本色；色光易调节视觉的丰富感。灯光的近效果，使顾客观看清晰，易展示商品的品质；灯光的远效果，易于引起视觉的注意，渲染商品外形美。在百货商店或专卖店，以聚光光束强调珠宝玉器、金银首饰、美术工艺品、手表等贵重精密商品的耀眼，不仅有助于消费者观看欣赏、选择比较，还可以显示出商品的珠光宝气，给消费者以强烈的高贵稀有的感觉。而在超级市场，特殊照明主要用于生鲜食品，尤其是瓜果蔬菜和鲜花等，在柔和的有色灯光照明下，既能起到装饰作用，又能让顾客产生丰富的联想，爱不释手。

（三）装饰照明

装饰照明对商店光线没有实质性的作用，主要是为了美化环境、渲染购物气氛而设置的，多采用彩灯、壁灯、吊灯、落地灯和霓虹灯等照明设备。一般大型百货商店多使用装饰照明来现实其富丽堂皇，而超级市场如果规模不大，应注重简洁明快，但若在节假日点缀一下，或在门面上设置CI标志特殊的霓虹灯广告牌，也能以其鲜明强烈的光亮及色彩给人留下深刻印象。

不论是经营何种商品的商店，照明一定要明亮、清晰，要保证让顾客看清楚商品，看清楚店内的通道。现在有一些比较前卫的商店一味追求个性色彩，把商店的光线和色彩搞得昏昏暗暗，以为这样可以与众不同。其实不然，顾客真正感兴趣的是商品，商店的形象是为销售商品服务，通过商店的形象加深顾客的印象，吸引他们进入商店，但最终决定顾客购买的还是商品。

四、音乐与气味

（一）音乐

在古代，人们以"击鼓前进、鸣金收兵"号令军队；在现代，人们用音乐来治疗疾病，消除不安和恐惧感，这些都是以声音作用于人的心理所产生的某种效果。而在商店里，利用声音刺激消费者的购买欲望就更加普遍了。

音乐的确可以起到促销、减轻销售人员的疲劳、调节工作节奏以及缓解噪声的作用，利用背景音乐营造出令人愉快的氛围。在零售店的空间中，可采用"背景音乐"，用舒适的音乐和频率冲淡些噪声。同时，根据音乐的音响、和声、旋律作为一种信号，能刺激大脑的神经细胞，使人随之兴奋，或抑制，或激昂。音乐可以以更为直接的方式控制顾客行为。与节奏快的音乐相比，舒缓的音乐可以使顾客移动得更加缓慢，从而促使顾客浏览商品；而节奏快的音乐则可以用来加快这一过程。在购买高峰时，播放一些奔放的音乐，以加快消费者流动；在购买低峰时，播放一些舒缓的轻音乐，以留住消费者的脚步；晚上，当商店快关门时，就播放快节奏的摇滚乐，促使顾客早点离开；如果一家零售店在入口处经常有悦耳的音乐，门外的顾客会鱼贯地进入店内。

对不同的零售空间，应该选播不同情绪色彩的音乐，以助于表现其特性，如书店宜高雅、服装店宜轻松、儿童用品店宜活泼、家具店宜温馨等。

（二）气味

气味也能够起到很重要的作用，宜人的气味通常对人体有积极的影响。空气污浊有异味的商店顾客不会久留，无味的商店也会使顾客情绪疲软，而在清新如野、令人心旷神怡的环境购物，则使顾客得到美的享受。商店内部如能根据所经营的商品特征适宜地散发一些宜人的气味，能使顾客在购买活动中精神爽快、心情舒畅。因此，气味也是店内刺激中不可缺少的一味"添加剂"。

人们曾经对纽约的两家超市进行过一个试验，一家超市空气中弥漫着柠檬与薄荷的芳香，而另一家却没有。得到的顾客反映是：第一家商店比第二家更友好、更高级，管理也更好。法国著名香水零售商丝芙兰曾意识到从不同层次上提供感官体验的必要性，他在自己位于巴黎的商店成立"香水场"。这家商店事实上是要设计产生一种朦胧如梦般的氛围。美国国际香料公司将各种人工香料装在精美的罐子里用来销售。根据定时设置，香料罐子每隔一段时间会将香味喷在零售店内，以引诱顾客上门，实验结果表明这种方法效果奇佳。因此，这种喷香味的罐子在美国的销路非常好，许多零售店经营者用它们来吸引顾客、留住顾客。

商店中的气味大多与商品相关，特别是在专业店中更为突出。良好的气味，会引起顾客购买这些商品的欲望。有些商店现场制作食品能收到很好的销售效果，如烤新鲜面包、烤鸡等，这些气味对增进人们的愉快心情是有帮助的。花店中的花香气味、皮革店中的皮革气味、茶叶店中的清香气味等，均是与这些商品协调的，对促进顾客的购买有帮助。在现实生活中，许多顾客是从商店中散发的气味来判断其商品的质量状况。比如，在水果店中，水果的清香气味，可使顾客认定水果是新鲜的；如果散发出"霉味"，就说明水果不新鲜或已开始霉烂变质。

在商店中，化妆品的香味，蛋糕食品的香味，糖果、巧克力的诱人味道都能对顾客产生积极的影响。商品与其气味的协调，对刺激顾客购买有积极的作用。气味有正面影响也有负面影响。不良气味会使人反感，有驱逐顾客的副作用；令人不快的气味，包括有霉味的地毯、抽烟散发的烟味以及燃料味、油漆的气味、洗手间的气味等，这些味道不仅刺鼻而且刺眼，使顾客感到极不舒服。

第二节　商品陈列

一、商品陈列方式

店内的商品陈列能向消费者提供商品信息，增添商品气氛，并发挥很大的推销宣传作用。合理的商店空间配置、独到的商品货位布局可以创造舒适的购物环境，能够诱导顾客增加购买数量，提高顾客对于商店的认同感。有人调查发现，进店的顾客中有87%的人是由于受商品陈列的影响购买的，可见商品陈列的重要性。下面介绍一些常用的商品陈列方法。

（一）分类陈列

这是指根据商品质量、性能、档次、特点或消费对象分门别类地展示陈列，也称花色品种陈列法。例如，电器商品按电冰箱、洗衣机、彩电、电脑等大件商品以及电饭锅、微波炉、DVD机等小型电器分类展示；化妆品按价格档次从低到高分类排列；食品按糕点、饼干、面包等分类排列；水果按品种排列展示等。分类陈列利于消费者在不同的花色、质量、价格之间比较挑选。分类陈列最适合周转快的商品，是超市中最常用的使用范围最广的陈列方法。

分类陈列方法又分为两类：一类是敞开的花色品种；另一类是封闭的花色品种。零售商如采用敞开陈列花色品种的方法，就鼓励顾客对一些商品摸一摸和试一试，如对皮夹、杂志等商品就采用这种陈列方法。如采用封闭式陈列方法，只鼓励顾客看各种商品，但是不许碰它、不许试它。衬衫、游戏器具等，都是预先包装好的商品，购买之前不许顾客拆开。

（二）主题陈列

主题陈列又叫专题陈列或背景陈列，是将待售商品布置在主题环境或背景之中。一个主题能使零售商营造一种独特的气氛或情绪。有的百货商店每年都在店内重新布置一次外国风光展示，有些商店让雇员们穿上适应特定场合的服装。可让商店的全部或部分陈列来适应一个主题，如春节、情人节、圣诞节等；集中陈列适销各种连带性商品，或者在一个特定的场地陈列展示某些系列商品。例如，开学时陈列学生学习用品；中秋节即将来临之时，辟出专门场地集中陈列水果、月饼、节日礼品等；精品时装店集中陈列新潮应市时装；奥运会、亚运会期间集中陈列有运动会标志的产品等。每个主题，都是为了吸引顾客的注意力，使选购活动变成轻松愉快的事，而不是日常琐事。

（三）整体陈列法

这种方法不是将全部商品分门别类地进行编组和陈列（如鞋子部、袜子部、裤子部、衬衫部、运动休闲部等），而是将它们完整地按套陈列出来。一个时装模特儿穿上了配合得十分协调的袜子、鞋子、裤子、衬衫和运动衣，而且这些商品都在一个商品部内容易买到。把使用上有连带作用的商品尽可能靠近陈列，这样既能方便顾客配套购买，也能增加商品的销售量。

（四）挂物架陈列法

挂物架陈列法为服装商店、家居用品商店及其他商店所大量采用。这些挂物都有一个基本用途，就是将商品整齐地悬挂或展示出来。零售商能采用可滑动、可拆开、可收缩、很美观的挂物架来陈列商品。体积较大、比较沉重、非挂物架所能支撑的商品，则用框架陈列。目前工厂生产的许多商品采用这种悬挂式陈列的有孔型包装，如糖果、剃须刀、铅笔、玩具、小五金工具、头饰、袜子、电池等，使得商品产生很好的立体感。

（五）开箱陈列法

开箱陈列法是一种节省费用的陈列方法，即将商品留在原来的纸板箱内陈列，超级市场和折扣商店经常开箱陈列商品。利用开箱陈列法不会形成热烈的气氛；商店把廉价服装、打折鞋子等放在堆存箱内陈列出来，也不会形成热烈的气氛。堆存箱里装的商品都是未包装的商品。开箱陈列与利用堆存箱的优点是能降低陈列费用，树立低价的形象。开箱陈列法可把非透明包装商品（如整箱的饮料、啤酒等）的包装箱的上部切除（可用斜切式），将包装箱的底部作为商品陈列的托盘，以显示商品包装的促销效果。

（六）按季节商品陈列

按季节商品陈列，即根据气候、季节的变化，把应季商品集中在一起进行陈列。例如，春末夏初，将游泳用品集中陈列；初冬时节将冰上滑雪用品集中陈列。这种陈列形式适应消费者对季节商品的应季购买的习惯，有利于扩大销售。

（七）按品牌陈列

按品牌陈列，根据商品不同的品牌予以陈列展示，如饮料、小食品、服装、旅游鞋、箱包等；按不同品牌排列以突出特定品牌，尤其是名优品牌、老字号品牌，可吸引顾客注意。

（八）岛式陈列法

在商场的进口处、中部或者底部不设置中央陈列架，而配置特殊陈列用的展台，这种陈列方法叫做岛式陈列法。岛式陈列很容易吸引顾客。

（九）端头陈列法

端头陈列法是超级市场采用的陈列方法。端头一般用来陈列特价品，或要推荐给顾客的新商品，以及利润高的商品。端头陈列有很好的销售效果。

各种各样的陈列法，包括开箱陈列法与堆存箱陈列，都可利用招贴画、指示牌和卡片装饰。这些工具将店内商品位置的有关信息提供给顾客，刺激顾客选购。墙壁装饰对主题陈列法与整体陈列法特别有用处。

二、商品陈列的基本原则

商品陈列的目标是吸引顾客，使其成为实际的购买者。销售现场的商品陈列，应满足消费者全方位的心理要求，才能取得陈列展示的心理效应和经济效益。商品陈列要符合以下基本原则：

（一）容易判别原则

大型商场有几千上万种商品，使顾客能很容易地判别出什么商品在什么地方，这是任何一个商场按商品的部门、类别而实施的商品配置工作中要解决的问题。使顾客容易判别陈列商品的所在地，商场必须公布商品配置的分布图和商品指标牌。同时，所有的通道、陈列品和商品都必须有明确的标记，以便让顾客准确地找到商品陈列的位置。对各个指标牌的制作可以采取不同的颜色，这将会让顾客产生强烈的感官印象。

(二)醒目的原则

商品陈列的目的在于吸引顾客观看,因此商品陈列要尽可能做到醒目,容易被顾客看见。商品摆放位置应恰当、色彩对比鲜明、新颖奇特、错落有致,显示特色,给人以美感。如用模型或装饰物加以陪衬和烘托,更能引起顾客的注意。

商品在货架上的醒目,是销售达成的首要条件。商品陈列醒目的原则要达到两个目的:一是在让卖场内所有的商品都让顾客看清楚的同时,还必须让顾客对所有看清楚的商品做出购买与否的判断;二是要让顾客感到需要购买某些预定购买计划之外的商品,即激发其冲动型购物的心理。

要做到商品陈列使顾客醒目,要做到三条:一是贴有价格标签的商品正面要面向顾客。在使用了 POS 系统的超级市场中,一般都不直接在商品上打贴各种标签,所以必须要做好该商品价格牌的准确制作和位置的摆放。二是每一种商品不能被其他商品挡住视线。三是货架下层不易看清的陈列商品,可以倾斜式陈列。

(三)伸手可取的原则

商品陈列还必须能使顾客自由方便地拿到手。放在高处的商品顾客即使费了很大的劲拿了下来,如不满意,很难再放回原处,影响顾客的购物兴致。通常将儿童用品摆在最下层,妇女用品摆在中间层,而男子用品可陈列得略高些。体积大、分量重的商品一般放在货架下部;而体积小、分量轻的商品一般放在货架上部,既方便放,又避免头重脚轻造成顾客视觉上的不舒服。在超级市场陈列的商品,不能将带有盖子的箱子陈列在货架上(仓储式销售货架除外),因为顾客要打开盖子才能拿到放在箱子里的商品,这样对顾客十分不方便。另外,对一些挑选性强、又易脏手的商品如分割的鲜肉、鲜鱼等,应该有一个简单的前包装或配有简单的拿取工具,方便顾客挑选。要使得顾客顺手可取到商品,最重要的是要注意商品陈列的高度,同时要做到陈列的商品与上隔板保持一定的间距。货架上商品的陈列要放满,但不是说不留一点空隙,如不留一点空隙,消费者在挑选商品时就会感到不方便。应该在陈列商品时,与上隔板之间留有3～5 厘米的空隙,让顾客手容易进入。

(四)满陈列的原则

合理地利用货架空间资源,提高资源配置效率,丰富的商品陈列能刺激顾客的购买欲望。如果货架上的商品少,很容易被顾客感觉是别人挑剩的,从而失去挑选兴趣。陈列的商品摆放整齐有序,色彩搭配协调和谐,能使顾客感到商品丰富、品种齐全、数量充足、挑选方便。在商品的货架、货柜背面装有镜面玻璃,能使人感到商品更丰富。

(五)先进先出原则

当商品第一次在货架上陈列后,随着商品不断地被销售出去,就要进行商品的补充陈列,补充陈列的商品就要依照先进先出的原则来进行。其陈列方法就是先把原有的商品取出来,然后放入补充的新商品,再在该商品前面陈列原有的商品。

(六)关联性的原则

许多关联性商品往往是按照商品的类别来进行陈列的,也就是在一个中央双面陈列货架的两侧来陈列相关联的商品,但这种陈列法往往是错误的。因为顾客常常是依货架的陈列方向行走并挑选商品的,很少回头再选购商品。所以关联性商品,应陈列在通道的两侧,或陈列在同一通道、同一方向、同一侧的不同组货架上,而不应陈列在同一组双面货架的两侧。

(七)同类商品垂直陈列的原则

同类商品垂直陈列有两个好处:一是使得同类商品呈一个直线式的系列,体现商品的丰富感，会起到很强的促销效果，可以避免横向陈列带来的顾客在挑选同类商品的不同品种时的不方便的缺陷；二是同类商品垂直陈列会使得同类商品平均享受到货架上各个不同段位（上段、黄金段、中段、下段）的销售利益，而不至于产生由于横向陈列带来的要么销售很好、要么很差的现象。

第三节　橱窗陈列

一、橱窗展示的效果

橱窗陈列是零售商店气氛营造的重要方面之一，对吸引消费者有很大的作用。消费者到哪个商店购买往往在事先是不确定的，商店的橱窗就成为“拉客”的首要手段。商店的经营者必须在顾客经过本门店前短短的几秒钟时间里，使自己的店铺对顾客产生吸引力，商店的橱窗要按照消费者的心理变化过程，引起他们的注意，提高他们的兴趣，激起他们的联想，满足他们的欲望，使他们能够在几秒钟内决定进入该店。橱窗陈列为两大目标服务：一为识别商店及其货色；二为吸引顾客进店。橱窗显示出商店的多种多样的信息。首先，橱窗陈列漂亮常常会给消费者留下良好印象。其次，橱窗内的商品陈列要有季节感与时代感，给人以亲切的感觉。再次，要有一些特别吸引人的商品，如特价商品、新产品等。橱窗陈列的讲究很多，要根据具体情况而设计。

为了布置出精彩的橱窗，有必要进行周密的设计。越来越多的大商店都聘用专家来适当地设置陈列橱窗。关于橱窗的决策包括数目、规模、形状、色彩、主题和每年的变化。

商店橱窗展示是以商店为主体，通过布景、道具和装饰画面的背景衬托，并配合灯光、色彩和文字说明，进行商品介绍和商品展示的综合形式。橱窗既是一种重要的广告形式，也是装饰商品店面的重要手段。它是商店的窗口，是商店的眼睛，也是无声的售货员。一个构思新颖、主题鲜明、风格独特、手法脱俗、装饰美观、色调和谐的商品橱窗，不仅起到美化商店和市容的作用，还能向消费者推荐、介绍店内商品。

橱窗作为商店外观的组成部分，对消费者获得商店的形象、增强对商品的信息、决定购买行为起着很大的影响作用。商店橱窗的设计应根据消费者的各种心理要求，以引得消费者的喜爱，激发购买欲望，促进购买为设计的最大目标。在深入研究商品特征、市场动态、消费习惯和审美趋势的基础上，进行橱窗各方面的设计构思和布置，使橱窗整体中每一部分的实际效果都能给消费者形成影响。

二、橱窗设计的构思

（一）主题型构思

突出一个明确的耐人寻味的陈列主题。如果将一个富有时代感和生活气息浓厚并广为消费者喜爱的主题寓于橱窗内展示的商品中，则能使消费者在观赏之余联想到美妙愉快的意境，从而满足精神上的需要，并留下深刻的印象，迅速接受和认同它。

（二）现代派构思

通过抽象的图形、线条等各种信号的刺激把消费者带入一个新奇神秘的店堂，不仅能引起他们对本商店的仰慕追求，而且还能体现本店卓越追求、清晰脱俗的风格。

（三）寓意型构思

寓意型构思给顾客的第一印象与橱窗无关，甚至往往给人以莫名其妙的感觉，但只要细加品味、推敲便会发现橱窗主题巧妙地寓意于形象设计之中，使人恍然大悟，从而内心中产生与商店的共鸣，当然会更加关注该商店的商品。

（四）情节型构思

把商品放在一个有简单情节的故事场景中进行展示。其特点是带给顾客一种家的温馨、舒适，这无疑会吸引大都市中忙于奔波的上班族和远离亲朋在外工作、学习的消费者。

（五）意境型构思

以景抒情，激发消费者联想。橱窗设计要强烈地吸引消费者，帮助消费者对橱窗主体的感受留下较深的印象，可用以景抒情的艺术手法去体现主题，对陈列内容进行间接的描绘和渲染，使橱窗陈列具有耐人寻味的形象，能使观赏者从寓意含蓄的艺术构思中，联想到美好愉快的意境。

三、橱窗设计的要求

（一）突出经营重点，展示主营商品及特色

橱窗设计目标是向目标顾客传递商店经营特色、经营范围，让消费者一目了然，易于识别商店，达到招徕生意、吸引目标顾客入店购物的目的。因此，选择的商品应是商店的主营商品，并将商品的主要特征清晰地展示给消费者，使消费者自如地观察商品的外观，了解商品的性能、用途、使用方法。一般橱窗选择的商品通常是流行性的商品、新上市的商品、反映经营特色的商品、适时应季的商品、新颖美观的商品、构造独特的商品、连锁性的商品和试销商品。其中最富有魅力的是新商品，能够引起消费者注意与观赏，并能启发和引导消费者的消费兴趣。

（二）充分显示商品的美，满足消费者的观赏需要

橱窗是一种天天与消费者见面的街头艺术，消费者观看商店橱窗的目的，大多数是为了欣赏、了解和评价橱窗的商品。所以，橱窗设计应以最佳的形式和角度来充分展示商品的美，使消费者在观赏中感到商品美的魅力，形成深刻的记忆，产生购买欲望。从便于消费者观赏的角度考虑，橱窗的设计有如下几个方面需要注意：

(1)光线、照明、色泽设计。橱窗的灯光照射，既要有足够的亮度，又不能刺眼，应当把灯光照在橱窗的主要部分或重点商品上，造成一种特别的气氛；还要注意灯光与商品颜色、橱窗背景色调的和谐，避免消费者对商品色泽的错视。

(2)商品的展示形式和摆放部位。例如，对纺织品和服装这类商品，可运用不同姿态的人体模型进行展示，巧妙地把商品的全貌，包括质地、式样、花色和色彩以及穿戴或使用舒适美观的实际效果，通过不同的角度与侧面展示出来。

(3)消费者观看商品的视线角度。商品要摆放在适应消费者视线的部位上。一般置于消费者的视平线最好，不宜放在离视平线较上或较下的部位。否则，过度的仰视或俯视，都会造成消费者观察商品的不清楚。

(4)商品的摆放位置。商品应置于橱窗中最中心的位置，使商品最易于被消费者发现和注意。

（三）全方位展现商品，使消费者了解商品性能

陈列商品还能让消费者了解商品的功能，使消费者不仅看到造型，还在浏览观赏中掌握商品用途和使用功能。比如，让电视机直接播放，使消费者了解这种电视机的画面效果。还可以

利用电子灯光技术不断变换文字或商品造型，借助道具、背景装饰、色彩灯光等进行艺术处理，制造视觉上的动感。动态的橱窗布置能收到良好的效果。

（四）紧跟潮流，橱窗展示要经常更新

橱窗展示要随季节、重大节日而经常更新。如果一家商店的橱窗陈列长期不变，顾客就会熟视无睹，久而久之觉得这家商店没有新意，没有新商品，是一家落伍的商店，会影响顾客光顾该店的动力。相反，经常变换橱窗展示，给顾客一种常来常新的感觉，顾客会认为这家商店总有新的东西，有一种愿意进入光顾的冲动。这样就提高了商店对顾客的吸引力，即使没有新产品的出售，因橱窗展示的变化，顾客也会有耳目一新的感觉。

本章小结

本章详述了商店设计布局应注意的各个方面。一个良好的商店布局有助于顾客搜寻和购买商品。商店布局类型有格子式布局、岛屿式布局和自由流动式布局。零售商店应当顺应顾客的感觉，抓住顾客的心是商店经营的中心环节。通过视觉来打动顾客，其效果是非常显著的。零售商店的橱窗是商品陈列宣传的重要方式。要特别注重商店的购物氛围和展示环境。

案例分析

宜家的盘算：商场布局为何那么“绕”

据伦敦大学学院建筑环境学虚拟现实中心主任阿兰·佩恩（Alan Penn）称，宜家的战略同一些郊区的购物中心类似，尽可能长时间地留住顾客。虽然，宜家商场内都有快捷通道，但顾客却很难找到出口，只能沿着内部设定好的通道去参观更多的商品。

据英国《每日邮报》报道，商店设计专家称，宜家“迷宫式”的商场布局是一种心理武器，在尽可能长时间留住顾客的同时，还从心理上迫使消费者进行冲动消费，购买更多的商品。

由于“迷宫式”的线路令顾客很难找到走过的路，因此顾客在看到称心的商品时，就会放进购物车里，以免错过后再也找不到了。大量冲动消费也随之而来，如灯泡、煲锅等一些原本不想买的东西。

巧妙的“迷宫”设计，加上物美价廉的商品，使得宜家 2010 年在 26 个国家（地区）的 283 家分店总共盈利 23 亿英镑（约 241 亿元人民币）。

但宜家否认其店内设计是故意迷惑顾客。据称，宜家的展厅旨在给顾客展示很多不同的室内布局，包括厨房、卧室、客厅等。一些顾客会花一天的时间在宜家，欣赏各种不同的布局。但宜家也欢迎提前在网上浏览过商品，有目的地来快速购物的顾客。

与宜家的迷宫式商场布局相比，国内一些商场百货招揽顾客的手段就显得有些“简单粗暴”了。

细心的女性逛商场时会发现，档次较高的大型商场布局非常相似，一楼是化妆品和奢侈品牌，二楼为男装，三楼和四楼为女装，五楼以上为儿童和家居用品。这种布局并非随意设置，而是暗藏“玄机”，甚至能主宰女性购物路线，引起女性消费欲望。

二楼均设为男装，三楼和四楼都为女装。为何女装楼层要在男装之上？女装品牌设置又

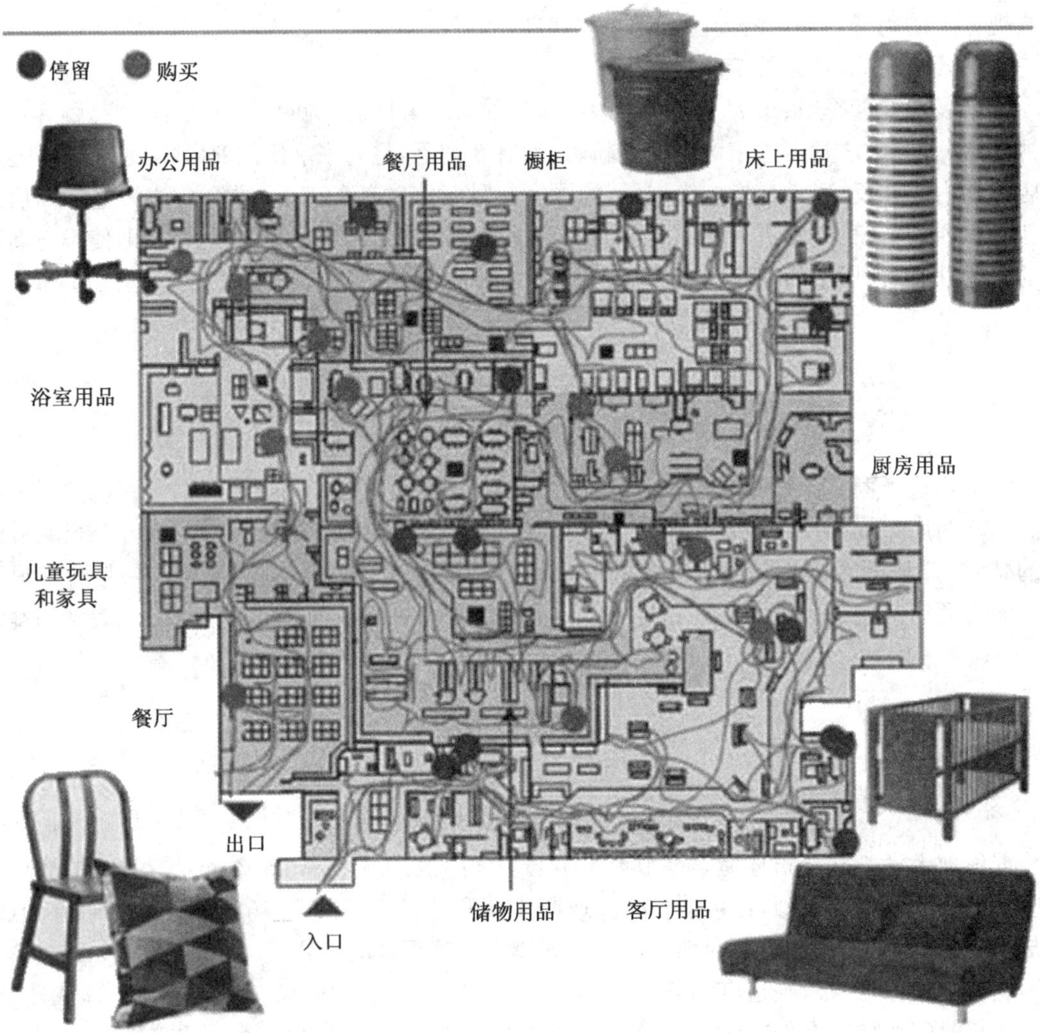

宜家迷宫式购物通道图

有什么样的讲究？因为女性给自己买衣服时，会路过二楼男装区，这时不少女性会想到给丈夫也买件衣服，就产生了连带消费。特别是给自己买完衣服的女性，下楼路过男装区，可能会产生“愧疚感”，顺便给丈夫买一件。另外，男性往往不喜欢逛商场，将男装设置楼层低些，可以给那些独自来逛商场的男性提供便利。

几乎在所有的大型商场，上行和下行的扶梯都是并排设置的，当顾客需要上行或下行时，都要围着楼层转一个大圈。李先生说，在绕圈子的途中，一定会有顾客停下脚步看看商品，或者再购买些计划以外的东西。同时，由于上下行楼梯并排，上楼的顾客会看到下楼顾客手里提的商品，无形中勾起他们的购物欲望。

（资料来源：中国时尚品牌网）

讨论题：

如何从商场实际出发，实现卖场布局生动化。

延伸案例：

气味图书馆

思考题

1. 格子式布局、岛屿式布局和自由流动式布局各有什么优缺点？各适用于何种商店？
2. 请留意你身边的商店，它们采用了哪些陈列技巧来展示商品，请举例说明。
3. 零售商进行橱窗展示时应注意哪些方面？

第九章　零售采购与配送

本章学习要点

1. 零售采购的业务流程；
2. 零售采购考核指标体系及采购策略；
3. 零售商品的配送。

关键术语

零售采购　零售配送

第一节　采购业务流程

采购业务流程是零售商从制定采购计划到商品入库并进行结案的一系列整合而系统的步骤。了解采购流程，有利于掌握零售商采购的每一个环节的工作，这些工作对零售商的采购控制而言是非常重要的。图 9—1 显示了零售商的商品采购流程。

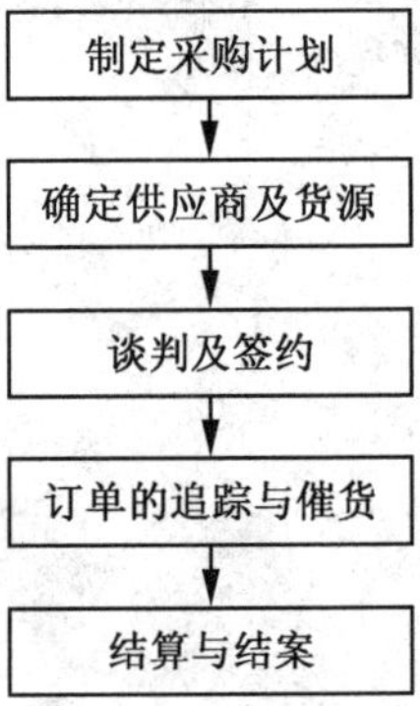

图 9—1　商品采购流程

一、制定采购计划

零售商在商品采购上需要对采购什么、采购多少、从哪里采购、什么时候采购等一系列问题进行抉择，并以此制定采购计划，以便加强采购管理。采购计划是企业经营计划中的重要组成部分，一般包括年度采购计划和月度采购计划，采购员在掌握年度采购计划的基础上根据月度计划执行采购任务。

采购计划的制定要细分到商品的小分类，对一些特别重要的商品甚至要落实到品牌商品的计划采购量。采购计划要细分到小分类，其意图就是控制好商品的结构，使之更符合目标顾客的需求。同时，采购计划的小分类细分也是对采购业务人员的业务活动给出了一个范围和制约。另外，如果把促销计划作为采购计划的一部分，那么，就要在与供应商签订年度采购合同之前，要求供应商提供下一年度的产品促销计划与方案，便于在制定促销计划时参考。在制定采购计划时也应要求供应商提供下一个年度新产品上市计划和上市促销方案，作为制定新产品开发计划的一部分。

在制定商品采购计划的过程中，关键是采购员要通过各种渠道收集顾客需求信息，以便采购适销对路的商品。通过研究目标市场的人口统计数据、生活方式和潜在购物计划，零售商就可以直接研究消费需求。如果零售商无法直接得到消费者数据，也可以通过其他途径。例如，向供应商征询有关资料，有些供应商会做出有关自己产品行业的消费需求预测和营销研究；零售商也可以通过人员销售直接与顾客打交道，了解顾客的需求动态；零售商还可以通过对竞争对手的调查研究、政府公布的行业经济发展数据、新闻机构的消费者调查，或者向有关商业咨询机构购买商业数据等方式收集和分析消费者需求信息，使采购计划建立在科学、充分的市场调查的基础上。

二、确定供应商及货源

零售企业受卖场面积和经营品种的限制，必须对希望进入连锁系统的众多供应商进行选择。设立供应商准入制度，目的是从一开始就筛选和淘汰不合格供应商，节约谈判时间。供应商准入制度一般由采购业务部制定，商品采购委员会审核，总经理签发后实施。

（一）零售商的进货来源

零售商的进货来源包括：制造商、当地批发商、外地批发商、代理商和经纪人、批发交易市场、附属加工企业等。

由于零售商的类型和规模不同，进货渠道也会有所不同。为确保进货及时畅通和商品品种、花色、式样的丰富多彩，零售商必须广开货源渠道。零售商最好建立固定的进货渠道和固定的购销业务关系，这样做，有利于互相信赖和支持。由于彼此了解情况，易于符合进货要求；可以减少人员采购，节约费用。在保持固定进货渠道的同时，零售商还要注意开辟新的进货渠道，以保持商品品种的多样化。

选择供应商是一个非常复杂的工作。美国西尔斯百货公司的全部供应商超过10 000家，还有更多的供应商纷纷要求进入，这给选择工作带来了一定的难度。为了从一开始就淘汰和筛选出不合格供应商，节约谈判时间、提高采购效率，零售商必须先建立一个供应商准入制度，设立一个选择标准，以对供应商进行资格审查。

（二）选择供应商的标准

选择供应商是采购流程中的重要环节，也是关键环节。因为供应商是企业外部影响企业运作最直接的因素，也是保证企业产品质量、价格、服务的关键因素。企业可以根据需求，在原有供应商中选择合作良好的厂商，通知其报价，或以登报公告、招标等方式公开征求。决定和某个供应商进行大量业务往来需要一系列合理的标准。采购方对供应商能否满足自己的质量、数量、交付、价格、服务目标等标准将支配决策结果。一般选择供应商应考虑以下几点：

1. 供应商的资信

首先是供应商的法人资格和法人能力审查，如果没有疑义，再调查供应商的信用情况，了解其资信和履约能力。零售商必须了解供应商以前是否准时收款发货、遵守交货期限以及履行采购合同的情况，以便同诚实、信用好的单位建立长期合作关系，稳定货源。

对供应商资格的要求包括供应商的资金实力、技术条件、生产能力等。这些条件是供应商供货能力的基础，也是将来履行供货合同的前提保证。这些基本的背景资料要求供应商提供，并可通过银行、咨询公司等中介机构加以核实。采购员应主动开发收集具有合作潜力的供应商的相关资料，并记录在供应商资料卡上。然后，根据资料卡内容及选择标准评定该供应商是否列为开发对象或合作对象。

2. 供应商的素质

(1)供应商企业的设备与技术力量、生产流程、组织与管理、员工的工作态度、企业的凝聚力等。

(2)供应商的历史记录、声誉等，是否给有知名度的零售企业供过货。

(3)供应商企业是否通过了国际质量体系认证、国际环境管理体系认证，或者是否达到了行业内的质量标准等。管理制度是否系统化、科学化，工作指导规范是否完备，执行的检查是否严格。

3. 供应商的服务

供应商的服务包括售前服务、售中服务和售后服务三种。售前服务是指为了宣传产品、推广业务进行的一些活动，包括向可能的采购企业定期发放宣传资料，介绍产品的品质、制造流程、价格、售后服务等，这是采购方了解供应商情况的渠道之一。售中服务是指直接发生在交货过程中的服务活动，包括向采购方快速、准确地提供所购商品的库存信息、预计的运送日期、订货周期稳定、可向采购方提供特殊货运等。售后服务是指在双方达成合作意向之后，供应商向采购方提供免费的安装调试、操作培训、维护修理、退货换货、更新换代等，有的也包括产品的运送等物流服务、技术难题的咨询服务等。服务越是细致周到，说明供应商企业越正规，对于采购方来说，也更方便、更放心。

4. 商品价格

供应商价格也是选择供应商的一个重要的指标。一般零售商在审核供应商价格前就应该对价格有一个预算，在审核时以此价格为依据。对于具体供应商，在选择时还要依据成本结构和当时的市场情况。成本结构是影响价格的内在因素，包括生产流程、原材料价格、劳动力价格、技术水平、设备折旧程度等。市场情况是指所采购货物的供求关系。采购人员要弄清供应商的定价方法，据此判断供应商定价的主要依据，然后对这个依据进行分析，借此评定供应商所提供的价格是否合理。

5. 其他因素

(1)供应商所处的位置是否交通便利，对于送货时间、运输成本、紧急订货反应速度等都有影响。比较不同供应商、不同地区的进货费用和进货成本，进行选择。

(2)供应商的生产规模及生产能力决定了其能否按时按量提供采购方所需的货物。尤其是在大型项目采购中，供应商的生产能力是一个需要准确了解的信息，这将决定采购方应该与几家供应商合作。

(3)供应商的订单反应系统、供应商的存货管理体制等决定了供应商对于采购方紧急需求及突发状况的反应能力。如一些大型零售企业，面对瞬息万变的市场，商品的供应很容易出现预料之外的情况，这就要求它的供应商们具有相应的应急能力。如果供应商建立了完善的订单反应系统，而且在存货管理中保持相应的存货，那么面对突如其来的订单变化就不会束手无策，从而保证企业的正常运转。

(三)确定商品要求

在供应商资格达到基本要求后，零售企业采购人员应将本方对具体供货要求的要点向供应商提出，初步询问供应商是否能够接受。若对方能够接受，方可准入，并且将这些要点作为双方进一步谈判的基础。这些要点主要包括：商品的质量和包装要求；商品的送货、配货和退货要求；商品的付款要求等。

无论选择什么样的货源，零售商在考虑采购的时候都需要有一套评估商品的程序。有三种可能的评估方式：检查、抽查和描述。具体选择哪种方法取决于商品的成本、特征和购买的规律。检查即在购买之前监测每一个商品单位。对于那些昂贵、购买相对特殊的商品，零售商必须认真检查每一件商品；当零售商采购大量易碎、易腐或昂贵商品时，可采用抽查的方式，在这种情况下，检查每一件商品是没有必要的；当零售商购买标准化的、不易碎的且不易腐烂的商品时，就采用描述的方法，零售商既不检查也不抽查，而是通过口头、书面或图片描述的方式大量订购这类商品。

近年来，跨国公司的采购标准日益提高，新增加了环保认证考核、电子商务应用程度和安全品质考核三大考核指标。一些公司甚至将企业的社会责任情况也列为选择的标准之一。沃尔玛的整个采购系统都是实实在在以顾客需求为中心，每种产品的采购是否合乎要求，沃尔玛有四个检验标准：产品会不会提高沃尔玛的质量；会不会使沃尔玛的价格得以改善；会不会增加沃尔玛的价值；会不会丰富沃尔玛的种类。

三、谈判及签约

当货源已经确定、购买前评估也已完成时，零售商开始就采购的相关条件进行谈判。一次新的或特定的采购订货通常要求签订一份经过谈判的合同，在这种情况下，零售商和供应商将讨论商品采购的所有方面的细节。如果供应商已经成为零售商的供货伙伴，订货只是例行的或再订货活动，通常只涉及一份格式化的合同。在这种情况下，条款是标准化的，或者已经为双方所接受，订货过程按例行方式处理。

(一)采购谈判的内容

采购人员谈判的目标是在协议期限内确保提供指定数量的商品来满足销售，以实现盈利目标。商品可通过一家或多家供应商进行配送，谈判内容主要围绕讨论数量折扣、促销、货架安置、特别折扣、达到协定营业额时的返还折扣，这些都是实现毛利率的条件。结算条款规定了对供应商付款的时间，这一时间从下单付款，到30天延期付款，再到60天或90天延期付款不等。零售商希望在结算条款谈判中取得成功，因为这些条款对现金流和营运资金有重要影响。从单张订单到动态经营的年度订单，结算条款经协商都有一定期限，对于海外订单，交通费、保险费和货运费也需要经过谈判计入成本价格。

零售商采购谈判的主要内容是：

(1)采购商品,包括商品质量、品种、规格、包装等。

(2)采购数量,包括采购总量、采购批量、单次采购的最低订货量和最高订货量等。

(3)送货,包括交货期、频率、交货地点、最高与最低送货量、保质期、验收方式、交货应配合事项等。

(4)退换货,包括退换货条件、退换货时间、退换货地点、退换货方式、退换货数量、退换货费用分摊等。

(5)价格及折扣,包括新商品价格折扣、单次订货数量折扣、累计进货数量折扣、年底进货奖励、不退货折扣(买断折扣)、提前付款折扣等。

(6)售后服务保证,包括是否负责包换、保退、保修、安装等。

(7)付款,包括付款天数(账期)、付款方式等。

(8)促销,包括促销保证、广告赞助、各种节庆赞助、促销组织配合、促销费用承担等。

上述谈判内容加上违约责任、合同变更与解除条件及其他合同必备内容就形成采购合同文本。在谈判过程中,采购员要明确重点谈判项目,对于这些重点问题,采购员要找出分歧点,明确重点问题的预期目标和自己的态度,善于应用谈判技巧,赢取主动。采购员尤其应注意以下问题:

1. 配送责任的规定

零售商经营的商品一般周转率都比较高,要保持充分的商品供应,商品配送是一个十分重要的方面。许多连锁商店设有自己的配送中心,这一问题相对容易解决;但许多商店是单体商店或小型连锁商店,自己的配送能力有限,必须全部或部分依靠供应商的配送,此时商品配送问题就成了谈判中的一个主要内容。因此,商店应在配送的方式及配送的时间、地点、配送次数等方面与供应商达成协议,清楚地规定供应商的配送责任,以及若违反协定必须承受的处罚。

2. 缺货问题的规定

缺货是零售商经营的大忌,不仅损失销售机会,也损害商店形象。对于供应商的供货,若出现缺货的情况,必然会影响销售。因此,在谈判中要制定一个比例,明确供应商缺货时应负的责任,以约束供应商准时供货。例如,允许供应商的缺货率为3%,超过3%时,每月要付1万元的罚金。

3. 商品品质的规定

进行商品采购时,采购员应了解商品的成分及品质是否符合国家安全标准和环保标准或商标等规定。由于采购员的知识所限,不能判断所有商品的各种成分及技术标准,因此,在采购时,必须要求供应商提出合乎国家法律规定的承诺,提供相应的合法证明。对于食品,还必须要求供应商在每次送货时提供相应的检验报告。

4. 价格变动的规定

零售商与供应商往往建立的是一种长期的供货关系,在这期间,零售商当然希望供应商的商品价格保持不变。但由于供应商的商品成本因素会出现意外情况,如原料成本上升或原料供应减少造成商品供不应求或薪金上涨等,价格的变动自然在所难免。但在谈判时仍需规定供应商若挑战价格必须按一定程序进行,取得零售商的同意。

5. 付款的规定

采购时,支付的货款天数是一个很重要的采购条件,需对支付供应商的方式有所规范。例如,将对账日定在每月的某一天、付款日定在某一天、付款时以现金支付还是银行转账等,都要有一系列规定，并请双方共同遵守。

（二）签约及合同管理

谈判结束签订合约后，应办理订货签约手续，即签订采购订单。采购订单是采购商向供应商发出的采购书面通知，是具有法律效力的书面文件。其对买卖双方的要求、权利和义务，必须给予说明。公司一般都有设计好的采购订单，但在洽谈中还需进行关键条款的修改，以最后双方认可的条款为准。任何实用的采购订单必备以下内容：序列编号，发单日期，接受订单的供应商的名称和地址，采购商品的名称、数量、质量，发货日期，运输要求，价格术语，支付条款，违约责任，以及对订单有约束的各种条件。

采购订单适合于有长期供货关系的双方，采购方发出的标准采购单一式两份，供应商确认签字盖章后，留存第一联，作为发货依据；第二联返回采购方作为结算依据，同时表明供应商已正式接受采购订单。订单只有在供应商接受以后才能构成一项合同。

对于新供应商，其商品第一次进场销售，双方往往先签一个商品试销协议。期限不等，一般为 3 个月或更短。待试销期满，试销成绩合格的商品，零售商可以与供应商签订正式的采购合同，建立长期的供销关系。

任何一个经济合同都包含基本条款和普通条款。采购合同的具体内容由以下几个方面构成：

(1)采购商品的名称。合同上应注明商品的生产厂名、牌号或商标、品种、型号、规格、等级、花色等。

(2)采购商品的数量、价格和质量。数量和价格经购销双方协定，对于质量，合同可以规定多种鉴别方法：一是直接观察法；二是以样品为标准鉴别；三是以牌号为根据鉴别；四是以标准品级为依据鉴别。

(3)采购商品的交货地点及交货时间。交货地点包括现场交货、船上交货、车站交货、到库交货；交货时间分别有立即交货、近期交货、远期交货。

(4)采购商品货款的支付。包括结算方式，开户银行、账户名称及账号，是当时付款还是预付货款、约定期付款等。

(5)其他事项。包括供应商的售后服务，对消费者的承诺，应支付的各种入场费、赞助费等。

(6)违约责任及违约金。

采购合同一经签订就正式生效，买卖双方必须严格执行，任何一方不得随意毁约。如遇特殊情况，一方需要修改的，需经对方同意。在合同执行过程中，如果发生纠纷，双方应充分协商，尽量合理解决。协商不成的，可由中介机构出面调解，调解不成的可直接向法院提起诉讼，由法院做出裁判。

四、采购合同的履行

在买手与供应商完成采购业务谈判，签订采购合同并正式生效后，就进入采购合同的履行阶段，这一阶段主要包括订单、质量监控和付款三个环节。

（一）订单

订单这项业务由采购部的货架管理员与买手履行。

1. 单店铺货与多店铺货的选择

单店铺货是指所采购新商品首先在零售企业某一家门店试销。其优点是经营风险小，购销过程容易控制；缺点是促销影响面小，市场对该新品接受慢。多店铺货是指所采购新商品同时在零售企业多个门店销售。其优点是促销影响面广，有可能短期内成为公司主力商品；缺点是一旦该新品销路不佳，其占据的货架陈列位置会使公司损失一些获利机会。

单店铺货与多店铺货选择，主要取决于该新商品市场销售的预测，若前景看好，应多店铺货；若前景不明，则先在单店试销，试销效果不佳，尽早退出，试销效果较好，再全面在各门店铺货。

2. 预铺卖场布局和陈列货架的选定

新品引入卖场通常与促销活动相配合。所以新品一般可陈列在卖场进口的端头货架上，并配以适当 POP 广告。订单时要确定布局点陈列货架，并确定布局点和空货架的腾出时间和上架时间。

3. 配送中心仓位预留和选定

若所采购的新商品实行的是集中进货和配送中心统一配送，则采购人员在履行采购合同时，还将负责配送中心仓位预留和选定。仓位的预留和选定，除了要考虑商品本身物理、化学属性外，还要考虑将来配送中心到门店距离的远近、装卸因素以及分拣、配货、物流加工等要求。

4. 供应商送货时间、数量的确定

供应商送货时间与数量要由零售企业买手严格按照采购合同和零售企业销售状况执行。送货时间体现的是准时和高效服务，既不能迟送也不能早送；送货数量体现的是经济和低成本，既不能少送，也不能多送。

送货时间与数量的确定，是零售企业采购业务流程中一个重要环节，也是零售企业整个经营活动的重要基础。

5. 确定配送方式

送货有配送和直送两种方式，各有优点。对于不同种类、不同批量的商品，或者对于不同位置、不同距离区段的门店，选择配送还是直送的依据是公司实行何种配送体制并应以降低物流费用为标准。零售企业应在统一配送原则下，根据物流成本的实际情况，选择那些离供应商距离区段相对近的门店和品种单一、体积大、不易装卸、无需加工和保鲜度高的商品，由供应商直接将货送到门店。

送货涉及零售企业采购部、门店、供应商、配送中心诸多部门，各部门只有密切配合，才能使多环节很好地衔接，保证采购合同的顺利履行。

（二）质量监控

质量监控（供应商管理）既是采购部一项日常工作，也是保证采购合同顺利履行的重要手段，质量监控的核心是零售企业根据采购合同的主要条款，制定一系列易于操作的量化标准，保证合同的正常履行，维护公司的正当权益。质量监控的主要量化标准有商品质量与数量、配送能力、缺货率、退货服务、售后服务等。

（三）付款

虽然在程序和职能上支付货款是由零售企业财务部按采购合同实施的，但在采购合同实际履行中，订货、配送、门店销售过程都存在一些不确定因素，实际订货数量、订货时间、商品价格会随之发生变化。所以财务部支付货款的时间、数量应根据采购合同实际履行情况做必要调整，调整的依据是采购部提供的实际送货时间、送货数量与结算金额。实践中可通过计算不同商品贡献率来确定不同商品的付款周期。

货款支付要遵循准时、准额原则。既要避免由于工作疏忽或人情关系提前、超额付款，影响零售企业的流动资金试用；也要避免以大压小，延期、欠额付款，影响零售企业同供应商的合作伙伴关系。

五、订单的追踪与催货

采购订单发给供应商之后，为求供应商按期、按质、按量交货，采购部门应根据合同规定，对订单进行跟踪和催货。企业在采购订单发出时，同时会确定相应的跟踪催货日期。在一些企业中，甚至设有一些专职的跟踪和催货人员。

跟踪是对订单所做的例行追踪，以确保供应商能够履行其商品发运的承诺。如果产生了问题，如质量或发运方面的问题，采购方就需要对此尽早了解，以便及时采取相应的行动。跟踪需要经常询问供应商的进度，有时甚至需要到供应商那里去走访。不过这一措施一般仅用于关键的、大额的和提前期较早的采购事项。通常为了及时获得信息并知道结果，跟踪是通过电话进行的；现在一些公司也使用由计算机生成的简单表格，以查询有关发运日期和在某一时点采购计划完成的百分比。

催货是对供应商施加压力，使其按期履行最初所做出的发运承诺、提前发运商品或加快已经延误的订单涉及的商品发运。如果供应商不能履行发运的承诺，采购部门会威胁取消订单或是以后可能进行罚款。催货应该只用于采购订单中一小部分，因为如果采购部门对供应商能力已经做过全面分析的话，那被选中的供应商就应该是那些能遵守采购合约的可靠供应商；如果公司对其商品需求已经做了充分的计划工作，不是特殊情况，不必要求供应商提前发运货。当然，在断货的时候，催货确实有重要意义。

六、商品的接收与检验

（一）商品的接收

商品接收，是为了确保以前发出的订单所采购的商品已经实际到达并检查是否完好无损，是否符合数量。供应商将商品送至采购方仓储部门之后，采购方首先要核对发货单，看商品种类、数量、一般品质是否与合同相符；其次要检查各类单据是否齐备，如装箱单、发票等；再次要检查外包装是否完好、入库时是否需要再另行包装。以上几项检查无误后就可以卸货、清点、入库，同时由仓储部门经受人填写商品入库单或将信息输入仓储管理信息系统。

（二）商品的检验

采购方在接收采购商品之时或之前先要进行商品的检验，其基本步骤如下：

1. 确定检验时间和地点

（1）在发送前或在规定的程序中由采购方进行检查。

（2）当接收到产品时由采购方进行抽样检查或检验。

一般检验时间和地点的确定和商品的性质有很大关系，如一些价值昂贵的商品，往往需要当场逐件检验；而对于零售企业等采购的品质稳定的消费品等，可以在商品送至采购方仓库后再进行抽样检验。

2. 通知检验部门及人员

一般采购商品的检验都交由企业内部的质量检验的部门。这项工作需要采购部门与检验部门及时沟通。

3. 商品检验

主要是检查供应商提供的商品是否符合合同要求。检验的结果是将商品分为合格商品与不合格商品两种。对于那些质量性能稳定的商品或者那些长期合作、供货表现良好的供应商的商品，检验的程序可以从简；而对于那些性能不稳定的商品或者新供应商的商品，检验的程序要比较完备。

4. 处理不合格商品

一般不合格商品分为致命缺陷商品、严重缺陷商品和轻微缺陷商品三种。对于这三种不合格商品的处理因采购方的要求和商品的品质而有所不同。对于那些产品本身品质要求就比较高的商品，哪怕是有轻微缺陷也是废品；又如对质量严格控制的供应商，他们不会冒险把有缺陷的产品摆放在卖场里。如果没有以上严格的要求，一般来讲，对于有致命缺陷和严重缺陷的商品，采购方可以要求供应商换货；对于轻微缺陷的商品，经过检验人员、销售部门等协商后，视情况做出处理。

5. 填写采购物品验收报告

对采购商品检验完毕后，检验部门人员要填写采购物品验收报告或输入计算机信息系统。

七、结算与结案

采购方一般收到供应商的货物，并进行了验收入库，以“入库单”作为货物结算的依据。保管部门将收货单一联反馈给采购部门；二联反馈给财务部门；三联反馈给供应商以备查询；四联存根。采购部门依据验收入库单，通知财务部门按照合同规定向供应商支付货款。通常情况下以支票通过银行账户进行货款支付。

凡验收合格付款，或验收不合格退货，均须办理结案手续，查清各项书面资料有无缺失、绩效好坏等，签报高级管理部门或权责部门核阅批示。

凡经结案批示后的采购案件，均应列入档案、登记编号分类，予以保管，以备参阅或事后发生问题时备考。档案应具有一定保管期限的规定。

要保存的记录主要有采购订单目录、采购订单卷宗、商品文件（日期、供应商、数量、价格和采购订单编号）、供应商历史文件、劳务合约、投标历史文件、工具等。

第二节　采购考核和采购策略

一、采购考核指标体系

零售企业在日常的采购业务活动中，还必须建立企业内部考核采购员的指标体系，以实现对采购进行细化控制。采购考核指标体系一般可由以下指标组成。

（一）销售额指标

销售额指标细分到大类商品指标、中分类指标、小分类指标及一些特别的单品项商品指标。应根据不同的业态模式下商品销售的特点来制定分类的商品销售额指标比例值。

（二）商品结构指标

商品结构指标是为了体现业态特征和满足目标顾客需求度的考核指标。通过对企业内部的商品结构分析发现，商品结构存在不合理现象，如超市的食品类商品比重下降、公司自有品牌商品比重过小，就需要改变这种商品结构，就要从指标上提高食品类商品和自有品牌商品的比重，并进行考核。通过指标的制定和考核可以使经营的商品业态特征明显，同时促进高毛利的自有品牌率商品比重上升，从而增强盈利能力。

（三）毛利率指标

毛利率指标在各种业态有所不同。以超级市场为例，毛利率指标首先是确定一个综合毛利率指标，这个指标的要求是反映超市廉价的业态特征，控制住毛利率；然后分解综合毛利率，制定比例不同的类别商品的毛利率指标体系并进行考核。低毛利率商品一定是消费者购买量巨大的商品，要加快这部分商品周转、扩大毛利额，并通过与供应商谈判加大促销力度扩大销售量，增大供应商给予的"返利"。对高毛利率商品，要促使其优化商品品牌结构，做大品牌商品的销售量，或通过做大销售量扩大毛利额。超市毛利率的增加，很重要的一个途径就是通过促销做大销售量，然后从供应商手中取得能提高毛利率的"折扣率"。

（四）返利率指标

返利是标准超市、大卖场、仓储式商场、便利店业态的重要利润来源。这些业态在供应商谈判中最为关注的往往不是价格，而是返利率。在超市价格竞争激烈、商品毛利微薄的情况下，获得更多的返利就成为企业的优势所在。因此对采购人员考核的一个关键指标是看返利率高低，现在许多大卖场的商品返利率高达15%～30%。返利率高的原因之一是政府对通道费进行了规制，零售企业将原先的部分通道费转变为返利。

（五）商品周转天数指标

商品周转天数指标主要考核配送中心库存商品的周转天数。通过这一指标可以考核采购业务人员是否根据店铺商品的营销情况合理地控制库存，是否合理地确定了订货数量。

（六）门店订货商品到位率指标

门店订货商品到位率指标一般不能低于98%，最好是100%。这个指标考核的是门店向总部配送中心订货的商品与配送中心库存商品可供配货商品的接口比例。这个指标的考核在排除总部的其他部门的工作因素或特殊原因外，主要落实在商品采购人员的身上。到位率低意味着门店缺货率高，必须严格考核。

（七）配送商品的销售率指标

门店的商品结构、布局与陈列量都是由采购业务部制定的。如果配送到门店的销售率没有达到目标，可能是商品结构、商品布局和陈列量不合理。对一些实行自动配送的公司来说，如果配送商品销售率低，可能还关系到对商品最高与最低陈列量的上下限设定是否合理。

（八）商品有效销售发生率指标

在超级市场中有许多周转率很低，但为了满足消费者一次性购足需要和选择性需要的商品，这些商品不得不备。但如果库存准备得不合理，损失就很大。商品有效销售发生率就是考核配送中心档案商品（档案目录）在门店POS中的销售发生率。如低于一定的发生率，说明一些商品为无效备货，必须从目录中删除，并进行库存清理。

（九）新商品引进率指标

为了使零售企业具有竞争力，必须在商品经营结构上进行调整和创新，使用新商品引进率指标就是考核采购人员的创新能力，以及对新的供应商和新商品的开发能力，一般可根据业态的不同而分别提出不同的指标。如便利店的顾客是新的消费潮流的创造者和追随者，其新商品的引进力度就要大，一般一年可达60%～70%，每月则为5%，如当月完成3%，则下月必须达到7%。因为新商品的引进是一个持续的过程，能使顾客觉得超市始终有新商品出现，以此来满足消费者求新的需求，同时不断引进新商品，也能体现本企业区别于竞争店的个性化特色。

(十)商品淘汰率指标

由于门店的卖场面积有限,又由于必须不断更新结构,当新商品按照考核指标不断引进时,就必须制定商品的淘汰率指标。一般商品淘汰率指标可比新商品引进率低6%左右,即每月低0.5%左右。另外,不是只有滞销品才可以淘汰,零售企业有许多理由需要对一些商品进行淘汰。

(十一)通道利润率指标

零售企业向供应商收取通道费用,已成为零售企业的盈利模式之一。从盈利角度考虑,通道费多多益善,但要以供应商承受能力为限。在零售行业的价格竞争之下,商品毛利率越来越低,因此,通道利润就成为一些连锁零售企业的主要利润源泉。一般通道费可表现为进场费、上架费、条码费、堆头费、促销费等,对采购人员考核的通道利润指标是采购员业绩的重要组成部分。

(十二)供应商环节整合率指标

供应商环节整合率指标的考核可促使采购人员更多地直接向厂商进货,更多地向地区总代理、总经销进货,以降低进货成本。许多零售企业缺货率高的重要原因是供应商太小,无法做到向超市持续性供货,且价格也缺乏竞争力。因此,连锁零售企业必须适时地根据规模的扩大整合供应商,压缩中间环节。

二、商品采购品种的确定

(一)制定商品采购目录

当零售商确定了商品经营范围以后,也就是确定了商品采购范围。为了便于操作,零售商还必须将各商品品种详细地列出来,形成商品采购目录。商品采购目录是零售商经营范围的具体化,也是零售商进行采购的依据,是商品采购管理的一项重要内容。

商品采购目录包括全部商品目录和必备商品目录两种。全部商品目录是商店制定的应该经营的全部商品种类目录;必备商品目录是商店制定的经常必备的最低限度商品品种目录。必备目录不包括商品经营的全部商品种类,而只包括其中的主要部分。

必备商品目录是按照商品大类、中类、小类的顺序排列的。每一类商品都必须明确标出商品的品名和具体特征。由于商品特征不同,消费者选择商品的要求不同,因而确定商品品名和特征的粗细程度和划分标准也不相同。一般情况下,商品特征的多少决定着品名划分的粗细程度,特征简单的商品如大米、面粉等,品名可以粗一些;特征复杂的商品,品名可以适当细分。目前,有些商店采用计算机进行管理,实行单品核算,则商品品名应根据最细小的标准来划分,直至无法划分,以便准确区分每一具体商品。

必备商品目录确定以后,再根据顾客的特殊需要和临时需要加以补充与完善,便成了商店的全部商品目录。商品采购目录制定以后,不能固定不变,应随着环境的变化定期进行调整,以适应消费者需要。一般来说,季节性商品需分季调整,非季节性商品按年度调整,做到有增有减。但在调整中要注意新旧商品交替存在的必要阶段,在新产品供应尚未稳定之前,不可停止旧商品的经营,以免影响消费者的选择需要。

(二)ABC分类管理法

在商品采购管理中,必须坚持重点商品管理原则。由于当今新产品不断开发,商场经营面积有限,不可能把所有消费品均纳入商场销售范围,即使目标市场比较狭窄的专业商店,也无法经营所有同类商品的花色品种。所以，零售商必须对经营商品的品种进行优选，把销售量大、利润高、顾客必需的商品作为重点商品，进行重点管理。目前，零售商流行的做法是将商品分为A、B、C三类，分别采用不同的管理方式。这种方法称为ABC分类管理法。

ABC分类管理法的操作步骤是将各种商品按金额大小顺序排列，计算出各类商品的金额比重和品种比重(单项比重和累计比重)，再将商品划分A、B、C三种类别。A类商品是指获利高或占销售额比重大而品种少的商品，一般金额比重为70%～80%，品种比重为5%～10%；C类商品是指获利低或占销售额比重小而品种多的商品，一般金额比重为5%～10%，品种比重为70%～80%；B类商品是处于A类和C类商品之间的商品，其金额比重为10%～20%。

将商品划分为ABC三类后，再根据分类结果实施分类管理。A类商品是重点商品，应进行重点控制。为防止脱销，要定时定量采购，经常检查每个品种的储存情况，及时进行调整，务必使这类商品经常保持在合理的限度内，保证不脱销、不积压。C类商品可以采用较简单的办法加以控制，如采用固定采购采购量、适当减少采购次数。由于这类商品所占销售额比重较小，而品种比重较大，因而需要对每种商品的库存量控制在最小限度内。B类商品可实行一般控制，分大类进行管理，除其中销售额较高的部分品种参照A类商品管理外，其余大部分商品连同C类商品都可以采取定期检查存量的方法进行控制。

三、商品采购数量的确定

商品采购数量的确定，会影响到商品销售和库存，关系到销售成本和经营效益。商店的采购数量，取决于商店的采购方式是大量采购还是适量采购。

(一)大量采购

大量采购是指商店为了节省采购费用、降低采购成本而一次性把一种商品大批量地采购进来。这种采购方式的优点是可以降低一次性的采购成本，获得进货优惠；缺点是需要占用大量资金和仓储设施。大量采购的商品数量一般很难找出规律性，主要依靠商店的经营需要、仓储条件和采购优惠条件等情况而定。一般适合以下几种情况：

1. 在市场中需求量巨大的商品

有些商品为消费者日常生活必需品，需求量大而且需求稳定，商品周转速度快，对此类商品可以大量采购。

有些价格弹性较大的商品，价格降低一定幅度以后，可以引起需求量迅速扩大。对这类商品可以采取大量进货，压低进货成本，再通过薄利多销的促销策略吸引消费者购买，从而加速商品周转。

2. 企业合作共同采购的商品

共同采购是许多独立中小商店为降低采购成本而联合起来的一种联购分销的采购方式，这在国外零售业非常普遍，近年来在国内也出现采购联盟。在这种采购方式下，尽管具体到每一个企业采购量不大，但各个企业联合起来采购，数量很可观，形成了大量采购。

3. 供货不稳定的商品

有些商品的供应受到原料或生产条件的限制，经常中断，导致零售商店断货。当市场上供应这种商品的时候，商店便大批量采购并储存起来，供以后陆续销售。这种情况下，商店必须准确估计需求量以及商品供应不稳定的缺货时间，否则商店会承担商品积压的风险。

(二)适量采购

适量采购就是对市场销售均衡的商品，在商店保有适当的商品库存的条件下，确定适当的采购商品数量。如果数量不当，将直接影响企业销售，增加进货成本。这一适当的采购数量被称为经济采购批量。经济采购批量尽管只是理论上的一个数字，但商店需要测算出这一经济采购批量，为实际的采购工作做参考。

对于商店而言，采购中常常会出现这种问题：如果采购商品过多，会造成企业商品的保管费用增多，资金长期被占用，从而影响资金的周转和利用率；如果商品采购太少，不能满足顾客的需要，会使商店出现商品脱销，失去销售的有利时机。而且，每次采购商品过少，又要保证商品供应，势必增加采购次数，频繁的采购会增加采购支出。

为了避免出现商品脱销和商品积压两种经营失控的现象，有必要确定最恰当的采购数量，即经济采购批量。经济采购批量和采购费用及保管费用有密切的关系。

1. 采购批量与采购费用呈反比例关系

因为在一定时期内的采购总量不变的情况下，每采购一次商品，就要耗费一次采购费用，因而每次采购批量大，采购次数少，采购费用也就少；反过来，采购批量少，采购次数就多，采购费用也就多。

2. 采购批量与保管费用呈正比例关系

因为在一定时期内采购总量不变的情况下，每次采购批量大，平均库存量也大，保管费用支出也就多；反之，采购批量小，平均库存量就小，保管费用就少。

采购费用与保管费用对一次采购批量的要求是不同的。从商店经济效益来考虑，要使这两种费用都能节省，就必须寻找一个最佳采购批量。通过计算，可以找出进货次数、进货批量与储存费用之间的最佳关系（经济订货批量），在满足销售的情况下，实现进货所带来的费用最小。

设总成本 T 的表达式为：

$$T=K \cdot R/Q+H \cdot Q/2$$

上式对 Q 求导，且令其导数为零（即总成本最小），即可得出经济订货批量。

经济订货批量 Q 的表达式为：

$$Q=\sqrt{\frac{2RK}{H}}$$

式中，Q 为每次进货数量（经济订货批量）；R 为某商品年进货量；K 为每次订货成本；H 为单位商品年平均储存费用。

最佳进货次数为：R/Q

最佳进货周期为：$\frac{360}{Q/R}$

零售商在计算出商品的经济采购批量后，还要考虑实际需要、数量折扣及可变的订货成本和占用成本等方面的变化，来确定实际的采购数量。

四、商品采购时间的确定

确定了采购商品的品种和数量后，还要确定什么时间采购，以保证无缺货现象的发生。这里的商品采购时间是指再订购商品的时间。一定商品有一定的采购季节，适时采购不仅容易购进商品，而且价格也较为便宜，过早购入会延长商品的储存时间，导致资金积压。因此，零售商应权衡利弊，选择合理的采购时间。

（一）定时采购

定时采购，就是每隔一个固定时间，采购一批商品，此时采购商品的数量不一定是经济批量，而是以这段时间销售掉的商品为计算依据。

定时采购的特点是：采购周期固定，采购批量不固定。

采购周期是根据企业采购该种商品的备运时间、平均日销售量及企业储备条件、供货商的供货特点等因素而定的，一般由企业预先固定，可以是 2 周或 4 周，时间长短不等。采购批量则不固定，每次采购前，必须通过盘点了解商店的实际库存量，再定出采购批量。计算公式为：

采购批量＝平均日销售量×采购周期＋保险储备量－实际库存量

式中，保险储备量是防止由消费需要发生变化和延期交货引起脱销的额外库存量。

例如，某商店日销售某商品 40 件，保险储备定额为 7 天需求量，订货日实际库存量为 300 件，进货周期为 15 天，则：

采购批量＝40×15＋40×7－300＝580(件)

定时采购的优缺点是：采购时间固定，因而可以做周密的采购计划，便于采购管理，并能得到多种商品合并采购的好处；但由于这种采购方法不能随时掌握库存动态，易出现缺货现象，盘点工作较复杂。

(二)不定时采购

不定时采购，是指每次采购的数量相同，而每次采购的时间则根据库存量降到一定点来确定，也称为采购点法。

不定时采购的特点是：采购批量固定，采购时间不固定。

不定时采购的采购批量可以参考经济采购批量的计算方法。这种采购的关键实际上是确定采购点的库存量。

从 A 采购点开始到可以销售，一般需要一定的间隔时间，不可能随进随销。这段间隔期也称备运时间，包括商品在途运输时间、商品验收入库时间、销售前整理加工时间、其他时间。

在这段时间内，存货通过逐日销售下降，如果存量下降到 A 采购点而不开始采购，则商店就会冒脱销的风险；如果存量尚未下降到 A 采购点就提前采购，则企业要冒积压的风险。因此，当库存量下降到 A 采购点时，是开始采购的最适当时间。采购点的计算公式如下：

采购点＝平均日销售量×平均备运时间＋保险储备量

例如，某商品平均日销售量为 40 件，备运时间为 15 天，保险储备额为 200 件，则：

采购点＝40×15＋200＝800(件)

因此，当商品库存量超过 800 件时，不考虑采购；当降到 800 件时，商店就应及时按预定的采购数量或经济采购批量进行采购。

不定时采购的优缺点是：能随时掌握商品变动情况，采购及时，不易出现缺货现象；但是，由于各种商店的采购时间不一致，难以制定周密的采购计划，因而不便于采购管理，也不能享受多种商品集中采购的价格优惠。

五、根据产品与市场特点灵活制定采购策略

(一)商品采购方式策略

零售企业在经营活动中，应当根据企业本身经营的任务、规模大小、经营范围、专业化程度等情况，选择适当的采购方式。零售企业的采购方式大致有以下几种：

1. 市场选择

市场选择是零售企业根据市场需要，直接通过市场向生产者或批发企业自由进货。零售企业选购不受任何限制，有充分的进货自主权。这种方式有利于选择最好的供应商，提高产品

质量。

2. 合同订购

合同订购方式是零售企业为了掌握某些商品的货源，通过与生产部门协商签订合同，预先向生产部门订购一定数量的商品。生产部门按照合同规定的品种、规格、数量、质量进行生产并按期交货；零售企业按照合同规定的内容、标准验收商品和交付货款。零售企业可以订购生产企业现在生产的产品，也可以提出自己的样品、设计或要求，由生产企业专门生产。这种方式适合大批量长期订货。

3. 预购

零售企业在商品生产前同生产单位协商，签订预购合同，并预付一定数量的订金。一般多用于农产品收购。

4. 现卖先买

现卖先买采购是零售企业到商品出现缺货时才去采购。其优点是可以节省库存支出；但如果不能及时补充到商品，就会延误商机。这种采购方式常用于一些小零售企业从本地区区进货。

5. 投机采购

投机采购是指估计到某种商品会涨价而事先大量采购，以降低进货成本，加强商品的竞争性。如果投机成功，可获得高额利润，短期回报明显，但同时具有相当的风险性。

6. 预算采购

预算采购是制定计划后在固定的时间内按部就班采购。预算采购比较稳健，既能避免现卖现买采购可能出现临时货源不足的情况，又能避免投机采购的风险性，但预算采购缺乏灵活性。目前，大部分的大中型规模的零售企业采用这种方式采购。

7. 招标采购

采购招标制是通过公开招标的方式进行的大量采购。一般由购货单位或主办单位发出采购某种商品的通知，或在媒体登出广告，说明拟购商品及相应的条件，请各方卖主在指定的期限内提出报价投标；招标人开标并比较各方报价，选择对其有利者达成交易。一般采取提前预付或货到付款的方式，因此，有人又将其称为招标买断制。

采购招标过去在我国零售业采购中使用不多。然而，自 2000 年以来，国内零售商开始尝试采用招标制进行大量采购，采购的商品通常是大众化的产品，主要目的是获取低价。例如，当年国美电器连锁公司采用公开招标的方式分别与厦华和索尼签订了1 800万元、2 564万元的彩电购货合同，并现款一次性付清；2002 年 4 月，国美采用招标方式与国内 10 家空调生产企业签订了 17 亿元的采购合同。采购招标渐渐成为人们关注的热点话题。

采购招标制的兴起，也说明了国内商业资本的成长，已使零售商与制造商的力量对比发生了变化。大型零售企业利用完善的营销信息与后勤系统，向消费者提供质优价廉的产品和服务。在决定顾客需要方面，零售商处于比制造商更为优越的位置。于是，他们可以向有实力的制造商发出“指令”，应该生产什么、生产多少、生产什么样的品种与款式。

(二)根据商品生命周期的阶段性而采取的采购策略

商品从投入到被淘汰，一般经历 4 个时期，分别为投入期、成长期、成熟期和衰退期。

1. 投入期

在此期间，要谨慎进货，数量以少为上。待消费者开始接受产品之后，才确定大量进货。

2. 成长期

在此期间，商品经过第一个阶段后开始被消费者接受，销售量也将迅速增长，这时就应该积极进货，促进商品销售。

3. 成熟期

这个时期商品的销售已进入一个稳定的阶段。新的竞争者与产品的替代品相继产生，从而市场缩小，这时企业就应该适当减少库存，避免造成商品积压。

4. 衰退期

这时候经营此种商品的优势消失，企业的策略应该是清理库存，转营其他商品。

（三）买方或卖方市场条件下的采购策略

在买方市场条件下，商品供大于求，这时零售企业在采购商品时就会享有各方面的主动权。零售企业应当采取以需定进、勤进快销的原则，充分保证企业自身的竞争地位。而在卖方市场的条件下，竞争力就主要体现在采购上了。谁能获得卖方更便宜的货物，谁便会在竞争中占据优势。在这种情况下，零售企业可以采取以下策略：

(1)与供应商建立互利合作关系；

(2)扶持供应商的发展；

(3)利用一些优惠条件，以吸引供应商提供商品。

第三节 零售配送

配送，是指按用户订货要求，在配送中心或其他物流节点进行货物配备，并以最合理的方式送交用户。配送是物流中一种特殊的、综合的活动形式，是商流与物流的紧密结合。

一、商品配送的模式

按供应主体、配送时间和配送数量的不同，商品配送可以划分为不同的配送模式。

（一）按供应主体划分

1. 供应商（企业）直接配送模式

供应商直接配送模式是指供应商直接向零售商或连锁企业送货的方式。

2. 零售企业（企业内）自营配送模式

零售企业自营配送模式是目前连锁零售企业广泛采用的一种配送模式。企业通过独立组建配送中心，实现对内部各门店的商品供应配送。这种配送中心的各种物流设施和设备归零售企业所拥有，作为一种物流组织，配送中心是零售企业的一个有机组成部分。

它的优点是：具有灵活性；提供给零售企业更多的控制权利，这种控制能使企业把配送活动与企业内部的其他物流过程结合在一起；使零售企业拥有一定无形利益，尤其是在市场形象方面。

对于隶属于某零售企业的配送中心，只服务于该零售企业的各门店，通常，它是不对外提供服务的。因此，许多零售企业都通过组建自己的配送中心，来完成对内部各门店的统一采购、统一配送和统一结算。沃尔玛公司所属的配送中心就是公司独资建立、专门为本公司所属的连锁门店提供商品配送服务的自用型配送中心。

3. 社会化配送模式

社会化配送模式是指零售企业的物流活动由第三方的专业公司来承担的配送模式，即所谓第三方物流。零售企业可以将全部或部分物流活动委托第三方物流公司来承担。其优势在于:专业公司能够通过规模性和规范性操作,带来经济利益。

4. 共同配送模式

共同配送模式是一种配送经营企业之间为实现整体配送合理化,以互惠互利为原则,互相提供便利的配送服务的协作型配送模式。共同配送是中小型连锁企业实现物流合理化的良策。在实践中,主要有两种共同配送方法:一是由两种以上不同业种的企业联合起来完成共同配送;二是具备一定的先进设备,能被各企业共同利用,并提供多功能服务的物流企业与几个中小型的连锁零售公司合作。

共同配送的优点是:提高运输服务质量和降低运输成本;增强企业的应变能力;利于企业有限资源的合理互用;扩大企业运营规模;增强企业的物流能力。

(二)按配送时间及配送数量划分

1. 定时配送

定时配送是指按规定时间间隔进行配送,如数天或数小时配送一次等,每次配送的品种及数量可按计划执行,也可在配送之前以商定的联络方式通知配送品种及数量。

定时配送方式的优点是:时间固定,易于安排工作计划,易于计划使用车辆;对用户而言,也易于安排接货。

定时配送方式的缺点是:由于配送物品种类多、数量变化大,配货、装货难度较大,在要求配送数量变化较大时,也会使配送运力安排出现困难。

在连锁企业经营中主要采用日配的定时配送形式。日配是定时配送中使用较为广泛的方式,尤其在城市内的配送,日配占了绝大多数。

日配的时间要求是:上午的配送订货下午可以送达,下午的配送订货第二天早上送达,送达时间在订货后的24小时之内;或者是用户下午的需要保证第二天上午送达,上午的需要保证下午送达,在实际投入使用前24小时之内送达。

日配方式的开展,可使用户基本上不需要保持库存,不以传统库存为销售经营的保证,而以配送的日配方式实现这一保证。

2. 定量配送

定量配送是指按规定的批量在一个指定的时间范围中进行配送。这种配送方式的优点是:数量固定,备货工作较为简单,可以按托盘、集装箱及车辆的装载能力确定配送的定量,能有效地利用托盘、集装箱等集装方式,也可做到整车配送,配送效率较高。

3. 定时定量配送

这是指按照规定的配送时间和规定的配送数量进行配送。这种方式兼有定时和定量两种方式的优点;但特殊性较强,计划难度增大,适合采用的对象不多,不是一种普遍的采用方式。

4. 定时定路线配送

这是指在规定的运行路线上制定到达时间表,按运行时间表进行配送,用户可按规定路线及规定时间接货及提出配送要求。这种方式利于安排车辆及驾驶人员。

5. 即时配送

这是指完全按用户突然提出的订货要求,按时间和数量随即进行配送的方式。这是一种具有很高的灵活性的应急方式,即用即时配送可以代替保险储备。

二、配送中心运营管理

配送中心与传统的仓库和运输是不一样的，一般的仓库只重视商品的储存保管，传统的运输只是提供商品运输而已，而配送中心则重视商品流通的全方位功能，同时具有商品储存保管、流通销售、分拣配送、流通加工及信息提供的功能。配送中心的功能如图 9—2 所示。

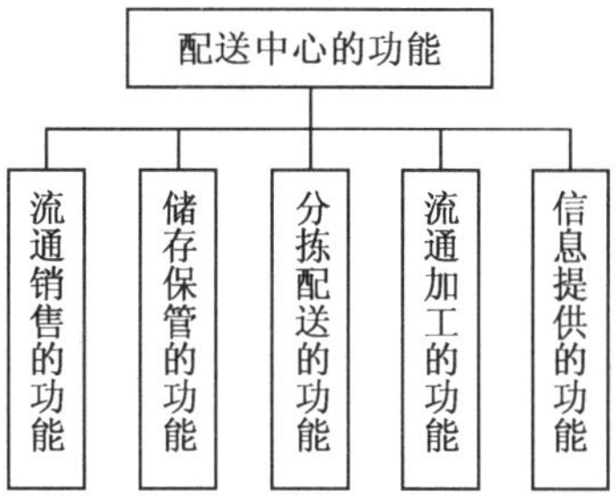

图 9—2　配送中心的功能

（一）流通销售的功能

流通销售是配送中心的一个重要功能。在现代社会，随着法制的健全和市场经济的成熟，许多直销业者利用配送中心，通过有线电视或互联网等配合进行商品行销。此种商品销售方式可以大大降低购买成本，因此广受消费者喜爱。

（二）储存保管的功能

商品的交易达成之后，除了采用直配直送的批发商之外，其他零售企业均将商品经实际入库、保管、流通加工包装而后出库，因此配送中心具有储存保管的功能。配送中心一般都有商品保管的储放区。为了防止缺货，任何商品或多或少都有一定的安全库存，根据商品的特性及生产前置时间的不同，安全库存的数量也不同。

（三）分拣配送的功能

配送中心就是为了满足多品种、小批量的客户需求而发展起来的，因此配送中心必须根据客户的要求进行分拣配货作业，并以最快的速度送达客户手中或是在指定时间内配送给客户。配送中心的分拣配送效率是物流质量的集中体现，是配送中心最重要的功能。

（四）流通加工的功能

配送中心的流通加工作业包含分类、磅秤、大包改包装、产品组合包装、商标及标签粘贴作业等。这些作业是提升配送中心服务品质的重要手段。

（五）信息提供的功能

配送中心除了具有销售、配送、流通加工和储存保管等功能外，更能为配送中心本身及上下游企业提供各式各样的信息情报，以供配送中心制定营运管理政策、开发商品线以及制定商品销售推广政策做参考。

三、配送作业管理

配送作业就是按照用户的要求，将货物分拣出来，按时按量发送到指定地点的过程。配送作业是配送中心运作的核心内容，因而配送作业流程的合理性以及配送作业效率的高低都会直接影响整个物流系统的正常运行。配送的具体作业程序如图 9—3 所示。

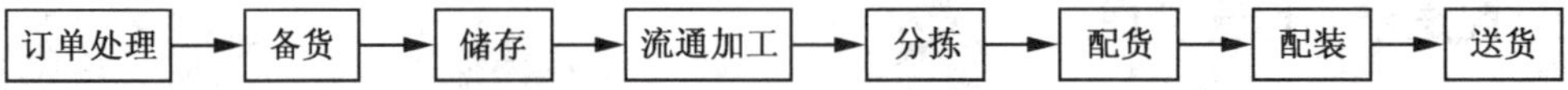

图 9—3 配送作业具体运作程序

(一)订单处理

配送作业的一个核心业务流程是订单处理,订单处理是实现客户服务目标最重要的影响因素。改善订单处理过程,缩短订单处理周期,提高订单满足率和供货的准确率,提供订单处理全程跟踪信息,可以大大提高顾客服务水平与顾客满意度,同时也能够降低库存水平,使企业获得竞争优势。

1. 接收订单

订单处理的第一步是接收订单,订单方式主要有传统订单与电子订单两种。

2. 订单确认

接收订单后,需对其进行确认。其主要内容包括:确认货物数量及日期;确认客户信用;确认订单形态;确认订货价格;确认加工包装形式。

3. 设定订单号码

每一订单都要有其单独的订单号码,号码由控制单位或成本单位指定,除了便于计算成本外,还可用于配送和其他有关工作,所有工作说明单及进度报告均应附此号码。

4. 建立客户档案

客户档案应包括以下内容:客户名称、代号、等级等;客户信用额度;客户销售付款及折扣率的条件;开发或负责此客户的业务员资料;客户配送区域;客户收货地址;客户配送路径顺序;适合的送货车辆形态;卸货特性;客户配送要求和延迟订单(过了订货时间的订单)的处理方式(或办法)等。

5. 存货查询及依订单分配存货

输入客户订货商品名称、代号时,系统就查对存货档案的相关资料,看此商品是否缺货,如果缺货则提供商品资料或是此缺货商品已采购但未入库的信息。这些信息便于接单人员与客户协调是否改订替代品或是允许延后出货等办法,以提高接单人员的接单率及接单处理效率。

6. 计算拣取的标准时间

订单处理人员要事先掌握每一个订单或每批订单可能花费的拣取时间,以便有计划地安排出货过程,因此,要计算订单拣取的标准时间。

7. 依订单排定出货时间及拣货顺序

前面已根据存货状况进行了存货的分配,但对于这些已分配存货的订单,应如何安排出货时间及拣货先后顺序,通常会再依据客户需求、拣取标准时间及内部工作负荷来拟定。

8. 存货不足的处理

若现有存货数量无法满足客户需求,客户又不愿以替代品替代时,则应按照客户意愿与公司政策来决定对应方式。

9. 订单资料处理输出

订单资料经由上述程序处理后,即可开始打印出货单据,以展开后续的物流作业。需要打出的单据包括:拣货单(出库单)、送货单、缺货资料等。

(二)备货

备货是指准备货物的一系列活动。备货是配送的基础环节,又是决定配送成败与否、规模大小的重要因素，同时也是决定配送效益高低的关键环节。如果备货不及时或不合理，成本较高，会大大降低配送的整体效益。备货的主要步骤包括：制定进货作业计划、商品送达、卸货、收货、货物分类、核对有关单据与信息、货品验收和处理进货信息等。

（三）储存

储存货物是订货与进货活动的延续。在配送活动中，货物储存有两种表现形态：一种是暂存形态；另一种是储备形态，包括保险储备和周转储备。

暂存形态的储存是指按照分拣和配货工序的要求，在理货场地储存少量货物。这种形态的货物储存是为了适应“日配”、“即时配送”需要而设置的。其数量多少对下一个环节的工作方便与否会产生很大影响。但一般情况下，不会影响储存活动的总体效益。

储备形态是按一定时期的配送经营要求，形成的对配送的资源保证。这种类型的储备数量较大，储备结构也较完善，视货源及到货情况，可以有计划地确定周转储备及保险储备结构及数量。配送的储备保证有时在配送中心附近单独设库解决。

（四）流通加工

流通加工是指物品在从生产领域或向消费领域流动的过程中，为维护产品质量，改善产品功能，促进销售，提高物流工作效率而对物品进行的加工。在物流配送过程中，为了更好地满足客户的要求，必须对货物进行流通加工。

（五）拣货

在接收的所有订单中，客户的每张订单都至少包含一项以上的商品，将这些不同种类、数量的商品由配送中心取出并集中在一起，就是拣货作业。拣货作业的基本步骤包括：形成拣货资料、选取拣货方法、选择拣货路径、搬运和拣取等。

（六）配货

配货是指把拣取分类完成的货品经过配货检查过程后，装入容器并做好标示，再运到配货准备区，待装车后发送。配货作业需按一定步骤进行，具体包括以下几个步骤：

1. 分货

分货就是把拣货完毕的商品按用户或配送路线进行分类的工作。分货方式一般分为以下两种：(1)人工分货。这是指所有分货作业过程全部由人工根据订单或其他传递过来的信息进行，而不借助任何电脑或自动化的辅助设备。(2)自动分类机分货。这是指利用电脑和自动分辨系统完成分货工作。这种方式不仅快速省力，而且准确，尤其适用于多品种业务的配送中心。

2. 配货检查

配货检查是指根据用户信息和车次对拣送物品进行商品号码和数量的核实，以及对产品状态和品质的检查。分类后需要进行配货检查，以保证发运前的货物品种、数量和质量无误。

配货检查比较原始的做法是人工检查，即将货品一一点数并逐一检验所配的品质及状态情况。目前，配货检查常用的方法有：商品条形码检查法；声音输入法检查；重量计算检查法。

3. 包装、打捆

配货作业的最后一环，便是对配送货物进行重新包装、打捆，以保护货物，提高运输效率，便于配送到户时客户识别各自的货物等。

（七）送货

送货是利用配送车辆把用户订购的物品从制造厂、生产基地、批发商、经销商或配送中心，送到用户手中的过程。

1. 车辆调度

货物配好以后，就要分配任务进行运输调度与装卸作业，即根据配送计划所确定的配送货物数量、特性、客户地址、送货路线与行驶趟次等内容，指派车辆与装卸、运送人员，下达运送作业指示和车辆配载方案，安排具体的装车与送货任务，并将发货明细单交给送货人员或司机。

2. 车辆配装

根据不同的配送要求，在选择合适的车辆基础上对车辆进行配装以提高利用率。

3. 运送

根据配送计划所确定的最优路线，在规定的时间内及时准确地将货物运送给客户，在运送过程中要注意加强运输车辆的考核与管理。

4. 送达服务与交割

当货物送达收货地点后，送货人员应协助收货单位将货品卸下车，放到指定位置，并与收货人员一起清点货物，做好送货完成确认工作。如果有退货和调货的要求，则应随车带回退调商品，并完成有关单证手续。

5. 费用结算

配送部门的车辆按指定的计划送达客户，完成配送工作后，即可通知财务部门进行费用结算。

(八)退货管理

退货或换货应尽可能地避免，因为退货或换货的处理，只会大幅增加成本，减少利润。退货处理的方法主要有以下几种。

1. 无条件重新发货

对于因为发货人按订单发货发生错误的，则应由发货人重新调整发货方案，将错发货物调回，重新按订单发货。其间，发生的所有费用应由发货人承担。

2. 运输单位赔偿

对于因为运输途中产品损坏而发生的退货，根据退货情况，由发货人确定所需的修理费用或赔偿金额，然后由运输单位负责赔偿。

3. 收取费用，重新发货

对于因为客户订货有误而发生的退货，退货产生的所有费用由客户承担；退货后，再根据客户新的订货单重新发货。

4. 重新发货或替代

产品有缺陷，客户要求退货，配送中心接到退货指示后，营业人员应安排车辆收回退货商品，将商品集中到仓库退货处理区进行处理。一旦产品回收活动结束，生产厂家及其销售部门就应立即采取步骤，用没有缺陷的同一种产品或替代品重新填补零售商店的货架。

四、配送方法

配送方法主要是指为完成配送任务所采用的具体工作方法，包括配货作业方法和配送路线的选择等。

(一)配货作业方法

配货作业是将储存的货物按返货要求分拣处理，放到发货场地所指定位置的作业活动的总称。配货作业可以采用机械化、半机械化或人工作业，常采取“摘果方式”或“播种方式”完成配货作业。

1. 摘果方式

又称挑选方式，它是用搬运车辆巡回于货物保管场所，按配送要求，从每个货位或货架上挑选出所需货物，巡回一次完成一次配货作业。这种方式通常适宜于不易移动或每一用户需要货物品种多而数量较小的情况。

2. 播种方式

这是指将配送数量较多的同种货物集中搬运到发货场所，然后将每一用户所需要的数量取出，分放到每一货位处，直至配货完毕的过程。这种方式适用于较容易移动的货物，即储存货物的灵活性较强，以及需要量较大的货物。

（二）车载货物的配装

合理配装是充分利用运输车辆容积、载重量和降低物流成本的重要手段。配装达到满载满容的基本方法是以车辆的最大容积和载重量为限制条件，并根据各种货物容量、单件货物的体积建立相应的数学模型，通过计算求出最佳方案。这里要注意以下两个问题。

（1）在货物种类不多、车辆类型单一的情况下，可直接采用人工计算方式，达到货物与车辆的匹配，实现满载满容。

（2）在配装货物种类较多、车辆类型也较多的情况下，采用人工计算有困难时，可采用计算机计算来实现优化配装目的。如果不具备使用计算机的条件，可以从多种配送货物中选出容量最大、最小的两种，利用手算配装。

（三）配送路线的确定

配送路线是否合理，直接影响到配送效率和配送效益。确定配送路线所涉及的因素较多，包括用户的要求、配送资源状况及道路拥挤情况等。在配送路线选择的各种方法中，均要考虑配送要达到的目标，以及实现配送目标的各种限制条件等，即在一定约束条件下，选择最佳的方案。

1. 配送路线确定原则

配送路线的确定与配送目标在原则上是一致的，这些原则包括成本要低、效益要高、路线要短、准时性要高、劳动消耗要少及运力运用要合理等。

2. 配送路线确定的限制条件

实现配送目标总是要受到许多条件的约束和限制。一般来讲，这些限制和约束条件包括所有用户对货物品种、规格和数量的要求，用户对货物发送时间范围的要求，在允许通行的时间（城市交通拥挤时所做的时间划分）内进行配送，车辆载重量和容积的限制，以及配送能力的约束。

3. 配送路线的确定方法

确定配送路线的方法有很多，诸如方案评价法、数学模型法、经验法和节约里程法等。

本章小结

采购与配送是零售业务管理的一项十分重要的内容，直接关系着零售商的经营效益和后续经营活动的开展。零售采购流程的步骤包括：制定采购计划、确定供应商及货源、谈判及签约、订单的追踪与催货、结算与结案。采购控制环节包含采购考核指标体系及商品采购策略。建立配送中心是零售企业非常必要的环节。

案例分析

零售业集体加速自营　苏宁挖资深采购试水买手制

如果说之前零售企业寻求商品自营只是“毛毛雨”，当下的商品自营之路则已进入实际操作阶段。不久前，苏宁超市向外透露了其用专业买手团队试水包销定制产品，推进自有品牌策略。这与之前王府井联手百联、利丰强势推进自营异曲同工。不过，苏宁超市总经理万明治认为，零售业发展低迷虽然加速了企业自营，自营可谓自有品牌模式的重要内容，但是自有品牌之路还需至少 5 年时间。

挖资深采购试水买手制

万明治对外公布了苏宁超市的成绩单：上半年同比增长 862%，总买家数与去年上半年相比增长了接近 4 倍之多；复购率由去年 2～3 次/年增长到今年的 8～10 次/年，今年的物流成本则比去年同期降低了 40%。

这基本完成了年初苏宁给超市业务制定的 9 倍增长目标，但万明治和他的团队并没有满足，提出要革传统超市行业的命，推出“阿拉丁”计划。万明治透露，苏宁要在 8 月试运营买手制，破局超市自营，为未来发展自有品牌铺路。

万明治曾是家乐福江苏区区长，他坦言，目前国内的传统超市基本都要收取供应商通道费，采购员关注通道费多过关注商品性价比，造成优质低价商品不能摆上货架。超市处于粗犷发展快速开店时期时，收取通道费能更快占领地盘，但目前超市已经相对饱和，需要精耕细作，采购员、谈判员要适时地转变为买手。

万明治要用买手制打破传统超市行业发展瓶颈，初步实行包销定制产品，后期实现真正的自有品牌之路。有意思的是，万明治手中的这些变革主力军，恰恰来自传统超市。据万明治透露，苏宁超市的买手是多达 10 年以上的资深采购，比如来自于山姆会员店、乐天、麦德隆、英国乐购等资深采购或自有品牌资深买手。

“电商目前的采购人员大多是 3～5 年左右经验的店小二式坐商式采购，缺乏一定的专业度，所以我们只能从传统入手。”万明治坦言。

零售业集体加速自营

其实，杀入超市业务的苏宁，并不是零售行业中首家试水自营的。在零售行业整体低迷的背景下，很多内外资零售企业都在利用各自优势多渠道试水自营。

今年 6 月，王府井百货、百联集团与利丰控股合作组建“百府利贸易有限公司”。百府利主要推进自有品牌开发授权、优质品牌总代理等模式，初期业务将围绕男装、婴童、家居、潮牌等品类展开，寻求在王府井百货和百联旗下门店销售差异化的自营品牌。

马来西亚零售大鳄百盛也加速在全球范围收购或代理一些知名品牌。近期被百盛买断的品牌将会亮相西单商圈。这是百盛寻求走出低迷的重要策略。

不仅如此，国内电商大鳄京东也在不断丰富自营品类，包括 3C、日百等，在实现产品差异化的同时，也可以提升利润。

据悉，苏宁此次试水包销定制的品类主要是预包装产品以及家居清洁。其实，这些是传统超市早期摸索自有品牌或自营商品的“入门级”品类。

对于未来自营商品的规划，万明治强调，自营的突破口绝对不是简单的增加商品品类，而是增加质量过硬、以成本价销售的商品。

自有品牌需5年培育期

尽管寻求自营、发展自有品牌成为很多零售企业打破现有瓶颈的不二选择，但是在推行过程中还是相对谨慎的。

王府井百货董事长刘冰就明确表示，王府井联合百联探索自营没有明确的投资金额，做成功一个品牌后才会考虑推进。

这与万明治的看法一致。积极推进买手制、利用包销定制绕路实现产品自营的万明治认为，中国的自有品牌之路还需要5年以上的培育，因为中国是受广告品牌影响最深的消费群，泛“90后”则更注重品质与价格，这样更容易引起共鸣，更有利于精选包销定制产品的推广。当达到一定规模，才是真正自有品牌为主的阶段。

（资料来源：《北京商报》记者，吴文治，转载于联商网）

讨论题：

请查询相关资料，探讨苏宁建立买手制后的相关状况。

延伸案例：

1. 苏宁、京东物流建设现状。
2. 对比家乐福、沃尔玛的供应商选择条件及其采购管理。
3. 调查三鹿奶粉事件的采购环节。

思考题

1. 选择供应商必须注意哪些问题？
2. 简述采购谈判的主要内容。
3. 采购考核指标体系有哪些内容？
4. 商品采购需要考虑哪些策略？
5. 配送中心的基本作业流程是怎样的？
6. 常见的配送方法有哪些？

第十章 零售价格管理

本章学习要点

1. 零售定价的影响因素；
2. 零售商品的定价方法；
3. 零售商品的定价策略；
4. 零售商品的价格调整策略。

关键术语

零售定价　定价目标　定价方法　定价策略

第一节 零售定价的影响因素

零售企业在对零售商品进行定价时，要综合考虑多种因素，这些因素主要包括：定价目标、市场需求、成本、竞争对手的价格。

一、定价目标

定价目标是指零售企业在制定特定水平的价格的基础上，凭借价格所产生的销售效果来实现预期的目的。当零售企业慎重地选定了目标市场并进行市场定位后，就应非常明确地把价格包含在营销组合战略中。例如，假定一家零售店为满足消费水平较高的消费者的需要，想经营一种豪华型野营帐篷，这就意味着要高价格。这种价格策略主要是由其市场定位决策所决定的。与此同时，零售企业还可以追求附加目标。企业对定价目标越明确，制定价格就越容易。对于利润、销售收入、市场份额等目标，每一种价格都会收到不同的效果。零售企业的定价目标主要有：生存目标、当期利润最大化目标、市场份额领先目标等。

（一）生存目标

零售企业如果遇到激烈竞争，或者消费者需求变动时，都要把维持生存作为主要目标。为了维持企业生存，使存货尽快周转，必须定低价，并且希望市场是价格敏感型的市场。

（二）当期利润最大化目标

实现利润最大化是零售企业追求的最终目的，企业生存和发展的前提条件是不断获得更多利润，其中当期利润最大化是大多数企业追求的直接目标。这就要求零售企业在定价时，先对需求和成本进行估计，然后评价可供选择的价格，通过比较选定一种能够产生当期利润最大的价格。

（三）市场份额领先目标

占领市场份额是零售企业定价策略的另外一个重要目标。提高市场占有率，就是扩大了市场份额，增加了产品的销售量，也就是为提高企业利润总额提供了可靠的保证。此外，获得市场份额领先地位的企业，可以在拥有较大的市场份额后充分享有规模经济效益。因此，为了追求市场份额的领先地位，企业应制定尽可能低的价格。从这个目标派生的目标是追求一个特定的市场份额。比如说，企业打算在一年内把市场份额从10%增加到15%，它就要寻求一个准确的价格策略以达到目标。

二、市场需求

商品价格的高低，最终取决于市场的供求关系。市场需求是企业定价策略的导向。零售企业要确定商品价格，必须了解市场需求的变动。

（一）市场需求与价格变动

微观经济学认为，价格是营销需求的主要因素，但在这种决定关系中还存在着一些非价格的因素。非价格因素对需求的影响时刻在起作用，因此，要确定价格对需求的真正作用程度，还应该先排除非价格因素的干扰。非价格因素主要有以下几种：

(1)收入

当消费者收入增加时，需求量也会增加。

(2)替代品价格的变化

很多商品都有替代品，当某一产品的替代品的价格降低时，人们往往会倾向于购买它的替代品，从而使该产品的需求量减少。

(3)消费者偏好

消费者一旦对某种产品产生了偏好，即使其价格升高，仍会购买，需求量并不一定因提价而降低。

（二）价格需求弹性

价格需求弹性是指因价格变动而引起的需求量的相对变动率，反映需求变动对价格变动的敏感程度。用E表示价格需求弹性，则：

$$E=\text{需求量变动的百分比}/\text{价格变动的百分比}$$

对于大多数产品而言，在产品处于高价位时降低价格，对销售量的增加会更明显；对此相反，定价较低的产品即使降价，其销售量增加也不明显。这就说明，价格战并不能时时奏效。影响价格需求弹性的因素有很多，主要有如下几方面。

1. 产品的用途

产品用途越多，需求越有弹性。例如，电池这种产品用途很多，故其需求弹性很大。

2. 替代品的数目及替代程度

某种产品的替代品越多，替代品越相近，其需求弹性也越大。因为替代品多，当这种商品的价格上涨时，消费者就可以购买其替代品。例如，对于各种水果，因为有不同种类的水果可以相互替代，因此其需求弹性就较大。

3. 消费者在该商品上的消费支出占总消费支出的比重

如果这一比重大，则该产品需求弹性大；比重小，则该产品需求弹性小。例如，购买汽车对大多数家庭都是一笔大开支，因此消费者对其价格非常敏感，一旦汽车降价，则销售量就会迅速上升。

4. 消费者改变购买和消费习惯的难易程度

如果消费者的消费习惯容易改变，则产品的需求弹性大；若不易改变，则产品的需求弹性小。例如，很多消费者对某一类饮料形成了偏好，这种偏好很难改变，因此即使其他类饮料价格下降，也无法吸引他们去购买。

5. 文化价值的取向或偏向

产品越接近消费者核心价值观，则消费者越愿意消费，其需求弹性就越小。

三、成本

在很大程度上，需求决定着零售企业为产品制定价格的最高限，而成本则是最低限。零售企业制定的价格，应尽可能覆盖所有的成本。

(一)固定成本

固定成本是指在短期内不随着商品销售量变化而变化的成本。例如，固定资产折旧费、零售企业管理人员工资等。

(二)变动成本

变动成本是指在同一时期内，随商品的销售量变动而成正比例变化的成本。例如，产品包装费、理货员的工资、收银员的工资、POP促销费用、商品陈列费用以及其他销售费用等。

(三)总成本

总成本即固定成本和变动成本之和。当销售量为零时，总成本大于固定成本。

四、竞争对手的价格

在市场需求为价格规定了最高限，而成本为价格规定了最低限的时候，制定商品价格时还应该考虑竞争对手的价格。竞争对手的价格以及它们对本企业价格变动所做出的反应也是零售企业定价时应考虑的一个重要因素。零售企业必须对每一个竞争者的商品价格状况及其产品质量情况有充分的了解。这可以通过以下几种方法来实现：

(1)派专门人员了解行情，比较竞争者所提供的产品质量和价格。

(2)获取竞争者的价格表并购买竞争者的产品，然后进行比较研究。

(3)企业还可以向顾客了解他们对于竞争对手所提供的产品的价格和质量的看法。

零售企业可以把了解到的竞争者的价格和产品情况作为自己定价的基点。如果企业所经营的产品与主要竞争者的产品相类似，那么零售企业必须根据自己的市场定位来制定价格策略，以避免在竞争中被淘汰。

零售企业在制定价格时，除了要考虑以上几方面的因素外，还应考虑市场购买心理，如消费者的价值观念、消费者的质量价格心理、消费者的价格预期心理和消费者对价格变动的反应心理等因素。

第二节 零售商品的定价方法

定价方法是零售企业在特定的定价目标指导下，依据对价格营销因素的分析研究，运用价格决策理论，对产品价格水平进行计算决定的具体方法。零售企业在选择定价方法时，应参考成本费用、市场需求和竞争状况这三个主要因素中的一个或多个，制定适合自己情况的价格。零售商品的定价方法主要有成本导向、需求导向、竞争导向及供货商定价等。

一、成本导向定价法

成本导向定价法以产品成本作为定价的基本依据，具体形式主要有成本加成定价法和目标利润定价法。

（一）成本加成定价法

成本加成定价法，是指在商品采购成本基础上加上经营成本的分摊额后推算出销售成本，再以推算出的销售成本为基础加上利润和税金确定售价。经营成本的分摊额和利润加价往往以商品大类或商品部为单位统一计算，而不是各种商品单独计算。

在这种定价法中，利润和税金作为加成率是定价的关键。加成率的计算有两种方式，即倒扣率和顺加率。

$$倒扣率=(售价-进价)/售价\times100\%$$

$$顺加率=(售价-进价)/进价\times100\%$$

利用倒扣率和顺加率来计算销售价格的公式如下所示：

$$产品售价=进价/(1-倒扣率)$$

$$产品售价=进价/(1+顺加率)$$

在零售企业中，百货商店、杂货店一般采用倒扣率来确定产品售价，而蔬菜、水果商店则采用顺加率来确定产品售价。

加成率的确定应考虑商品的需求弹性和企业的预期利润。在实践中，同一行业往往会形成一个为大多数企业所接受的加成率。例如，在美国，一些商品的倒扣率一般为：书籍34%，服装41%，装饰用的珠宝饰物46%，女帽50%。

成本加成定价法具有计算简单、方便易行的特点，在正常情况下，按此方法定价可以使企业获取预期利润。但是，如果同行业中的所有企业都使用这种方法定价，他们的价格就会趋于一致，这样虽然能避免价格竞争，却忽视了市场需求和竞争状况的影响，缺乏灵活性，难以适应市场竞争的变化形势。

（二）目标利润定价法

目标利润定价法是指根据损益平衡点的总成本及预期利润和估计的销售量来确定商品价格的方法。运用目标利润定价法确定出来的价格能带来企业所追求的利润。

目标利润定价法要借助于损益平衡点这一概念。

假如：Q_0 表示保本销售量，P_0 表示价格，C 表示单位变动成本，F 表示固定成本，则保本销售量可用公式表示如下：

$$Q_0=F/(P_0-C)$$

在此价格下实现的销售额，刚好弥补成本，因此，该价格实际上是保本价格。由上式可推出：

$$P_0 = F/Q_0 + C$$

在零售企业实际定价过程中，可利用此方法进行定价方案的比较与选择。如果零售企业要在几个价格方案中进行选择，只要估计出每个价格对应的预计销售量，将其与此价格下的保本销售量进行对比，低于保本销售量的则被淘汰。在保留的定价方案中，具体的选择取决于零售企业的定价目标。假设企业预期利润为 L，预计销售量为 Q，则实际价格 P 的计算公式如下：

$$P=(F+L)/Q+C$$

零售企业在运用目标利润定价法时，对销售量的估计和对预期利润的确定要考虑多方面的影响，以保证制定出的价格的可行性。

二、需求导向定价法

需求导向定价法以顾客对产品价值的认知和需求强度作为定价依据，其具体形式主要有认知价值定价法和需求强度定价法。

（一）认知价值定价法

认知价值定价法是指企业根据顾客对产品的认知价值来制定价格的一种方法。它是伴随现代营销观念的发展而产生的一种新型定价方法。

企业在制定价格时，应考虑到顾客对产品价值的评判。顾客在购买商品时总会对其进行比较与借鉴，顾客对商品价值的理解不同，会形成不同的价格限度。如果价格刚好定在这一限度内，顾客就会顺利购买。因此，企业可据此拟定一个可销价格，进而估计此价格水平下的销量、成本及盈利情况，最后确定实际价格。

认知价值定价的关键在于准确估计顾客对产品的认知价值。如果估计过高，定价就会过高，这样销量就会减少；如果估价过低，定价就会过低，这样固然可以多销，但利润就会减少。

下面结合实例，具体介绍认知价值定价。

假设某零售企业经营 A、B、C 3 家企业所生产的同一种开关，现抽取一组顾客作为样本，要求他们分别就 3 家企业的产品做出评判，这里有 3 种方法可供使用。

(1)直接价格评判法。即要求顾客为 3 家企业的产品确定能代表其价值的价格。例如，他们可能将 A、B、C 3 家企业的产品分别定价为 2.55 元、2 元和 1.52 元。

(2)直接认知价值评判法。即要求顾客根据他们对 3 家企业所生产的开关的价值进行认知，将 100 分在三者之间进行分配，假设分配结果为 42、33、25。如果这种开关的平均市场价格为 2 元，则我们可得到 3 个反映其认知价值的价格分别为 2.55 元、2 元和 1.52 元。

(3)诊断法。即要求顾客就 3 种产品的属性分别予以评分，然后把每种属性的得分乘以其重要性权数，再把其结果相加就可得出每种产品的认知价值。假设该产品有产品耐用性、产品可靠性、交货可靠性和服务质量 4 种属性，对每一种属性，分配 100 分给 3 家企业，同时根据 4 种属性重要程度的不同，也将 100 分分配给 4 种属性。假设结果如表 10—1 所示。

表 10—1 诊断法

重要性权数	属性	产品		
		A	B	C
25	产品耐用性	40	40	20

续表

重要性权数	属性	产品		
		A	B	C
30	产品可靠性	34	33	33\
30	交货可靠性	50	25	25
15	服务质量	45	35	20
100	认知价值	41.95	32.65	25.4

由表10－1可以看出，A、B、C 3家企业产品的认知价值分别为41.95、32.65和25.4。由于平均市场价格为2元，平均认知价值为33，按认知价值的比例定价，则A、B、C三家产品的价格可分别定为2.52元、1.96元和1.52元。如果把3家企业的产品均按此定价，则每家企业的产品都可以保持一定的销售量，因为它们提供的价值与价格之比相等。

如果某一家企业产品的定价低于其认知价值，则它将得到一个高于平均数的市场占有率，因为在这时顾客支付同样的货币可换回更多的价值。这样将会迫使其他企业或降低价格或提高其认知价值。提高认知价值的措施主要包括：增加服务项目、提高产品质量和服务质量，以及进行更有效的宣传促销等。

（二）需求强度定价法

需求强度定价法是根据市场需求的强弱利用需求函数来制定产品价格的一种方法。

需求函数是在需求表、需求曲线及需求规律的基础上形成的对需求规律的数学描述，它表明价格与需求之间呈反方向变化的关系。需求函数的形式很多，为简便起见，这里只分析线性需求函数。

假设某商品的价格为P，销售量为Q，商品的线性需求函数的形式如下：

$$Q=a-bP$$

其中，参数$a>0$，$b>0$。

我们可以找出该直线与坐标轴相交的两点$(0,a)$和$(a/b,0)$，给出线性需求函数图（如图10－1所示）。

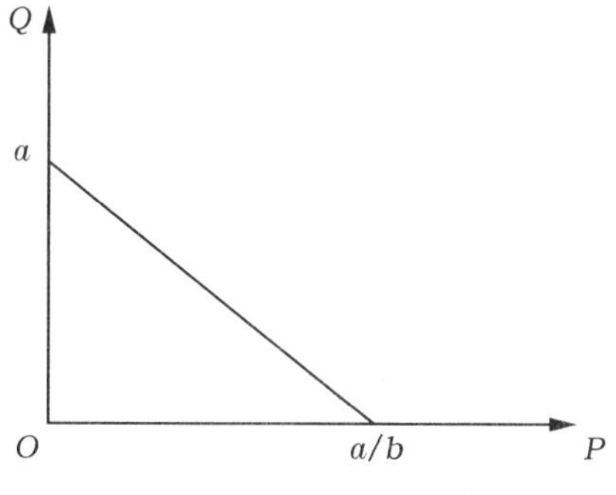

图10－1　线性需求函数

点$(0,a)$的经济意义是，价格为0时，市场对该商品的绝对饱和需求量为a。点$(a/b,0)$的经济意义是销售量为0时的价格为a/b，此时，商品一点也卖不出去。

在这一需求函数条件下，企业的定价方法是：求出需求函数的反函数，即$P=(a-Q)/b$，然后根据企业对市场需求量的调查和统计确定具体的销售价格。

三、竞争导向定价法

竞争导向定价法是以市场上相互竞争的同类产品的价格作为定价的基本依据，并随竞争状况的变化来调整价格水平，具体形式主要有随行就市定价法和投标定价法。

在竞争导向定价法中，零售企业是以竞争者的价格为依据，而不是以需求或成本为依据。当竞争者变更价格时，按竞争导向定价的零售企业也相应变更商品价格。以竞争者的价格为依据，零售企业在定价时可以采取低于市价、等于市价和高于市价三种形式。

(一)低于竞争者定价

零售企业选择低于竞争者定价的方法时所实行的是高销售、高周转的战略。低于竞争者定价也可以获得较高的利润。低于竞争者定价的条件是：零售企业有较低的商品成本和较低的经营成本。低价经营大众品牌商品，可以吸引消费者前来，树立低价形象，如百佳、家乐福都采取这种价格策略。

(二)等于竞争者定价

零售企业选择与竞争者相同的价格，是基于不以价格作为主要的销售策略，而是把地点、商品、服务和促销等有利要素作为重要销售策略，以达到吸引消费者的目的。

(三)高于竞争者定价

零售企业选择高于竞争者的价格是期望通过单位商品的销售获得较高的利润，而不是追求较大的销售量。

四、供货商定价

供货商定价在零售企业的联营和自营两种经营形式中都存在。在联营经营中，商品的价格基本上由供货商确定，但零售企业会根据其商品在卖场的销售情况，提出调整价格的建议。

在零售企业自营商品中，也有一些商品零售价是由制造商或批发商决定的。供货商向零售企业建议零售价格，提供一份零售价目表，或印在包装上，或粘在商品上。虽然使用供货商的定价并不是法律的要求，但是许多零售企业认为，这种方法对于市场价格水平来说是公平的。

从实际操作上来说，零售企业应把这几种定价方法结合起来运用，因为它们各有其长处和短处。

第三节　零售商品的定价策略

零售企业在确定了基本价格后，要建立一种多价位结构，以适应不同的需求特点。因此，有必要针对不同的消费心理、购买行为、地区差异和需求差异等对基本价格进行修改和调整。

一、心理定价策略

心理定价策略是依据消费者的购买心理来修改价格，主要有以下几种形式。

(一)整数定价策略

整数定价就是在调整产品价格时采取合零凑整的办法，把价格定在整数或整数水平以上，给人以较高档次产品的感觉，如将价格定为1 000元或1 050元，而不是 990 元。消费者认为，较高档次的产品能显示其身份、地位等，能得到一种心理上的满足。

（二）尾数定价策略

尾数定价策略是指保留价格尾数、采用零头标价，将价格定在整数水平以下，使价格保留在较低一级档次上。尾数定价一方面给人以便宜感，同时，因标价精确给人以可信感。对于需求弹性较强的商品，尾数定价往往能带来需求量的大幅度增加，如将价格定为 19.9 元，而不是 20 元。

（三）声望定价策略

声望定价策略是指针对消费者"一分钱一分货"的心理，对在消费者心目中享有声望、具有信誉的产品制定较高价格。价格高低时常被当作商品质量最直观的反映，特别是在消费者识别名优产品时，这种意识尤为强烈。这种声望定价技巧，不仅在零售商业中应用，而且在餐饮、服务、修理、科技、医疗、文化教育等行业也被广泛运用。

（四）习惯定价策略

习惯定价策略是指按照消费者的习惯性标准来定价。日常消费品价格，通常采用习惯定价。因为这类商品一般易于在消费者心目中形成一种习惯性标准，符合其标准的价格容易被顾客接受，否则易引起顾客的怀疑。高于习惯价格常被认为是变相涨价，低于习惯价格又会被怀疑产品质量存在问题。因此，这类产品价格应力求稳定，在不得不涨价时，应采取改换包装或品牌等措施，减少消费者的抵触心理，并引导消费者逐步形成新的习惯价格。

（五）招徕定价策略

招徕定价策略是指将产品价格调整到低于价目表的价格，甚至低于成本费用，以招徕顾客并促进其他产品的销售。例如，有的超级市场和百货商店大力降低少数几种商品的价格，特别设置几种低价畅销商品，有的则把一些商品用处理价、大减价来销售，以招徕顾客。顾客多了，不仅卖出了低价商品，更重要的是带动和扩大了一般商品和高价商品的销售。

二、折扣定价策略

折扣定价是在正常价格的基础上给予一定的折扣和让价。采取这种定价策略是为了鼓励消费者购买。常用的折扣定价策略有以下几种。

（一）积分卡累计折扣定价策略

积分卡累计折扣定价策略是一种比较常用的累计数量折扣定价法，顾客缴纳少量费用（或免费）即可获得一张积分卡，在规定时期内顾客累计购买商品达到一定金额，则按其购买金额大小给予不同的折扣。这种定价方法能起到稳定顾客群的作用，目前很多零售企业实行的就是这种积分卡累计定价策略。

（二）会员折扣定价策略

会员折扣定价策略是指消费者只需缴纳少量费用，或达到一定购买量，即可获得会员资格，成为零售企业的会员。会员可享受零售企业的会员价格，购物时可以享受比非会员更多的折扣。目前有不少商家向顾客发放会员卡，在出售商品时按顾客的购买金额给予一定的折扣。对团体会员和个人会员可以采取不同的折扣率。这种折扣策略对扩大商店的目标顾客群作用很大，但要对购买不同数量商品的顾客给予不同的折扣率。

（三）限时折扣定价策略

限时折扣定价策略是指在特定的营业时段对商品进行打折，以刺激顾客的购买欲望。例如，限定在下午1～2点之间，某商品五折优惠。限时折扣可分定时和非定时两种：定时的限时折扣是指商店在固定时间实行限时折扣价。例如，有些超市在每晚关门前的一个小时内，将当天未售完的面包、蔬菜等商品打折销售；非定时限时折扣则是随机抽取一个时段，对个别或部分商品进行折扣销售。限时折扣定价可增强商场的人气，活跃气氛，激发顾客购买欲望，使一些临近保质期的商品在到期前全部销售完。当然，必须保证质量。

（四）季节折扣定价策略

季节折扣是零售商为了平衡各季节的销售，对一些季节性商品进行折扣销售的策略。例如，有些商店在夏季以1～3折的价格销售皮装、大衣等冬令服装；在冬季则以低价销售电风扇等夏令用品。商家在采用此策略时要注意，在消费高潮时的季节折扣要与竞争对手的同类商品价格拉开差距，从而具有明显的价格优势；而在销售淡季时，折扣要体现反季节促销的特点，实现季节性清货。前者能够扩大销售，后者能清理库存。

三、新产品定价策略

新产品定价策略是零售企业价格策略的一个关键环节，它关系到新经营产品能否顺利进入市场，并能否为以后占领市场打下良好的基础。企业在推出产品时，主要有两种定价策略可供选择。

（一）市场撇脂定价策略

市场撇脂定价策略是指在新产品初上市时，把产品的价格定得很高，以获取最大利润，有如从鲜奶中撇取奶油一样。根据实践经验，在以下条件下可以采取市场撇脂定价策略。

（1）市场有足够的购买者，他们的需求缺乏弹性，即使把价格定得很高，市场需求也不会大量减少。

（2）高价使需求减少一些，单位成本增加一些，但不至于抵消高价所带来的利益。

（3）在高价情况下，仍然独家经营，无其他竞争者。有专利保护的产品就可如此实施。

（4）某种产品的价格定得很高，使人们产生这种产品是高档产品的印象。

（二）市场渗透定价策略

市场渗透定价策略是指零售企业把新产品的价格定得相对较低，以吸引大量顾客，提高市场占有率。

企业采取市场渗透定价策略须具备以下条件：

（1）市场需求对价格极为敏感，低价会刺激市场需求迅速增长。

（2）企业的生产成本和经营费用会随着生产经营经验的增加而下降。

（3）低价不会引起实际或潜在的竞争。

渗透定价策略常用的方式有限制价格、消除价格、促销价格和封闭价格。限制价格应用于通货膨胀期间，这样价格可以保持在特定水平上。消除价格是指价格被保持在可以威胁竞争对手生存的水平上。服装专卖店的定价是典型的促销价格，专卖店常常强调其产品质量与百货商店相同，但价格低廉。封闭价格是指价格被保持在阻止竞争对手进入市场的水平上，其目标是在最高可支付价格水平上单独占有市场。

渗透定价策略中低价是唯一的卖点，但市场应该足够广阔，以保证低价也可获利。这也说明需求弹性是决定价格究竟能降到多低的重要因素。

四、产品组合定价策略

产品组合定价策略是指零售企业从追求整体效益最大和动态最优出发，对其整合的各种商品进行最佳的价格组合。根据系统论原理，零售企业在对某一商品采取价格策略时，还需综合配套，动态优化，这样才能顺利地实现零售店的定价目标。

（一）替代商品综合定价策略

替代商品是指用途大致相同，可以互相代替的商品。替代商品价格策略是指零售企业为达到某种营销目的，有意识地安排本商店替代商品之间的价格比例而采取的定价策略。

对于有替代关系的商品，提高一种商品的价格，虽然会使该商品销量降低，但是会提高其替代商品的销量。零售企业可以利用此效应来制定组合价格策略，通过适当提高畅销品价格，降低滞销品价格使两者的销量都能保持在一定水平，从而增加零售企业的总盈利。

（二）互补商品综合定价策略

互补商品是指需要配套使用的商品。互补商品价格策略是指商场利用价格对消费连带品需求的调节功能来全面扩展销量所采取的定价技巧。

对于互补商品，有意降低购买频率低、需求弹性高的商品价格，同时提高购买频率高而需求弹性低的商品价格，会取得各种商品销量全面增长的效果。

（三）产品与服务综合定价策略

对于大件耐用消费品，消费者往往会担心能否长期安全使用，或担心搬运难、怕损坏、怕维修难、怕易耗件不易买到等问题，这些担心都会影响产品的销售和零售企业的收入。对此，零售店可以改变单纯制定销售价的办法，实行销售与服务“一揽子”综合定价策略。即将提供商品售后服务的费用（包括送货上门、代为安装、调试、附送易耗件、三包期内上门修理的费用）算入销售价格内，并将售后服务措施公布于众，这样就可以消除顾客的心理障碍，进而促进销售。

五、促销定价

（一）特殊事件定价策略

有些零售企业喜欢利用一些特殊的时间和事件，把全部或部分商品临时降级以吸引顾客并刺激购买。特殊节日包括公共性节日，如春节、元旦和中秋节等；另外一种特殊节日是商家的开业、店庆或装修后重新开张等。此外，商店还可利用各种与经营相关的特殊事件，实行折扣价格策略以吸引顾客关注和光顾，这是一种“借势”经营行为。无论是哪一种特殊事件定价策略，其主要目的都是通过这些特殊“日子”“事件”来引起顾客的注意，以实现宣传本店、扩大销售的目的。由于特殊事件定价只是临时性的降价，因而不会导致其与竞争对手之间的价格战，也不会在顾客心目中产生价格定势，因此是一种良好的促销价格策略。

（二）提供赠品定价策略

提供赠品定价策略是指向顾客免费赠送礼品或者当顾客的购买金额达到一定幅度时向其赠送礼品。主要有三种操作方式：一是免费赠送，只要进店就可免费获得一件礼品；二是先买后送，即顾客购物满一定金额才能获得礼品；三是随商品附赠礼品，像买咖啡送咖啡杯、买生鲜食品送保鲜膜等。对某些新商品或利润较高的商品，也可以采用销售赠品的定价方法来刺激这类商品的销售。临近保质期的商品，在与供货商协商以非实际退货方式退货后，也可以将其作为附赠品向消费者附带赠送。此外，还可将新商品以小包装方式作为赠品附送。这样，一方面可以促使顾客尝试购买新商品，另一方面也用实物反映价格优惠，有利于扩大销售。

第四节　零售商品的价格调整

价格调整是零售企业把价格当作适应机制来运用。为了适应竞争、季节性、式样偏好等可变因素，有必要降价或提价，通过灵活调整价格来吸引顾客。此外，为了纠正货物储存过多的失误、清理陈旧商品、出空残余花色品种，以及增加商店交易量，可以把商品的原有价格降下来。相反，提价是在需求激增或成本上升时运用的。

一、降价调整

(一)调整价格的原因

1. 调整制定价格的差错

零售企业在开始定价时，往往把价格定得太高，于是商品的减价就在所难免。商品的减价，是在销售价太高而影响零售企业按预期的销售速度、销售数量进行销售时出现的。如果零售企业购进商品的种类是对路的，同时购进的数量也合适，但是销售价定得太高，就为一般顾客的购买带来了一定的阻力。

2. 促销的需要

零售企业常常有这样的情况，购进的商品对路、数量合适、价格定得也合适，却不能按既定计划来销售。在此情况下，为了更好地促进销售，零售企业就会对某些商品的价格进行调整，使顾客注意这些商品的信息，并配合商场广告活动、营业员的销售活动、商场的销售促进活动，引起潜在顾客的购买欲望。

3. 市场变化的需要

为了适应竞争、季节变化、消费者偏好改变，需要进行价格调整。过高的价格常常是与竞争对手的定价情况有关的。如果竞争对手的同类商品的价格明显下降，那么也需要做相应的调整。

4. 处理库存

在采购时对销售估计过高、新品出现、商品接近保质期，以及其他各种意外情况的出现使某种商品积压，必须清理库存；当企业调整经营结构时也需要大量出清存货而采取降价手段。

(二)降价计算

降价可以用货币金额计算，也可以用百分数计算。有两种计算办法，一种是降价率计算法：

$$降价率=\frac{降价总金额}{销售净额}\times 100\%$$

按降价率计算是把原价销售和降价销售加在一起考虑。假定一家商店在一季开始买进100副手套，并按初始价每副40元的价格售出70%的货物，然后商店将剩余的30%手套以每副20元的价格全部售出。它的净销售收入是3 400元，降价额是600元，30副手套每副降价20元。因此：

降价率=(600÷3 400)×100%=17.64%

另一种是计算低于零售价降价率，计算方式如下：

$$低于零售价降价率=\frac{原价-新价}{原价}\times 100\%$$

低于零售价降价率＝(40－20)÷40×100％＝50％

用这一公式，每种商品的降价率和降价商品的降价总额与按原价出售商品的销售额之比率都可以计算出。

(三)降价时机的选择

季节性商品，在季末的时候，合情合理以打折出售。虽然亏本，但这笔货款可再投资于其他商品上，再创造一次机会，总比把商品积压到来年要好得多。降价时机的选择是非常重要的，要考虑时机的选择。零售企业对于降价时机有不同的把握，但必须在商品保质期内或换季前把商品卖掉。对此，可以选择早降价、迟降价、交错降价和全面降价以清除存货。

1. 早降价

为了有计划地保证商品库存更新，零售企业采用早降价策略。在实行这一策略的情况下，当需求还相当旺盛时就把商品低价格出售。采用早降价有以下好处：

(1)实施这种办法，是在需求还很旺盛的时候，就把商品降低价格出售，可以大大地刺激消费者的购买欲望；

(2)早降价与在销售季节后期降价相比，只需要较少地降低价格就可以把商品卖出去；

(3)早降价可以为新商品腾出销售空间；

(4)早降价可以加快商店资金的周转。

2. 迟降价

迟降价策略的主要好处是能有充分的机会按原价出售商品。迟降价的好处有：

(1)商店可以有充分的机会按原价出售商品；

(2)避免频繁降价对正常商品销售的干扰；

(3)减少商店由于降价带来的利润降低。

3. 交错降价

交错降价策略是在销路好的整个季节期间将价格逐步下降。这种策略往往和自动降价计划结合运用。在自动降价计划中，降价的金额和时机选择是由商品库存时间的长短所制约的。库存时间越长，降价率越大，这样就可以保证库存更新。

例如，许多时尚商品专卖店在销售的几周之后削价10％，又过几周再削价10％，这样下去直到商品卖完。这种方法可以促使在第一次降价时未购买的顾客可能会在下一次降价时购买。交错降价可以说是将早期降价和晚期降价策略结合起来运用了。

4. 全面降价

全面降价也称全店出清存货，是指零售企业定期全面地降价的一种方式，通常一年搞两次。这种策略可以避免频繁降价对正常商品销售的干扰。因此，顾客通常会知道每半年一次或一年一度的出清存货大减价，此时所有的或者绝大多数的存货是降价销售的。这样，爱买便宜商品的顾客，会在短时间内被吸引进来。欧美国家的零售业全年出清存货一般进行两次，在1月下旬和8月上旬举行。其目的是在实时盘存和下一季节开始之前把商品清除出去。全店出清存货比自动降价政策的优越之处在于，为按原价出售商品提供较长期限，保证企业获得较高的毛利额；同时它可以避免频繁降价使顾客产生不良的心理反应，使消费者对商店正常定价政策保持信任。

(四)控制适宜的降价幅度

降价的幅度对降价的促销效果会产生重要影响。一次降价幅度过小，不易引起顾客的注意，往往不能起到促销的作用；而一次降价幅度过大，顾客会对商品的使用价值、商品质量等产生怀疑，同样会阻碍商品销售。

确定商品降价幅度，应以商品的需求弹性为依据。需求弹性大的商品，只要有较小的降价幅度，就可以使商品销量大增；相反，需求弹性小的商品，需要有较大的调价幅度，才会扩大销售量。但是，由于需求弹性小的商品，降价可能会引起销售收入和销售利润减少，所以掌握调价幅度是为了促进销售，实质上是要促使消费者购买商品。忽视了消费者的反应，销售就会受挫，根据消费者的反应调价，才能收到好的效果。

降价幅度要考虑商品特性和价值大小，易变质的商品如农产品以及时尚商品需要比日用品有更大的降价幅度。因为商品价值不同，打折的幅度就要有所不同。例如，对1万元的彩电降价10%可能比对100元的MP3降价20%更具有刺激性。

二、提价调整

零售企业的提价一般出于商品进价的上涨，或者出于对商品和原材料价格上升的预期，在供不应求情况下，商品也可能涨价。零售商对商品涨价较谨慎，初始价格一旦确定以后，他们会努力维持现状，尽可能避免涨价。因为顾客对商品涨价非常敏感，常常会产生抵触心理。零售商在经营环境发生变化，商品不得不涨价时，要注意掌握涨价技巧，将提价的负面影响降到最低。

（一）提价技巧

1. 分批提价

即使面临所有商品的采购成本都同时上涨，零售企业也不要同时全面提价。若商店全部商品同时提价，会遭到顾客的抛弃。为了减少顾客对商店涨价的抵触心理，商店采用分批提价的方式为宜。如果全部商品涨价，会导致忠诚顾客流失，促使顾客转而走向竞争对手的商店购物，甚至舍近求远去购买一些日常用品。部分商品提价，不至于给顾客造成太大的涨价冲击。在整个行业都涨价的形势下，随着时间的推移，顾客对于涨价之事会逐渐淡忘，对原来无法接受的价格会逐渐适应，此时商店可以将其他商品价格也提上去。因此，商店即使需要对所有商品涨价，明智的做法是分批分阶段涨价，先选出一部分不得不涨的商品或不敏感商品涨价，然后再逐一提高其他商品价格。

2. 分阶段提价

尽管商品的采购成本可能短时间内上涨过快，涨价也是事出有因，但大多数顾客一般并不关心商店出于什么原因涨价，而只是关心自己能否接受这一新价格，即涨价后的价格与心目中的价格标准是否接近。如果涨价幅度过高，不论任何原因，都会导致顾客减少购买，或寻求其他价格相对便宜的商品。因此，商品的一次涨价幅度不能过大，尤其是顾客对价格敏感度较高的商品，涨价幅度更要谨慎。盲目涨价之后，不仅失去了这一部分顾客购买力，还将连带失去其他商品的营业额。在涨价幅度上最好跟在其他企业后面，不要当出头鸟。

商店如果需要调整的价格幅度较大，最好采取分段提价的办法。当然，顾客对不同商品的敏感度是不同的，顾客对成本很高和经常购买的商品价格非常敏感，而对低成本的和不经常购买的商品则不太注意其价格是否上涨。另外，有些顾客虽然关心商品价格，但更关心商品购买、使用和维修的总费用。如果零售商能使顾客所付的总费用较低，则即使其制定的价格高于竞争对手，仍有可能扩大销售额。

3. 附加馈赠

涨价时，以不损害商店的正常收益为前提，搭配附属商品或赠送一些小礼物，把一些滞销商品乘机推销出去，或提供某些特别优惠，这样给顾客一种商品价格提高是由于搭配了附属商品的感觉。过一段时间，再撤去搭配商品，稳定在新价格水平。这样做要注意时间上的配合。

4. 减少分量

有些商品的量是可以调整的。当成本上升不得不涨价时，可以适当减少分量，维持价格不变。许多消费者不太在意分量的变化，而在乎价格的变化。

（二）涨价时机的选择

涨价不是在任何时候进行都一样，最好选择恰当的时机。除非商品采购成本突然大涨，不得不当时涨价，否则涨价需要考虑时机。涨价如选择一个恰当时机，可以减少涨价带来的负面影响。商店通常选择的涨价时机有：

（1）当商品采购成本上升，商店已经出告示通知顾客一段时间，而顾客皆知采购成本上涨时。

（2）季节性商品换季时。如冬季商品换成春季商品时，对新上市的春季商品可以考虑高于上年价格的幅度销售。

（3）年度交替时。新年或春节期间消费比较热，顾客手中要花费的钱比较多。此时，顾客对商品价格敏感度减弱，在这一时期涨价容易被顾客接受。

（4）应节商品。传统节日和传统习俗时期，因为顾客这时对价格关心程度较低，对商品本身的关心程度较高。这时提高价格往往不会遭到顾客的拒绝。

本章小结

在现代市场经济条件下，企业面临的竞争压力越来越大，消费者需求日益个性化，使得零售企业的价格决策在管理中的位置越来越重要。零售企业要综合考虑零售商品定价的影响因素、零售商品定价的方法、零售商品定价的策略以及零售商品价格的调整，以便适应多变的市场环境。

案例分析

无印良品中国价格策略：不打折直接降

日本零售品牌无印良品，近日宣布在中国展开新一轮的“新定价”活动，即部分商品降价，这是自2014年10月以来，无印良品开展的第五次降价。

支撑无印良品实现降价的最重要原因是，该品牌在中国市场销售规模的迅速扩张。至2016年年底，无印良品将在中国拥有200家门店，中国市场已经成为无印良品最大的海外市场。

这一切，是现任无印良品上海总部董事总经理的山本直幸，在2008年刚刚来到中国任职时，所没有预料到的。

2008年，山本直幸作为无印良品在中国负责产品采购的贸易公司总经理第一次来到中国，“那时的无印良品上海总部办公室，就在南京西路门店，门店的后面有一个区域作为办公区域”，从日本总部初到中国的山本直幸看到后，心里很惊讶，“哇，这就是中国总部啊”。

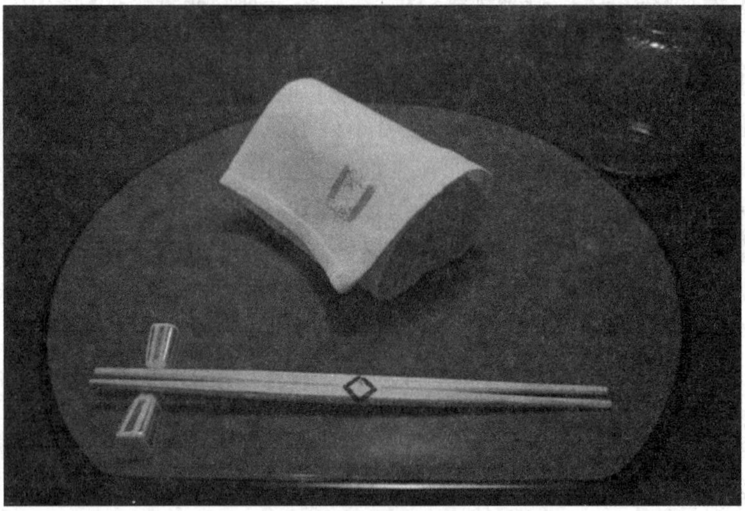

无印良品店

3年后，山本直幸调任无印良品上海总部，从管理经理、营业经理到现在的董事总经理，经历了无印良品在中国的快速发展，员工数量从30余名到如今的150余名且仍在继续招聘，也亲历了办公地点的两度搬迁。

2016年9月1日，山本直幸在3天前刚刚入驻的位于越洋广场的办公室，接受了澎湃新闻(www.thepaper.cn)记者专访。越洋广场坐落于上海市中心最繁华区域之一的静安寺板块。

山本直幸说，新定价并不是中国所特有，此前在日本也曾经做过，“因为打折促销会让消费者产生‘不打折不购买’的心理设定，这样不仅我们很累，顾客其实也很累”，所以才有了直接降价的策略。

2005年进入中国的无印良品直到2014年才开始了首次降价，山本直幸解释说，这源于中国销量的变化。

无印良品提倡保持物品原来的样子，商品没有太多的装饰，它诞生在日本对于商品过度消费的批判时期。山本直幸认为，近几年得益于中国消费者消费观念的改变，“越来越成熟、更加理性”，无印良品的品牌理念开始受到中国消费者的认同。

在最初进入中国的几年里，无印良品发展很慢，直到2011年时，它在全国也不过38家门店。但在最近3年内，无印良品却保持着每年超过30家的新增门店速度，2016年则会达到40家，为有史以来门店数量增加最多的一年。

销量的增加使得中国市场有了改变进货流程的可能。“以往，中国市场的商品均从日本进口，即便有些是在东南亚国家生产，但也需要折回日本进行分货。随着中国市场的订货量越来越大，中国公司可以从东南亚产地直接进货，这样一来，不仅省去了物流费用，同时也可以通过中国与东南亚国家签订的特惠关税合约，免除关税。”

2014年首批服装用品的降价便是受益于此。此外，无印良品加大了在中国本土的产品生产，以食品为例，为了扩大该品类商品，无印良品目前很多商品均采用“日本配方本土生产”的方式。

降价后的商品，若去除消费税、汇率等其他因素的影响，与日本本土价格已经相当。按照山本直幸的计划，无印良品在中国会于2018年实现与日本基本同价。

随着门店数量的增加，无印良品对于中国市场也更加有信心，除已经销量大增的商品，无印良品也会为了推动销量而提前调高库存从而降低价格，譬如家具。

此次被纳入降价范围的 500 余种商品中，有 400 余种为较为大件的家具产品，在中国 2015 年成为第一大海外市场后，无印良品已经不满足于再向中国消费者销售那些单价较低的零食或杂货。

目前占无印良品中国销售额最多的品类是健康及美容用品。山本直幸理解为，“那些曾经买过无印良品文具的中学生进入了社会，需要用些化妆品”。2005 年，无印良品刚进入中国市场时，出售的较多是文具杂货。但在日本，家具等“住空间”商品占销售总额的比例达到 25%，山本直幸觉得中国市场也有这样的消费潜力，“这批进入社会的年轻人自然也会需要家具用品”。顺着这个顾客成长轨迹，山本直幸还把童装等亲子产品作为未来无印良品在中国要扩大的产品品类。

无印良品常常会被与另一家日本零售企业优衣库对比，但无印良品似乎并不想成为一家单纯的服装销售商，即便目前男装、女装加内衣的销售份额要接近 30%，甚至超越了健康及美容用品。山本直幸在采访中主动提到了“宜家”，他说在逛宜家的时候，常常看到很多家人、朋友一起去逛，他希望无印良品也成为支持人们生活的一部分，在顾客人生的每一个成长轨迹，都可以为其提供商品，“刚开始买些杂货用品，然后添置衣服，长大会买化妆品，成家后有了小孩，可以来买儿童用品，还有家具，在日本，无印良品还出售用于建筑房子的工具”。为了促进家具用品的销售，无印良品已经在内部发展了约 40 名的搭配顾问，在店内为消费者提供家具搭配咨询。山本直幸希望，将来不仅能在价格而且能在商品尺寸及款式上提供更多适合中国消费者的家具商品。

与很多正在大力发展电商的零售商不同，山本直幸仍然把门店看作无印良品最重要的阵地。目前除了官网，无印良品在天猫开设了旗舰店，同时有 APP 客户端可供购物，但他将天猫旗舰店定位为“辅助打假”。

山本直幸认为，未来也不会出现“线下店铺越来越少”的情况，“实体店铺可以体现商品、服务和沟通，这三个都有，才是无印良品的品牌，只有商品并不行”。

为了吸引客流，无印良品的门店也在改变。山本直幸称，早年商品放在货架上就能卖出去的时代在中国已经一去不复返了，现在要吸引顾客，零售场所必须更加注重体验，“逛累了，可以有一个地方坐下来休息一下”。有着“中国大陆的最大旗舰店”之称的淮海中路无印良品旗舰店 2015 年 12 月 12 日开业时，首次出现了 MUJI Cafe 和 MUJI Books。未来，无印良品会进一步扩大零售店的餐饮品类，即将在中山公园开业的门店不仅有 MUJI Cafe，还将首次销售烘焙面包。

随着中国整体经济增速的放缓，山本直幸坦言感受到了压力，称 2016 年要想达到 2015 年业绩翻倍的增速非常困难。但对于已经在无印良品工作 25 年的他来说，并不会因此“压力山大”。“2000 年时，无印良品业绩非常差，很多员工认为公司快要没有了，”山本直幸当时是日本无印良品的一名区域经理，“所有的事情都不是一帆风顺的，我们需要一起去跨越它，人生总是一步步走，超越一个还有另外一个。”

（资料来源：澎湃新闻，记者：宦艳红）

讨论题：

试分析无印良品的调价策略。

延伸案例：

1. 奢侈品蜂拥涨价 意在品牌利益最大化

2013年年初，奢侈品蜂拥涨价。

自2012年12月29日贝玲妃的先行提价引发了奢侈品涨价潮以来，2013年1月4日，SK-Ⅱ专柜也上调了80%产品的价格。

近日，香奈儿、迪奥两大品牌同样酝酿涨价。北京百盛购物中心的香奈儿专柜以及迪奥专柜都证实了两个品牌未来将会涨价的消息。两个专柜的负责人均表示，已经收到来自总部的电子邮件表示未来将会涨价。至于具体涨价的时间，香奈儿专柜的负责人表示，约在1月15日或17日。迪奥专柜的负责人则表示在1月31日或2月1日。

但是关于涨价的幅度以及涨价的产品，上述专柜负责人表示，目前还没有收到相关细节通知，因此无法告知。

此次"涨价潮"是否将会波及更多的奢侈品品牌？雅诗兰黛的君太店以及娇兰的当代专柜都表示，最近没有收到涨价的通知。海蓝之谜的客服也表示，暂时未收到相关涨价的通知。

对于2013年国际一线品牌化妆品集体调价的原因，品牌商的一致解释是，原材料、人力、汇率波动、税收、通货膨胀及市场环境等众多因素影响导致成本上升，导致终端销售产品不得不提高价格。中国区SK-Ⅱ高级品牌公关经理杨泊曾向媒体公开表示，调价主要是受原材料和人力成本等价格因素的影响。

但业内的看法则与企业不同。财富品质研究院院长周婷表示，客观因素虽是成本上涨和汇率等原因，但真正的原因是价格策略。"中国市场奢侈品的需求非常强劲，奢侈品品牌仍然保持涨价，是有意识的价格策略。"她认为，目前奢侈品牌的策略是品牌利益最大化而不是消费者利益最大化。在消费者需求很强时，其策略导致奢侈品牌一方面控制产量，一方面提高价格，以保持或者扩大自己的市场空间以及利润空间。

品牌营销专家于斐也对此表示赞同。他表示，欧美市场的萎缩和中国市场的强劲势头也为奢侈品涨价带来了动机，"由于国外产品的品牌经营策略，目前，国外奢侈品企业掌握了市场话语权，有价值导向的能力"。

那么营销成本的上涨是不是导致奢侈品涨价的具体原因？周婷表示，"这种说法不合理。奢侈品分为两种：一种大牌营销成本是很高，但实际上投入产出比方面绝对是赢家；另一种奢侈品很顶级、很小众，市场投入也是明显不足的"。

（资料来源：《每日经济新闻》，作者：郭梦仪）

2. 搜集资料，对比家乐福与大润发的价格策略。

3. 居然之家跨界开居然安康进口食品超市，分析其价格策略。

思考题

1. 影响零售企业定价的主要因素有哪些？

2. 简述零售企业常用的确定商品价格的方法。

3. 零售企业有哪些主要的定价策略?
4. 零售企业的心理定价策略有哪些?举例说明。
5. 零售企业调整价格时要考虑哪些因素?
6. 请选择一家零售企业,分析其商品提价原因、提价的时机、提价的幅度和提价的策略。

第十一章　零售促销管理

本章学习要点

1. 零售促销活动的意义与零售促销活动的类型；
2. 零售促销规划的步骤；
3. 零售促销策略。

关键术语

零售促销　销售促进

第一节　促销活动概述

零售促销是零售商运用各种广告媒体和开展各种活动或者通过宣传报道，向顾客传递有关商品服务信息，吸引、说服、刺激消费者接受零售商及其提供的商品和服务。零售促销包括所有将商品以直接或间接方式出售给顾客的活动与措施。

零售商应用促销活动的目标与企业的经营目标是一致的，可以将之归纳为有利于提高长期的和短期的经营效益。

一、零售促销的意义

由于零售市场竞争激烈，企业为适应市场环境改变，经营状况相应也在不断变化，因此零售商需要利用各种传播方法告诉消费者变化的信息，消费者也需要知道零售商的新信息以便决定购买行动。企业与消费者都有沟通的需求，促销的意义在于以下几个方面：

(一)让消费者认识、了解零售企业

零售市场每日都有新变化，比如，新商店的开张、原有商店重新装修、新品上市、价格变动、提供新服务项目等。顾客如果不知道某个商店的存在及所在地点，不了解商店有什么商品、商品的档次、服务水准、价格水平、商店新的变化，就不会去该商店。所以，零售商首先要让顾客知道商店的存在及企业现状、商店有哪些商品可供选购、某种厂牌或商标的商品价格是多少、在哪里能买到、顾客能得到哪些优惠、还能为顾客提供哪些服务等，帮助顾客认识商店。同时面对数量众多的商店，顾客也不知如何选择，他们也迫切想了解能满足自己需求的信息。因此，零售企业的促销活动能直接或间接地向顾客提供有关商店与商品的一切信息。顾客了解这些信息后，便能决定到可满足自己需求的商店去进行购买。

（二）让消费者知道零售企业的定位，建立商店形象

商店的形象和声誉是零售企业的无形资产，直接影响其商品销售。通过促销活动向消费者传播企业有关信息，使消费者了解到本商店对待消费者的态度，为消费者提供的利益。特别要强调本企业能给消费者带来的特殊利益，从而在市场上建立并巩固本企业的良好形象。一方面使消费者形成对本商店的印象，树立起商店的形象；另一方面有利于加强零售企业在市场竞争中的优势。良好的企业形象会使顾客产生亲切感、信任感，使其愿意到本零售企业购物，并可能积极为本企业做口头宣传，进一步扩大企业的知名度和可信度。

（三）让消费者知道零售企业的特点和优势

促销可以突出零售企业特点，扩大企业影响。在竞争激烈的市场环境下，消费者往往难以辨别或察觉众多零售企业间的差别以及经营同类商品间的细微差别。这时，各零售企业就可以通过促销活动，反映各自的经营特色和特点，突出各自不同的主题、特色商品、特色服务；同时借助促销活动，大力宣传本零售企业与竞争企业以及经营商品间的不同特点，强调能给消费者带来的独特利益等。促使消费者偏爱本商店的商品与服务，起到吸引目标顾客进入商店的作用，稳定本零售企业的市场占有率，巩固市场竞争地位。

（四）引起消费者的购买欲望，扩大销售

零售企业的促销信息使企顾客相信，购买该商店的商品对顾客本身是必需的、方便的、有利的，从而起到说服顾客采取购买行动的作用。零售企业可通过促销激发潜在顾客的购买欲望，引发他们的购买行为。有效的促销活动不仅可以诱导和激发需求，在一定条件下，还可以创造需求，从而使市场需求朝着有利于零售企业商品促销的方向发展。当零售企业的商品处于需求不足时，促销活动可以扩大需求；当需求处于潜伏状态时，促销活动可以开拓需求；而当需求衰退时，促销活动又可以吸引更多的新用户，保持一定的销售势头。

（五）维持和扩大零售企业的市场份额

许多情况下，在一定时期内，零售企业的销售额会出现上下波动，这不利于稳定其市场地位。这时，零售企业可以有针对性地开展各种促销活动，使更多的消费者了解、熟悉、信任本公司出售的商品以及提供的服务，从而稳定乃至扩大公司的市场份额，巩固其市场地位。

（六）成为零售企业开展竞争的手段

促销是市场竞争的产物。促销主要是由竞争引起的，促销的主要作用之一是与竞争者对抗。零售市场每时每刻都在竞争，促销是对付竞争的最好办法。由于竞争者采取了促销措施，本零售企业就必须对此做出反应，即进行相应策划。促销策划具有充分的预期性，可以对抗竞争。促销在市场上的效果是推动竞争，促销也正是使零售企业在竞争中取胜的利器。

（七）能够反映零售企业的经营活力

零售企业经营商品种类繁多，新产品层出不穷，很多产品刚上市时，不为消费者所了解。零售企业适当地开展促销活动可以迅速地把商品介绍给顾客，激发消费者需求，促进消费者购买和消费。同时，通过与消费者接触，可以加强零售企业与顾客间的信息沟通和感情交流，了解顾客对商品的反应和消费需求的变化。

(八)能够帮助零售企业清除库存的过时商品

由于换季或商品保值期的限制等各种原因,商店可能会形成较大的不必要的库存。若不及时处理,这些库存将会给企业带来很大损失。这时零售企业就要借助促销把库存商品迅速处理掉。

二、零售促销活动的类型

(一)按实施时间长短分

1. 长期性促销

长期性促销活动的进行时间一般在一个月以上,主要着眼于塑造本店的差异优势,增加顾客对本店的向心力,以确保顾客长期来店购物。长期性促销项目手段各种各样:早晨提前开店,晚上延长闭店时间;提供免费停车服务,或凭购物收据提供免费停车服务;设置快速收银通道;晚上定时部分商品打折出售;购买大件商品免费送货上门;免费礼品包装;等等。

2. 短期性促销

短期性促销的主要目的是希望在有限的期间内,通常是 3～7 天,借助具有特定主题的促销活动,以提高来客数,达到预期的营业目标。短期性促销名目有春节、五一、十一黄金周、圣诞节、元旦等。

(二)按实施活动的促销主题分

1. 开业促销活动

大中型商店在开业时均会策划一个较为大型的促销活动,因为开业促销对商店而言只有一次,而且它是顾客第一次接触商店,会在心目中留下深刻的第一印象,影响顾客将来的购买行为。顾客往往根据自己的第一印象长久地留下对这家商店的商品、价格、服务、气氛等印象,而第一印象一旦形成,以后会长期保持。所以,每一家商店对开业促销都非常重视。如果开业促销活动成功,通常当天的销售额将超过同类商店平时营业额的 3 倍以上。

2. 周年庆促销活动

周年庆促销活动是仅次于开业促销活动的一项重要活动,因为每年只有一次,而且供货商对商店的周年庆也比较支持,会给予商家更多的优惠条件。因此,商店一般会在这一时期举办较大型的促销活动,活动范围比较广、优惠很多,往往引起购物狂潮。

3. 例行性促销活动

除了开业和周年庆促销活动,商店还往往在一年的不同时期推出一系列的促销活动,这些促销活动的主题五花八门,有的以节日为主题,如国庆节、春节、中秋节、儿童节等;有的以当年的重大活动为主题,如庆祝北京举办奥运会等。尽管这些主题花样繁多,但每一商店在下一年要办哪些促销活动已经做好计划,每年的变化不会太大,故称为例行性促销活动。有些超市每个月举办一次促销活动,均可算在例行性促销活动之列。

4. 竞争性促销活动

竞争性促销活动是指针对竞争对手的促销活动而采取的临时性促销活动。这一方面是由于新的商店或商业集群不断涌现,市场竞争日趋激烈;另一方面是现存的竞争商店不断在推出促销活动。为了与竞争对手相抗衡,防止竞争对手在某一促销时期将当地客源吸引过去,商店往往会针对竞争对手的促销行为推出相应的竞争性促销活动,以免自己的营业额下滑。

（三）按沟通方式来划分

1. 单向沟通式

单向沟通式如特价、优惠券促销、赠品促销、POP促销等。

2. 双向沟通式

双向沟通式如意见征询、有奖答题、现场促销等。

（四）从作用效果来划分

1. 产品入市促销

新产品入市通常要使用促销工具来解决消费者认知及尝试购买使用这两个障碍，常规的促销形式有样品派送、赠购、限期优惠等。

2. 巩固重复购买促销

维护品牌忠诚者重复购买率的重要武器之一，就是合适的、持续的促销活动，如消费者跟踪优惠折让、新产品或新服务优先试用、累计积分奖励等。

（五）从营销角度划分

1. 零售企业卖场促销

零售企业门店要实行总部的统一促销计划，此外门店促销主要体现在零售企业卖场促销，包括店头促销、现场促销、展示促销、特价促销、让利酬宾、折扣优惠等。这是连锁零售企业使用最频繁的促销工具之一，也是影响消费者购买最重要的因素之一。

2. 广告促销

包括利用各种广告媒体，如邮报、商场内广告、街头广告牌等进行促销。

3. 服务促销

服务是零售企业巩固老顾客和开发新顾客的最重要的方法之一，零售企业间的竞争，某种意义上就是服务的竞争。

零售企业的服务促销，是零售企业以某种方式、活动或劳务向消费者提供服务的促销活动。常见的方式有商品介绍服务、订购服务、加工服务、送货服务、维修服务、培训服务、咨询与信息服务以及日常便民服务项目促销活动。例如，代缴公用事业费、代售电影及晚会票、代收洗衣服、附售IC电话卡、自动提款机、冲洗相片、复印和传真、出售和出租书籍、录像带及游戏卡等。这些项目的开展不仅可以增加零售企业每日的客流量，促进商品的购买，还能使零售企业在其服务的社区内形成良好的企业形象。

4. 人员促销

零售企业人员促销，主要是指营业员促销。但零售企业的销售过程十分强调顾客的“自助”，即“自我服务”，故一般只是在商品促销期间，或是当顾客有请求时，营业员才会向顾客提供帮助。营业员的主要任务如下：

（1）巡视。在零售企业中，营业人员应以亲切、温和、细致的眼光巡视商场，观察顾客群，随时准备为需要咨询的顾客服务，并兼顾货架上翻乱商品的整理。

（2）熟悉零售企业商品知识，包括商品原料、性能、质地、产地、使用方法、保管方法、真伪识别等知识，以备顾客咨询。此外，还应开展针对性介绍及演示，提高顾客的即兴购买欲，尤其是新产品，通过营业人员热情推荐，把新产品顺利推出市场。

（3）发展与顾客的友好关系。零售企业多开在居民区，因此应努力培养老顾客，发展彼此间友好和信任的关系，使顾客把零售企业当成自己的家，把营业员当成购物好参谋，形成对零售企业商品的习惯性购买。

5. 公共促销

许多富有创意的公关促销活动，在极大促进销售的同时，使零售企业的形象获得良好、适当的传播。事实上，越来越多的顾客希望零售企业在更多的促销活动中加入公关服务。这种需求形态的转变，代表了一种新的趋势。凡是著名的零售企业，都非常善于利用公关促销方式制造公关事件，扩大企业的知名度，而忽视公关的零售企业将难以生存成长。

公关活动的创意一定要新奇。从事零售企业工作的人员会觉得要做到这点很难，因为消费诉求及消费偏好的变化很快，似乎只在消费者的一念之间。在这种情况下，零售企业必须事先对促销活动定位与企业定位的结合度、企业环境、竞争分析、企业资源条件、活动目的等方面进行综合性的评估，然后再制定企业公关促销活动计划及其具体内容。

第二节 零售促销计划的规划

零售企业的促销活动主要围绕零售企业的年度促销计划展开，促销活动能否实现计划的目标，取得预期的活动效果，关键在于活动策划是否有创意、是否周密。促销策略实施的步骤分为：确定促销目标、选择促销时机、确定促销商品、确定促销主题、选择促销方式、选择促销媒介、确定促销预算和促销效果评估等方面。

一、促销目标的确定

零售企业在不同时期的促销活动都有其具体目标，促销目标不同，促销方式也不尽相同，所以在制定促销策略时，首先要明确具体的促销目标，这样才能有的放矢，事半功倍。零售企业的促销目标有：提高销售额、提高利润额、提高来客数、提升企业形象、加快商品的周转和对抗竞争对手等。

二、促销时机的选择

同样的促销活动方式，同等的费用，由于促销活动所展开的时机不同，会产生不同甚至相反的效果。良好的促销活动必须把握时机，选择促销时机是促销活动策划的重要内容之一。促销时机的选择主要包括以下两个方面的问题。

（一）促销活动期限

促销活动期限分为长期性促销活动和短期性促销活动。将期限在一个月以上的促销活动称为长期性促销活动，其目的是塑造商店的差异化优势，增强顾客对商店的忠诚度，也确保顾客长期来店购物，如：提供免费停车；购物满一定金额，可享受免费送货等。短期性促销活动，通常是3～7天，其目的是在有限的时间内，通过特定的主题活动来提高来客数及销量，实现预期的营业目标。

（二）促销活动的时机

季节和天气的变化，节假日与重大的事件等因素，都会引起消费者需求的变化。把握好时机就等于把握了消费需求，在不同的时间采用适当的促销方式会取得非常好的效果，零售企业常用的促销时机有以下几种。

1. 季节

消费者在不同的季节会有不同的市场需求，这对各类商品的畅销、滞销会产生很大的影响。春、夏、秋、冬都可以成为零售企业促销的好时机，选择该季最畅销的商品种类进行促销，其促销效果会非常明显。同时，应在淡季策划有创意的促销活动，使淡季不淡，通过提前或延迟销售期来提高销量。

2. 日期

顾客在一个月或一个星期之中的购物是不平衡的，例如周末休息日的需求与平日会有差异，所以促销活动的实施也应与日期相配合，有针对性地进行促销活动。

3. 天气

天气变化对人们购物的影响越来越大，它不仅对人们的出行有影响，而且对人们的消费心理也有着重要的影响。天气不好时，如何向顾客提供价格合理、鲜度良好的商品，以及舒适的购物环境（如伞套、伞架、防滑垫、干爽的卖场等）也是促销计划中应考虑的因素。

4. 节假日

节假日已成为零售企业进行促销的重要机会之一。应依节日的不同来策划不同的促销活动。一般可将节日分为以下四类：

(1)法定节日。法定节日是指人们依法享有休息日的节日，如元旦、五一、十一、春节等。

(2)西方节日。西方节日是指西方传统节日。现在许多年轻人热衷于西方的传统节日，如圣诞节、情人节等。

(3)宗教节日。宗教节日是指与宗教信仰有关的节日，如开斋节等。

(4)民俗节日。民俗节日对于商品的销售有很大的影响，尤其是节日特色商品，如元宵节的汤圆、端午节的粽子等。

5. 重大事件

重大事件是指各种社会性的活动或事件，如重大政策法令出台、学校的寒暑假、运动会等，这些事件与活动常会为促销带来机会，有计划地加以利用，会取得较好的促销效果。

三、促销商品的确定

顾客的基本需求是能买到价格合适的商品，所以促销商品的品种和价格是否具有吸引力，将影响促销活动的成败。一般来说，促销商品有以下几种。

（一）节令性商品

根据季节和节日选择时令性的促销商品，如夏季选择饮料、旅游用品与空调等。

（二）敏感性商品

敏感性商品一般属于必需品，由于消费者十分熟悉它的市场价格，极易感受到价格的变化，如饮料、牛奶、鸡蛋与大米等。选择这类商品作为促销商品，在定价上稍低于市场价格，能有效地吸引更多的顾客。

（三）众知性商品

众知性商品一般是指品牌知名度高、市场上随处可见、替代性强的商品，选择此类商品作为促销商品，往往可以获得供货商的大力支持。

（四）特殊性商品

特殊性商品主要是指商店自行开发、使用自有品牌或市场上无对比的商品，这类商品的促销活动主要应体现商品的特殊性，价格不宜定得太低，但也要注意价格与品质的一致性。

四、促销主题的确定

零售企业开展一系列的促销活动或进行大型的统一的促销活动时，需要设计一个统

一、鲜明的主题，使一系列的活动成为一个有机的整体。表 11－1 例示了零售促销活动的主题。

表 11－1　零售促销活动的年度主题

月份	主题
1月	新年大拍卖、节日优惠、冬季清仓大甩卖等
2月	节日促销、春节拍卖、春季流行商品展销等
3月	妇女节、春季时装发布会等
4月	郊游时装发布会、体育用品展销等
5月	劳动节、母亲节、儿童用品展销等
6月	儿童节、端午节、夏季流行服饰等
7月	节日促销、夏季商品大减价、海滨用品展销等
8月	夏季清仓打折、学生用品展销等
9月	教师节酬谢、秋季商品发布会等
10月	国庆节、秋冬季新产品展销等
11月	御寒用品、保暖器具展销等
12月	年货促销、圣诞节、元旦等

五、选择促销方式

促销方式的选择是促销策划的一个重要内容，促销方式应该以促销目标、促销主题及促销商品特点为依据，再依据促销方式的促销效果来确定。零售企业的促销方式主要有：广告、销售促进、公关和人员推销等。

六、选择促销媒体

零售企业举办促销活动，必须通过相应的媒体把信息发布出去。媒体的选择应该根据促销活动的方式、商圈范围、顾客特点和媒体本身的成本等因素进行选择。不同媒体的优劣势如表 11－2 所示。

表 11－2　不同媒体的优劣势

促销媒体	优势	劣势
报纸	市场覆盖面大、受众广泛、可信度高	寿命短、复制质量差、读者传阅少
电视	结合影像，感官吸引力强，接受人数多	成本高、演播瞬间消逝
广播	传播面广、受众多、成本低	只有声音效果，一播即逝
杂志	地理和人口选择性强、读者传阅多	广告购买前置时间长
户外广告	富有灵活性、展示重复率高、竞争弱	不能选择受众、创造性有限
互联网	范围广、高度开放、互动性强	制作费用高

七、促销预算的确定

通过促销预算来确定合理的促销费用是促销活动能够顺利进行的保证。确定促销预算的总的原则是促销为企业所增加的利润应当大于促销费用的支出。零售企业促销预算包括两项内容：一是需要的资金量；二是资金的来源。

（一）确定促销预算的方法

1. 营业额比例法

营业额比例法是指按营业额的一定比例来提取促销费用。其优点是简单、明确和易控制。这个比例数的大小因企业不同、市场不同会有很大差异。其缺点是缺乏弹性，不一定能满足促销的实际需求，会影响促销效果。

2. 逐项累积法

逐项累积法是指根据年度促销计划设定的促销活动所需的经费，逐项累积得出需要的促销费用，如广告费、礼品费、人员费和公关费等。这种方法的优点是以促销活动为主，考虑到了实际的需要；缺点是费用支出较大，如未达到预期效果，必将影响整体效益。

3. 量入为出法

量入为出法是根据企业的财力来确定促销预算。这种方法的优点是能确保企业的最低利润水平，不会因促销费用开支过大而影响利润的最低水平；缺点是由此确定的促销预算可能低于最优预算支出水平，也可能高于最优水平。

4. 竞争对等法

竞争对等法是指企业按竞争对手的促销费用来决定自己的促销预算的方法。这种方法的优点是能借助他人的预算经营，并有助于维持本企业的市场份额；缺点是情报未必准确，而且每家公司的情况也不同。

5. 目标任务法

目标任务法是根据促销目的和任务来确定促销预算的方法。这种方法的优点是促销效果较好，使预算能满足实际需求；缺点是促销费用的确定仍带有主观性，且促销预算不易控制。

（二）促销费用的来源

在现在的零售促销活动中，厂商与商店共同负担促销经费的方式已成为一种趋势。其主要方法是将厂商的促销活动融入商店的促销计划内。例如，由厂商提供样品和赠品；举办推广特定商品的促销活动；配合厂商在大众传播媒介的促销活动；在店内开展优惠促销活动；等等。

八、促销效果的评价

促销活动结束后，应立即对其进行效果评估，以总结经验与教训。但是很多企业却忽视这一工作，即使有的企业进行评估，可能也做得不够深入，而有关获利性的评估更是少之又少。其实，促销效果评估是促销决策的重要一环，它对整个市场营销战略的实施具有重要意义。

对促销效果评估的方法依市场类型的不同会有所差异。总的来说，主要有销售绩效分析、消费者固定样本数据分析、消费者调查和实验研究四种方法。

（一）销售绩效分析

销售绩效分析是最普通、最常用的一种评估方法，即对活动前、活动期间和活动后的销售额或市场份额进行比较分析，根据数据变动来判别促销活动的效果。在其他条件不变的情况下，增加的销售额或市场份额就应归因于促销活动的影响。这时主要有三种不同情况，具体分析如下。

第一种情况：假如企业在促销活动前占有6%的市场份额，活动期间上升至10%，活动结束后又跌至5%，经过了一段时间又回升至7%。这是一种较为理想的结果。显然，此次促销活动吸引了新的消费者，也刺激了原有消费者更多地购买。活动结束后销售量的下降，主要是消费者需消耗他们的存货所致。此后市场份额又回升到7%，说明该企业获得了一些新顾客。

第二种情况：企业产品的市场份额在促销期间上升至10%，活动结束后立即跌至2%，经过一段时间后又回升至6%。这表明，活动期间，购买者主要是现有顾客并且在储存商品，活动结束他们便消费这些商品，最后又恢复到以前的购买频率。这说明，此次促销活动的结果在很大程度上表现为购买时间模式的改变而非总需求的改变。但企业在这种情况下的促销并不一定是浪费。特别是当企业库存过多、资金周转不灵时，这种促销活动还是有一定意义的。

第三种情况：企业的市场份额在活动期间只上升了很少或没有改变，活动期一过就回落，并停留在比原来更低的水平上。这说明该产品基本上处于销售衰退期，此次活动只是使衰退速度放慢了一些，但无法改变衰退的趋势。

（二）消费者固定样本数据分析

消费者固定样本数据分析可用来评估消费者对促销的反应。道森、泰伯特曾对消费者固定样本数据进行了专门研究，他们发现优惠活动通常促进了品牌转移，其比率则视具体的优惠形式而定。通过媒体送出的赠券能引起大规模的品牌转移；降价的效果却没有这样明显；而附在包装内的折价券则对品牌转移几乎没什么影响。尤其需要注意的是，在优惠活动结束之后，消费者通常又会恢复到原来品牌的偏好。

（三）消费者调查

消费者调查是在目标市场中找一组消费者进行面谈，以了解活动结束后有多少消费者能回忆起这项促销活动；他们如何看待这次活动，有多少人从中受益；对他们以后的品牌选择行为有什么影响等。并可以进一步采用某些标准对消费者进行分类研究，以得到更为具体的结论。这种方法常用来研究某种促销工具对消费者的影响程度。

（四）实验研究

实验研究是指通过变更刺激程度、优惠时间、优惠分配媒体等属性来获得必要的经验数据，以供比较分析和得出结论。优惠属性的改变与地理区域的变换相搭配，可以了解不同地区的促销效果。同时，运用实验研究方法还需做一些顾客追踪调查，以了解不同优惠属性所引起消费者不同反应水平的原因及其规律，为改进促销活动、提高促销效果提供依据。

第三节　零售销售促进策略

由于市场竞争日趋激烈，零售企业开始越来越多地运用一些销售促进的手段来刺激消费者的购买行为，以达到带动销售的目的。

销售促进是指零售企业运用各种短期诱因，鼓励消费者购买商品或服务的促销活动。美国市场营销协会定义委员会认为，销售促进是指"除了人员推销、广告和宣传报道以外的，刺激消费者购买商品的种种企业市场营销活动。例如，陈列、演出、展览会、示范表演以及其他非经常发生的推销努力。"该定义委员会还指出，在美国零售业，销售促进被理解为零售企业"刺激顾客的一切方法，其中包括人员推销、广告和宣传报道"。因此，在美国零售业，销售促进和促销被视为同义语。

销售促进是企业销售的开路先锋与推进器，它历来被各国企业视为促销利器。如今，美国每年印刷的折价券数量足以绕地球50周。据美国唐纳利公司的市场调查显示，每年全美的销售促进费用高达上千亿美元，是广告费用的几倍。销售促进在引起试用、改变购买习惯、刺激购买数量、刺激潜在需求、吸引中间商、推广新产品、宣传附送品、防范竞争及巩固品牌形象等方面具有独特的功效。正如美国促销协会所描述，广告创造有利的销售环境后，销售促进就可以将商品推进输送管中。

一、赠送优惠券

赠送优惠券是指企业向顾客用邮寄、在商品包装中或以广告等形式附赠一定面值的优惠券，持券人可以凭此优惠券在购买某种商品时免付一定金额的费用。优惠券可分为两大类，即零售商型优惠券和厂商型优惠券。

（一）零售商型优惠券

零售商型优惠券只能在某一特定的商店或连锁店使用。通常，此类型优惠券由总经销者或零售店策划，并运用在平面媒体广告或店内小传单、POP广告上。运用此类优惠券的主要目的，是吸引消费者光临某一特定商店，而不是为了吸引顾客购买某一特别品牌的商品。另外，它也被广泛用来协助刺激对店内各种商品的购买欲望上。零售商型优惠券的种类繁多，主要包括下列三种：

（1）直接折价式优惠券，即在某特定零售店的特定期间内，针对某特定品牌，可凭券购买并享有某金额的折价优惠。这种促销方式也可运用在大量购买上。

（2）免费送赠品优惠券，即买A产品可凭此券免费获赠B产品。

（3）送积分点式优惠券，即购买某商品时，可获赠积分点，凭积分点可在该零售店兑换赠品。一般此券的价值常由零售商自行决定。

（二）厂商型优惠券

厂商型优惠券是由产品制造商的营销人员所设计发放的，通常可在各零售店兑换，并获得购买该品牌商品的折价或特价优惠。厂商型优惠券因发放方式的不同又可分为以下四类。

1. 直接送予消费者的优惠券

直接送予消费者的优惠券是指通过挨家挨户递送，或用邮寄方式直接送到消费者手里。它既可采用单独寄送，也可附带介绍或宣传性资料。另外，还可采用在街头散发、置于展示台上任人自取、通过商店"欢迎取用"告示牌来吸引顾客索取、委托促销或直销公司代送等方式发送。

2. 媒体发放的优惠券

媒体发放的优惠券是通过媒体来散发的优惠券。因各种媒体的读者对象不同，各类优惠券应选择对口的媒体。现在，我国消费者在报纸、杂志、周末或周日附刊等印刷媒体上均能看到各类优惠券。

3. 随商品发放的优惠券

随商品发放的优惠券是指吸引消费再次购买时享受优惠的一种形式，它包括包装内和包装外两种方式。包装内优惠券是指将优惠券直接附在包装里面。当运用此方式时，商品的外包装上常以"标贴"的方式特别标明，以吸引消费者的注意。需要注意的是，在食品类商品中使用包装内优惠券时，因食品卫生管理的规定极为严格，要特别小心，在优惠券的形式、规格、纸张材料、印刷方式等方面均应符合规定。包装外优惠券是指在外包装上某处附有优惠券，它可以印在包装标签上或直接印在外包装上。

4. 特殊渠道发放的优惠券

特殊渠道发放的优惠券主要有：将优惠券印在收银机打出的收款条背面、商店的购物袋上、蛋筒盒上、冷冻食品包装袋上、街头促销宣传单上等。这类优惠券散发渠道多，运用灵活，但正因发放方法新颖，缺乏长期的记录轨迹，所以运用时要慎重。

二、折价优惠

折价优惠也是企业常用的销售促进策略之一。折价优惠是指企业在一定时期内调低一定数量商品的售价，是一种适当地减少自己的利润以回馈消费者的销售促进活动。企业之所以采用折价优惠，主要是为了与竞争者相抗衡；同时，折价优惠还用来增加销售，扩大市场份额。从长远角度来讲，折价优惠也可增加企业利润。

大部分零售企业惯用折价优惠来巩固已有的消费者群，或利用这一促销方式来应对竞争者的活动。通常，折价优惠在销售点上能强烈地吸引消费者的注意，并能促进其购买欲，提高销售点的销售量，甚至可刺激消费者购买一些单价较高的商品。

折价优惠的方式灵活多样，种类繁多。但较为常用的方式主要有以下几种：

1. 标签上的运用

在商品的正式标签上可以运用锯齿形设计、旗形设计或其他创意设计，将折价优惠明显地告知消费者。比如，某品牌啤酒提供每罐 4 角的折价优惠，其折价标志清晰易懂。

2. 软质包装上的运用

通常情况下，将折价标示运用在软质包装上不太容易，而且容易出问题，所以在设计制作时应非常注意，以降低风险。

3. 套装式包装的运用

当几个商品包装在一起做折价促销时，可以将折价金额标示在套袋上。此方式常在香皂、口香糖、糖果等商品上使用。

4. 买一赠一的运用

提供两个以上的商品进行折价促销，比如，“买一送一”“买三送二”等方式，这种方式深受消费者的喜爱，并能吸引消费者积极参与。

现在，国内的零售商越来越多地采用开架型自助式售货，营销人员也越来越相信消费者多数是在店内或货架前才做购买的决定，所以，折价优惠在现今的营销活动中日益成为重要的促销手段。

三、集点优惠

集点优惠又叫商业贴花，指顾客每购买单位商品就可以获得一张贴花，若筹集到一定数量的贴花就可以换取特定商品或奖品。消费者对集点优惠的偏好不一，但总的来说集点优惠仍不失为一种重要且具有影响力的促销手段。此促销手段的最终目标是让顾客再次购买某种商品或再度光顾某家零售店。

集点优惠与其他促销方式最大的差别在于时间上的延后性，消费者必须先购买商品，再收集点券或购物凭证，在一定的时间后，达到了符合赠送的数量，才可获得赠品。

通常如果消费者参加了某一集点优惠活动，他就会积极地去收集点券、标签或购物凭证，以兑换赠品，此时，他自然不愿意转而购买其他品牌的商品，可见集点优惠对解决某些促销问题深具效力，尤其是对促使再次购买及保护现有使用者免受竞争品牌的干扰更具成效。

集点优惠通常可分为厂商型集点优惠和零售商集点优惠两大类。

(一)厂商型集点优惠

厂商型集点优惠可以划分为：点券式、赠品式和凭证式集点优惠。

1. 点券式集点优惠

点券式集点优惠，主要是厂商为鼓励消费者多购买其产品，而给予其特定数量的点券，消费者凭这些点券可兑换各种不同的免费赠品，或凭此点券再次购买商品时可享受折扣优惠。

以厂商式立场推出积分券、优惠券等的集点优惠，已不像从前那样受到消费者广泛喜爱，但目前仍有厂商喜欢以该方式促销且效果较好，比如许多食品生产企业的促销活动就是运用此法，在每包食品中均有一张点券。使消费者不断地收集点券，当达到某一数量时，即可根据赠品手册核对以兑换所喜爱的赠品。

2. 赠品式集点优惠

赠品式集点优惠，指在包装内、包装上附赠品的集点优惠方法，例如某品牌洗衣粉，就曾在包装上附送毛巾等赠品达数年之久，并且不同的容量包装附送不同的赠品，消费者因而可以通过购买不同的包装收集到成组的赠品。

3. 凭证式集点优惠

凭证式集点优惠，是指消费者提供某种特定的购物凭证，即可获得厂家提供的某种特定优惠，如奖金、赠品等。例如某公司曾推出奖金总额为 500 万元的集点优惠活动。其累积奖励是：如果拉开拉盖里面只印有产品 8 个优点中的其中一个优点的请保留好，只要继续集够 5 个以上不同优点的拉盖，便可将上面所印的奖金额累加起来向公司兑奖。如果集齐 8 个不同优点的拉盖，可按照上面所印的奖金额累加获双倍奖金。如果拉开拉盖，上面印有全部 8 个优点，即可获"特别大奖"5 000元。这一活动期间，其在两广地区的销售量提升了 38.5%。

(二)零售商集点优惠

零售商集点优惠包括赠品式、积分券式和积点卡式集点优惠。

1. 零售商赠品式集点优惠

零售商赠品式集点优惠是在零售店或专卖店运用的集点优惠，以吸引顾客光顾购买。这种促销方式在食品店及超级市场中用得较为普遍，其方法是利用成组的赠品来招徕顾客。比如，有一家商店曾推出陶瓷餐具组赠送活动，每周从全套餐具中推出一种进行超低价特卖，消费者为得到不同餐具，只有每周光顾一次，如此最终能集齐全套餐具组。此外，为了向顾客提供更周全的服务，对在特价品之外的其他组合配件也减价供应，以方便顾客选购。

2. 零售商积分券式集点优惠

零售商积分券式集点优惠是根据在零售店购物达到一定量的消费金额为基准赠送的。但消费者收集积分券达到某一数量时，即可依赠品目录兑换赠品。

3. 零售商积点卡式集点优惠

零售商积点卡式集点优惠，是指零售商根据某个特定标准向顾客发放积点卡，顾客根据其不同的累积购买量，享受不同的优惠。例如某商场发行的网络卡，每年消费5 000元的顾客可获得 5%的优惠，每年消费 5 万元的顾客可获 10%的优惠，每年消费 10 万元的顾客可获 15%的优惠。

四、竞赛与抽奖

竞赛与抽奖是指零售企业通过某种特定方式，以特定奖品为诱因，让消费者产生兴趣，并积极参与以期待中奖的一种销售促进活动。为了能够吸引消费者，奖品的价值从普通商品到金银珠宝、彩电和汽车等都可选用。实践证明，竞赛与抽奖的促销效果明显，因为它可以为消费者提供获得意想不到的收入和机会。比如，让中奖者出国旅游，或获得名贵汽车等，获此大奖，当然比获取样品或折价券更为诱人。因此，一次规划完善的竞赛或抽奖活动，能帮助企业达到既定的促销目的。

美国广告代理商协会认为，竞赛是一种请消费者运用和发挥自己才能以解决或完成某一特定问题的活动。在现实中我们常见到这样的竞赛方式，比如，要求针对某些商品写一首诗，或给产品命名，或给配乐加上最后几个音符，等等；然后在所有参赛作品中，依优劣或摇号选出优胜者。因此，竞赛活动要靠才能和运气才能获胜。

抽奖不是针对部分具有才能的消费者而办的，获奖者是从所有参加的来件中抽出的，也就是奖品的获取全凭个人的运气。可见，抽奖活动的优胜者通常是从所有来件中抽出的，而不需任何才能和学识。参加者只要填好姓名、身份证号码或者其他一些个人资料即可。

最为流行的抽奖方式有两种：一种是直接式抽奖，即从来件中直接抽出中奖者；另一种是兑奖式抽奖，即由厂商事先选定好数字或标志，当一组奖券送完或到指定的日期后，由媒体告知消费者，参加者若符合已选定的数字或标志即中奖。

五、免费赠送

免费赠送是指将产品免费送达消费者手中的消费促进方式，也称为赠送样品。在绝大部分的促销方法中，消费者常须完成某些事情或符合某些条件，才可取得商品或获得馈赠。免费赠送样品则不同，消费者无需具备什么条件即可得到商品。实践证明，免费赠送样品是吸引消费者试用其产品的好方法，特别是当新产品进入市场时更为有效。

但并非所有的商品均适合这种方式。对于特殊性商品或目标市场小又有选择限制时，赠送免费样品效果不佳。而当产品差异性或特点优越于竞争品牌，并值得向消费者进行披露时，运用样品赠送的效果极好。根据实践经验，大众化消费品最适合运用此方法。因此，当广告都难以详尽表达产品的特性时，运用免费赠送样品来推广介绍产品的效果十分明显，因为只要展示产品的好处，即可获得消费者的认可。

在具体操作上，在新产品上市进行广告宣传之前4～6周，先举办赠送免费样品的促销活动，不仅可有效地刺激消费者的兴趣，同时又可提高其尝试购买的意愿。但有一点必须注意，那就是要保证货源充足，渠道顺畅，以避免出现消费者正式使用产品时却没有货品的情况，这会挫伤购买者的积极性。

赠送样品按发送方式的不同可分为以下几种。

（一）直接邮寄

直接邮寄，即将样品通过邮局，或利用专门的快递公司和促销公司，直接送到潜在消费者手中。

此方式除了邮寄费用昂贵意外，有时还会受到一定程度的限制。比如，新建小区、边远地区等，快递公司不能及时服务到位，这样就会影响快递效果。尽管如此，运用直接邮寄可称得上是样品发送的较好方式，调查表明，直接邮寄的成效是发放优惠券的3～4倍，尝试购买率可达 70%～80%。

(二)逐户分送

逐户分送,即将样品以专人送到消费者家中的促销方式。通常是通过快递公司或委托专业的样品促销和直销服务公司完成。一般是将样品放在门外、客户信箱内,或是交给应门的消费者。此方式因直接面对消费者,无中间的转折,所以效果很好。宝洁公司在这方面做得较有成果。曾经在 1996 年夏天,宝洁公司委托大学生将 150 万袋 40 克包装的汰渍洗衣粉派送到武汉市 150 万户居民家中,使汰渍洗衣粉在武汉洗衣粉市场的占有率由 30%提高到 50%左右。

但是,这一方式在某些高级社区已被禁止使用,不过仍适用于普通社区或人口密集度较大的地区。

(三)定点分送及展示

定点分送及展示,即选择在零售店里、购物中心、交通要道、转运站或其他人流汇集的公共场所,将样品直接交到消费者手中的促销方式。同时向消费者宣传产品信息,使消费者更加了解产品。此方法若再搭配送优惠券或其他购买奖励,则效果更加明显。

(四)联合式选择分送

联合式选择分送是由专业的营销服务公司来规划各种不同的分送样品方式,以便有效地送到各个选中的目标消费者手中。比如,对新娘、军人、学生、婴儿、母亲或其他一些特定的消费群体等,根据其个别需求将相关的非竞争性商品集成在一个样品袋送到他们手中。因此法构思巧妙,样品袋组合精致,所以特别受到受赠者的喜爱。另外,此法是针对特定对象分送组合样品,其最大的优点在于它能迅速而又直接地接触目标顾客,且使各品牌分摊费用使成本无形中降低许多。

(五)媒体分送

部分消费品可经由大众媒体,特别是通过报纸、杂志将免费样品送给消费者。如果样品体积小且薄,就可附在或放入出版物里分送给各订户。此法的优点在于它能送到家庭和机构内部,同时能够传播商品信息。但是,此种方法制作成本较高,因此并不经济实用,所以不是一种理想的样品分送方式。

(六)凭优惠券兑换

消费者凭邮寄或媒体分送的优惠券,到零售店兑换免费样品,或是将优惠券寄给厂商,换取样品。这一促销方式效果往往不错。但是费用也比较高,因为厂商要付零售店样品兑换处理费用。

六、包装促销

进行包装促销的最主要目的是凭借特殊的包装在零售店的货架上显出产品的独特性,以吸引消费者,特别是当商品差异性不大时,更具有突出的效果。

通过包装内、包装上、包装外或可利用的包装等来进行促销,在刺激消费者尝试购买方面特别有效。尤其是当消费者因赠品而买了本产品,经试用后深感满意时,他们自然会继续使用,从而成为这一商品的忠实顾客。

采用包装内、包装上、包装外或可利用包装等方式来促销的目的相同,情况各异,运用的产品类别也有差异。

（一）包装内赠送

包装内赠送是指将赠品放在产品包装内附送。此类赠品通常体积较小、价位较低，但目前也有将大规格、高价位的商品，如餐具、酒具等附在装电冰箱的箱体内赠送的情况。

（二）包装上赠送

包装上赠送是指将赠品附在产品上或产品包装上。包装上赠品种类较多，比如，用胶带将赠品与商品扎在一起，或用透明成型包装，也有的将优惠券、折价券等印在包装盒上或纸箱上，以便消费者剪下来使用。

（三）包装外赠送

当赠品体积较大，无法与产品包装在一起时，可在零售店内，将赠品摆放在产品附近，以便消费者购物时一并带走。

（四）可利用包装赠送

可利用包装赠送的最大特点是，产品通常被装在容器内，当产品用完后，此容器可再被用来装其他产品，是一个很好的储物罐。这种方式在药品、保健品和饮料类产品中使用得较为普遍。

七、会员制促销

零售店在经营过程中，为了能够争取稳定的顾客群，可以采用会员制，这是很多大型零售店普遍采用的一种促销方式。具体做法是：把在某一零售店或连锁零售企业购物的消费者组成一个俱乐部，当消费者向俱乐部缴纳一定数额的会费后，就成为该俱乐部的会员，在购买商品时可享受一定价格的优惠或折扣

（一）会员制促销的作用

1. 享受价格优惠或折扣

对消费者来说，加入俱乐部的一次性缴费要远远低于以后享受到的价格优惠累计额。因此，它是一种非常具有诱惑力的促销形式。

2. 方便购买

消费者加入俱乐部以后，会经常收到零售企业送来的新产品的介绍资料，例如，某品牌新产品的性能、款式、价格、样品等，足不出户就可以通过电话购物或其他购物形式，为消费者在快节奏的现代生活中节省了宝贵时间。

3. 有利于维系亲情

消费者加入俱乐部以后，零售企业会发给其一张精美的会员卡，该会员卡即购物卡，消费者本人可以使用，家庭成员也可以用来购物并享受同样的价格优惠，这对于消费者维系与家庭成员之间的亲情有一定作用。

（二）会员制促销的优点

1. 有利于建立稳定的顾客群

对零售店来说，利用会员制促销不仅能促进商品的销售，而且可以为企业建立起长期稳定的顾客群，有利于零售店在维持现有市场占有率的基础上开拓市场。会员的资格一般为1～3年，在这一段时间内，会员可以享受到零售店提供的价格优惠、免费送货、免费提供商品信息等服务，这非常有利于培养顾客对零售店的忠诚感，使他们成为企业的回头客，为零售店节省大量的促销费用。

2. 便于零售店进行顾客调查

由于绝大部分会员都是零售店的老顾客，他们对零售店发放的调查问卷一般都会采取积

极配合的态度，使零售店能够取得相对真实的资料，从而能准确把握市场需求的发展趋势，及时调整卖场内的商品结构和品牌结构，使企业在市场竞争中赢得先机。

（三）零售店会员制促销的会员种类

零售店会员制一般有公司会员制、终身会员制、普通会员制和内部信用卡会员制 4 种类型。

1. 公司会员制

公司会员制是指消费者不是以个人身份而是以所在公司的身份加入零售店的会员俱乐部，零售店向入会公司收取一定数额的会费。这种会员制的会员卡适合入会公司内部职员使用。在美国，消费者日常购物普遍使用信用卡，很少使用现金进行结算，因此常发生透支现象。实际上，公司会员制是入会公司对持卡职员的一种信用担保。在发放会员卡时，应向持卡人讲明公司能够担保透支的最大额度，以减少不必要的麻烦。

会员在指定零售店中购物时可以享受 10％～20％的价格优惠和一些免费的服务项目。非会员购物时则不能享受这些优惠。

2. 终身会员制

终身会员制是指消费者一次性向零售店缴纳一定数额的会费，从而成为该俱乐部的终身会员。该会员可长期享受一定幅度的价格优惠，并且长年得到零售店提供的免费商品广告，还可享受电话订货、网络订货、送货上门等服务。

3. 普通会员制

普通会员制是指消费者不用向零售店缴纳会费或年费，只要在零售店一次性购买一定金额的商品就可以申请到会员卡，以后在购买商品时便可享受 5％～10％的价格优惠和一些免费的服务。

4. 内部信用卡会员制

内部信用卡会员制适用于大型零售店。消费者申请了某零售店的信用卡后，购买商品时只需出示信用卡，便可享受分期支付货款或购物后 15～30 天内免息付款的优惠，有时也可享受一定幅度的价格折扣。

八、焦点广告

焦点广告，英文为 point of purchase advertising，简称 POP，也称为店面广告，是指在商品购买场所、零售商店的周围、入口、内部以及有商品陈列的地方设置的广告。根据定义，商品的招牌、商店名称、门面装潢、橱窗布置、商店装饰和商品陈列等，都属于售点广告的范畴。

（一）POP 作用

实践证明，售点广告是零售企业开展市场营销活动、赢得竞争优势的利器。它的作用表现在以下几个方面。

1. 传输产品信息

零售企业利用 POP 可以使顾客充分了解产品的功能、价格、使用方式以及售后服务等方面的信息。

2. 唤起顾客的潜在意识

经营者虽然可以利用报纸、电视、杂志和广播等媒体把企业形象或产品特点传达给消费者，但当媒体受众走入零售店，面对众多的商品，他极有可能将上述媒体广告传输给他的信息遗忘了，而张贴、悬挂在销售地点的售点广告则可以提醒消费者，唤醒他们对不同产品的潜在意识，使他们根据自己的偏好选购产品。

3. 诱使顾客产生购买欲望

当消费者经过产品销售地点时，五颜六色的焦点广告会使他们放慢脚步，在欣赏各种宣传广告之后，会不经意地认为"这个牌子的产品看起来不错，可以试一下"。这就是最初的购买冲动，当购买冲动积累到一定程度时，就会产生购买行为。

4. 能配合季节促销，营造节日气氛

焦点广告可以配合不同季节，展开促销活动并在特殊的节日使用有特殊含义的 POP，这对促进商品销售有非常大的作用。

5. 吸引顾客的注意力，引发兴趣

焦点广告可以凭借其新颖的图案、绚丽的色彩、别致的造型吸引顾客，使他们驻足观看，进而对售点广告中的商品产生兴趣。

6. 塑造企业形象，保持与顾客的良好关系

企业形象也称为企业视觉识别系统(CIS)，它包括企业理念识别(MI)、企业行为识别(BI)和企业视觉识别(VI)三部分内容，而焦点广告是企业视觉识别的一项重要内容。经营者可以将企业名称、企业标志、标准字、标准色、企业形象图案、企业宣传标语、口号和吉祥物等印刷在店面广告上，以塑造富有特色的企业形象。当顾客接触到这些图案时，就会立刻明白它们代表哪些企业。

(二)POP 的设计原则

焦点广告设计的根本要求就是独特。无论是采用陈列的形式还是发放的形式，都必须新颖独特，能够很快地引起顾客的注意，激起他们"想了解""想购买"的欲望。具体来讲，零售店经营者在设计焦点广告时，必须遵循以下原则。

1. 造型简练，设计醒目

焦点广告要想在琳琅满目的商品中引起顾客的注意，必须以简洁的形式、新颖的格调、和谐的色彩突出自己的形象，否则就会被消费者忽视。

2. 重视陈列设计

焦点广告不同于节目的点缀。焦点广告是商业文化中企业经营环境文化的重要组成部分。因此，焦点广告的设计要有利于树立企业形象，要注意商品陈列、悬挂以及货架的结构等，要加强和渲染购物场所的艺术气氛。

3. 强调现场广告效果

由于焦点广告具有直接促销的特点，经营者必须深入实地了解零售店的内部经营环境，研究经营商品的特色(如商品的档次，零售店的知名度，质量、工艺水平和售后服务状况等)，以及顾客的心理特征与购买习惯，以求设计出最能打动消费者的售点广告。

本章小结

零售促销是指零售企业为告知、劝说及提醒目标市场关注企业有关信息而进行的一切沟通联系。零售促销计划实施的步骤包括：确定促销目标、选择促销时机、确定促销商品、确定促销主题、选择促销方式、选择促销媒介、确定促销预算和促销效果评估 8 个步骤。零售销售促进策略包括赠送优惠券、折价优惠、集点优惠等策略。

案例分析

传统零售吸客促销有新招:游戏体验迎合年轻人

随着电商的迅速发展,传统零售行业受到冲击,电商在逐渐影响实体商业在零售业中的主导权,让零售实体店的发展现状透着阵阵寒意。但实体店也频频出招应对,引进线上实体店、打造线上平台、多元化结合等种种方式,电商与实体的商业大战中,实体不但没有倒下,而且越战越勇。

步步高:联手当当网引入书院

展览、阅读、讲座、品酒之类的文化以及飞行体验,这在购物中心将不再是设想。

2016 年 9 月,步步高与当当网联手打造的梅溪书院,落户在湖南的梅溪新天地。另外,在 6 月梅溪新天地开业之时,飞行体验馆、坊田·天空农场、好美市集等众多创新业态也随之开店迎客。在开业当天,梅溪新天地客流超 80 万人次,48 小时实现客流超 150 万人次。

而在这之后,书店更成为整个商圈中的"吸流"利器。据悉,梅溪书院经营面积5 000平方米,上下四层,是集书店、咖啡、文创、讲堂、展览于一体的小型文化综合体。同时,梅溪书院也是全国第一家"O+O"书店。在 9 月开业当天,取得了"开业 2 小时,销售额破 2 万元"的佳绩。

步步高董事长王填曾表示,梅溪书院不仅仅有书店,有讲堂供嘉宾论道,还有咖啡、展览,每月将安排举办国内外众多文艺、文创、文化活动,将梅溪书院共同打造创建成一个超级文化IP。

随后,梅溪书院还持续带来引流效应。据梅溪新天地负责人介绍,很多顾客在早上营业前就已经在门口等待占位,尤其是周末、节假日客流量会有明显提升。

相关资料显示,在"十一"黄金周期间,旅游景点的游客量不断刷新纪录,商场购物中心销量实现新的增长,而梅溪新天地却在"喧闹"的节日里,用"书"让消费者冷静下来。

伊蒂之屋:美妆店里卖咖啡

在粉红色的装饰中,化妆品只试不卖,咖啡馆一直有,但化妆品的主题专柜仅维持两周就将转移"阵地"。

近日,韩国化妆品牌伊蒂之屋在上海开了家快闪咖啡馆"很高兴遇见你"。这次快闪从 10 月 15 日开始,将会持续到 10 月 31 日。但这不是伊蒂之屋将化妆品销售与咖啡馆的永久结合。

据了解,伊蒂之屋带着新系列彩妆产品,借用小日子咖啡馆的经营空间。小日子咖啡馆"很高兴遇见你"原本是热带风装饰风格,伊蒂之屋的到来让咖啡馆"很高兴遇见你"内的装饰变成粉红色的可爱风,但这样的"少女"风格仅在咖啡馆"很高兴遇见你"内保持两周。这让不少喜欢伊蒂之屋的少女顾客"蜂拥而至"。

同时,伊蒂之屋的新系列彩妆商品,以"粉焰骷髅"为主要外观设计风格。伊蒂之屋进驻咖啡馆"很高兴遇见你"之后,店内销售的咖啡杯以及咖啡定型图案也发生了改变,传统拿铁被撒上一层巧克力粉,变成了少女风格的"骷髅"拿铁。店内还有特别定制的免费"粉焰骷髅"饼干,以定制的咖啡、饼干晒出朋友圈的顾客不在少数。伊蒂之屋以主题店吸引顾客前往的同时,咖啡主题的转换,也为伊蒂之屋带来不错的销量。

尽管租用咖啡馆"很高兴遇见你"可能会产生一些费用,但伊蒂之屋以相对少的时间和金钱成本，做出了一个既符合时下流行的生活方式风格，又打造了引发目标客群叫好的店铺。

国美电器：游戏体验迎合年轻人

提到国美电器，人们往往先想到的是洗衣机、冰箱、空调等家用型商品，但30年间，在行业中的地位发生了巨大变化，国美电器也做出了调整。

国美电器CEO杜鹃曾公开表示，国美电器的门店也在转换新场景模式，做试点，加强门店的体验性，还有文化娱乐产品、售后安装等服务。

2016年10月16日，国美战略创新项目——小美网咖正式在深圳开幕营业。据了解，小美网咖配备了先进的硬件设备、炫酷的电竞舞台以及VR体验，还有米其林式的西点提供，面向高端网咖消费者，为爱玩的年轻人创造网络娱乐空间。同时，小美网咖总经理刘娇梅还推出了“会员政策”，新玩家可以免费体验店内游戏。此外，还开展存钱返现的优惠，其中有存网咖费用，返国美电器代金券的活动。

在网咖店开业当天，到场的顾客还可以观摩JUES战队与挑战者联盟战队的电竞表演赛，正常活动的安排，已抓住时下年轻人的心理，笼络年轻消费群众。刘娇梅还表示，这样的网咖店在明年还将开设30家。

杜鹃透露，目前来看聚客能力是不错的。

优衣库：门店提货模式助销量

2015年“双11”优衣库单日创造6亿元销量，成为当年的销量冠军。而2016年“双11”上午11点多，优衣库对外公布消息，“双11”活动商品已经售罄，有需求的顾客请前往优衣库实体门店选购。这让人不得不认为优衣库走了步惊险的好棋。公开数据显示，“双11”当日，优衣库线下门店客流量同比近翻倍增长。

据《北京商报》记者了解，优衣库2016年在“双11”开始后2分53秒实现销售额破亿元，是参与品牌中最快破亿元的品牌。然而，正当大家以为今年优衣库将再次登榜天猫服饰“销冠”的时候，优衣库天猫官方旗舰店的页面出现一则公告，上面写着“旗舰店的‘双11’活动商品已经售罄，顾客如有需求，请前往优衣库实体门店选购精选优惠商品”的宣传语。这一标语引起了业内热议，也让消费者不能理解。

有业内人士认为，一家严谨的日本企业，备货不会出现问题，而且是全部缺货。

优衣库方面对外表示，2016年优衣库新零售玩法主要有两个：一是部分精选商品线上、线下同步优惠，消费者可直接到店购买；二是消费者线上下单，可选择到门店自提。在11月1～13日期间，消费者购买“双11”精选可自提商品并选择“门店自提”的收货方式，可以在线下400余家门店快速提货；同时，在优衣库全国400余家店内使用支付宝买单，即可抽取价值11元的门店购物现金抵用券，可在线下门店使用，全国共限量60万份。

优衣库这步“险棋”是成功的，在消费者看来，线上下单、线下取货的体验很好。

（资料来源：《北京商报》，记者：吴文治 王维祎）

讨论题：

电商零售业与传统零售业是如何促进销售的？

延伸案例：

1. 查询相关资料，了解美国、韩国、日本等国家的节假日促销案例。
2. 欧洲的黑五活动对国内零售业的影响。

思考题

1. 零售促销意义何在？促销有哪些类型？
2. 零售促销计划实施的步骤有哪些？
3. 零售销售促进策略有哪些？
4. 观察你家或者学校附近的超市对不同品牌的酸奶是如何进行促销的。

第十二章　电子零售

本章学习要点

1. 电子零售及商业模式；
2. 网络商店及运营管理。

关键术语

电子零售　网络商店

第一节　电子零售概述

一、电子零售的定义及特征

（一）电子零售定义

电子零售也叫网上零售。零售商与顾客之间主要通过电子网络进行的商务、交流等活动，零售商在网上发布商品信息，或根据消费者问题回答相关信息，顾客则在网络上进行选择、谈判、购买、支付。电子零售具有互动、信息量集中及全球接触等特点。

电子零售能为零售企业和社会均创造高效益。首先，它降低了零售企业的采购价格，减少了商品库存和积压，降低了商品价格，并创造了新的销售机会；其次，电子零售带来了全社会的增值，促进了知识经济的发展，开创了一个新行业。

（二）电子零售的特点

互联网零售除了具有一些传统零售方式共有的特征之外，其作为电子商务的一种形式，还有其独有的特征，包括商务性、服务性、集成性、可扩展性、安全性、协调性。

1. 商务性

互联网零售最基本的特征为商务性，即提供买卖交易的服务、手段和机会。互联网零售提供一种客户所需要的方便途径。因而，互联网零售对任何规模的企业而言，都是一种机遇。就商业性而言，互联网零售可以扩展市场，增加客户数量；通过将互联网信息连至数据库，企业能记录下每次访问、销售、购买形式和购货动态以及客户对产品的偏爱，这样企业就可以通过统计这些数据来获知客户最想购买的产品是什么。

2. 服务性

在互联网零售环境中，顾客不再受地域的限制，不像以往那样，顾客忠实地只做某家邻近商店的老主顾，他们也不再仅仅将目光集中在最低价格上。因而，服务质量在某种意义上成为零售活动的关键。技术创新带来新的结果，互联网应用使得企业能自动处理零售过程。现在，在互联网上许多企业都能为客户提供完整服务，而互联网在这种服务的提高中充当了催化剂的角色。企业通过将客户服务过程移至互联网，使客户能以一种比过去简捷的方式完成过去他们较为费时才能获得的服务。如将资金从一个存款户头移转至另一个存款账户，查看一张信用卡的收支，记录发货请求，乃至搜寻并购买稀有商品，这些都可以足不出户且实时完成。显而易见，互联网零售提供的客户服务具有一个明显的特性，就是方便，这不仅对客户来说如此，对于企业而言，同样也能受益。

3. 集成性

互联网零售是一种新兴产物，其中用到了大量新技术，但并不是说新技术的出现就必须导致老设备的死亡。互联网的真实商业价值在于协调新老技术，使用户能更加行之有效地利用他们已有的资源和技术，更加有效地完成他们的任务。互联网零售的集成性，还在于事务处理的整体性和统一性，它能规范事务处理的工作流程，将人工操作和电子信息处理集成为一个不可分割的整体。这样不仅能提高人力和物力的利用，也提高了系统运行的严密性。为了帮助企业分析、规划其互联网零售发展战略，指导设计和建立应用，更好地集成新旧资源，充分利用已有资源，IBM 建立了一种可伸缩型的网络计算模型 NCF。这种模型是开放的，并且是在现实产品和丰富的开发经验的基础上提出的。

4. 可扩展性

互联网零售正常运行，必须确保其扩展性。互联网上有数以亿万计的用户，在传输过程中，时不时会出现高峰状况。倘若一家企业原来设计每天可受理 40 万人次访问，而事实上却有 80 万，就必须尽快配有一台扩展的服务器，否则客户访问速度将急剧下降，甚至会拒绝千次可能带来丰厚利润的客户的来访。对互联网零售来说，可扩展的系统才是稳定的系统。如果在出现高峰状况时能及时扩展，就可使系统阻塞的可能性大为下降。互联网零售中，耗时仅两分钟的重新启动也可能导致大量客户流失，因而可扩展性可谓极其重要。

5. 安全性

对于顾客而言，无论网上的物品如何具有吸引力，如果他们对交易安全缺乏把握，他们根本就不敢在网上进行买卖。企业和企业间的交易更是如此，在互联网零售中，安全性是必须考虑的核心问题。欺骗、窃听、病毒和非法入侵都在威胁着互联网零售，因此要求网络能提供一种端到端的安全解决方案，包括加密机制、签名机制、分布式安全管理、存取控制、防火墙、安全互联网服务器、反病毒保护等。为了帮助企业创建和实现这些方案，国际上多家公司联合开展安全电子交易的技术标准和方法研究，使企业能建立一种安全的互联网零售环境。

6. 协调性

商务活动是一种协调过程，它需要雇员和客户、生产方、供货方以及商务伙伴间的协调。为提高效率，许多组织都提供了交互式的协议，互联网零售活动可以在这些协议的基础上进行。利用互联网将供货方连接至管理系统，再连接到客户订单处理，并通过一个供货渠道加以处理，这样公司就节省了时间，消除了纸张文件带来的麻烦并提高了效率。互联网零售是迅捷简便的、具有友好界面的用户信息反馈工具,决策者们能够通过它获得高价值的商业情报、辨别隐藏的商业关系和把握未来的趋势。因而,他们可以做出更有创造性、更具有战略性的决策。

二、电子零售的商业模式

按照服务的类型可以将电子零售分为企业对企业、企业对消费者和消费者对消费者三大模式。

(1)企业对企业——B2B。比如使用网络对供应商发订单,接收发票和付钱。这是最早的电子零售模式。

(2)企业对消费者——B2C。现在互联网上有很多虚拟企业向消费者提供产品和服务

(3)消费者对消费者——C2C。这种操作模式是电子零售的最高境界,是任何消费者之间随时进行的交易活动,达到了零售的自由贸易高度。如消费者自行在网上发布住房转售信息,寻找其他消费者前来交易。

三、传统零售与电子零售的竞合关系

(一)传统零售与电子零售的竞争关系

1. 网络营销对传统营销的冲击

依托互联网产生的网络营销,作为一种新的营销理念和营销方法,与传统的市场营销相比,具有跨时空、多媒体、交互式、拟人化、成长性、整合性、超前性、高效性、经济性和技术性等多方面的特点,这些特点使得企业传统的经营模式相形见绌。在当前网络环境不断发展的情况下,具有较强实践性的网络营销发展速度很快,企业传统的经营模式很难与网络进行调和。例如,企业的虚拟性、营销活动的跨时空和全球性操作、企业和客户及时的信息互动等,通过互联网可以不费吹灰之力就完成的目标,用传统营销的方法和手段是难以想象的。21世纪是信息和网络的时代,因此,企业的营销活动必然也将进入信息化和网络化。

根据美国市场营销协会定义委员会的定义,市场营销是研究引导商品和服务从生产者到达消费者和使用者所进行的一切企业活动,包括消费者需求研究、市场调研、产品开发、定价、分销、广告、公关、销售等。在上述营销活动的各个过程中,在互联网上开展的网络营销活动在很大程度上有别于传统营销,因此,网络营销对传统营销所带来的冲击是多方面的,也是不可避免的。

传统营销致力于建立并维持和依赖层层严密的渠道,在市场上投入大量的人力、物力和广告,这一切在网络时代将被看作无法负担的奢侈和摆设。在网络时代,人员推销、市场调查、广告促销、经销代理等传统营销方法,将与网络相结合,并充分运用互联网上的各项资源,形成以最低成本投入,获得最大市场销售量的新型营销模式。

(1)重新营造顾客关系。网络营销的企业竞争是一种以顾客为焦点的竞争形态,争取新的顾客、留住老顾客、扩大顾客群、建立亲密的顾客关系、分析顾客需求、创造顾客需求等,都是最关键的营销课题。因此,在网络环境下,公司如何与散布在全球各地的顾客群保持紧密的关系,并能准确掌握顾客的特性,再通过对顾客的教育和对本企业形象的塑造,建立顾客对于虚拟企业与网络营销的信任感,这些都是网络营销成功的关键。基于网络时代的目标市场、顾客形态、产品分类与以前传统的一切会有很大的差异,如何面对跨越地域、文化和时空的差距,重新营造企业与顾客的关系,将需要许多创新的营销行为。

(2)对营销战略的影响。由于互联网所具有的平等性、自由性和开放性等特征，使得网络时代企业的市场竞争成为透明的，人人都能掌握竞争对手的产品信息与营销行为。因此，胜负的关键在于如何适时地获取、分析、运用这些在网络上获得的信息，来研究并采用具有优势的竞争策略。从这一点来分析，可以使小企业更易于在全球范围内参与竞争，也是跨国公司所不能忽视的。无论怎样看，网络营销都将降低传统环境下跨国公司所拥有的规模经济的竞争优势。

在互联网环境下，企业间的策略联盟是网络时代的主要竞争形态，如何运用网络来组成企业的合作联盟，并以联盟所形成的资源规模创造竞争优势，将是网络时代企业经营的重要手段。

2. 对标准化产品的冲击

随着网络技术向宽带化、智能化、个人化方向发展，用户可以在更广阔的领域内方便地实现声音、图像、动画和文字一体化的多维信息共享和人机互动功能。"个人化"把"服务到家庭"推向了"服务到个人"。正是这种发展将使得传统营销方式发生革命性的变化，其结果将可能导致大众市场的逐步终结，并逐步体现市场的个性化，最终将会以每一个用户的需求来组织生产和销售。

作为一种新型媒体，互联网可以在全球范围内进行市场调研。通过互联网，厂商可以迅速获得关于产品概念和广告效果测试的反馈信息，也可以测试顾客的不同认同程度，从而更加容易对消费者行为的方式和偏好进行跟踪。因而，在互联网大量使用的情况下，对不同的消费者提供不同的商品将不再是天方夜谭。著名的戴尔公司在网上进行的计算机设备直销，并不规定统一的内在配置，而是可以让客户自己按照需要提出一个设备的配置方案和要求，公司再根据客户的需求进行生产，然后卖给相应的客户。这种顾客化方式的驱动力是最终消费者，而非按惯例是由国外分销商的兴趣所决定。同时，互联网的新型沟通能力又加速了这种趋势。因此，怎样更有效地满足各种个性化的需求，是每个上网公司面临的一大挑战。

3. 对品牌全球化管理的冲击

对现实企业的单一品牌与多品牌的决策相同，对开展网络营销公司的一个主要挑战是如何对全球品牌和共同的名称或标志识别进行管理。在实际执行时，对公司的品牌管理采取不同的方法会产生不同的情况。例如，只有一个品牌的公司可以允许它的地方性机构根据需要发展自己有本地特色的区域品牌，这些品牌会分别有明显不同的市场和形象。但多个有本地特色的区域品牌分别以不同的格式、形象、信息和内容进行沟通时，虽然给消费者带来了某种程度的便利，但也会引起他们的困惑。另一方面，如果公司为所有品牌设置统一的品牌形象，虽然可以利用知名品牌的信用带动相关产品的销售，但也有可能由于某一个区域品牌的失利而导致公司全局受损，这方面的例子是很多的。因此，开展网络营销的公司是实行具有统一形象的单一品牌策略还是实行有本地特色的多种区域品牌策略，以及如何加强对区域品牌的管理是公司面临的现实问题。

4. 对定价策略的冲击

如果公司某种产品的价格标准不统一或经常改变，客户将会通过互联网认识到这种价格差异，并可能因此而对公司产生不满。所以相对于目前的各种传统媒体来说，互联网先进的网络浏览功能会使变化不定的且存在差异的价格水平趋于一致。这将对有分销商分布在海外并在各地纷纷采取不同价格的公司产生巨大冲击。例如，如果一个公司对某地顾客提供20%的价格折扣，那么各地的互联网用户都会了解到这项交易，从而可能会影响到那些通过分销商或本来不需要折扣的业务。另外，通过互联网搜索特定产品的代理商也将认识到这种价格差别，从而加剧公司采取价格歧视策略的不利影响。总之，上述这些因素都表明互联网将导致国别间的价格水平标准化或至少缩小国别间的价格差别。这对于执行差别化定价策略的公司来说确实是一个严重的问题。

5. 对营销渠道的冲击

在网络化的环境下，生产商可以通过互联网与最终用户直接联系，因此，中间商的重要性将有所降低。这种情况会造成两种后果：一是由跨国公司所建立的传统的国际分销网络对其他弱小竞争者或新进入者造成的进入障碍将明显降低。二是对于目前直接通过互联网进行产品销售的生产商来说，其售后服务工作是由各分销商承担，但随着他们代理销售利润的消失，分销商将很有可能不再承担这些工作。所以在不破坏现存营销渠道的情况下，如何提供这些售后服务将是网上公司不得不面对的又一问题。

6. 对传统广告障碍的消除

企业开展网络营销主要通过互联网发布网络广告进行网上销售，网络广告将消除传统广告的障碍。首先，相对于传统媒体来说，由于网络空间具有无限扩展性，因此在网络上做广告可以较少地受到空间篇幅的局限，可以尽可能地将必要的信息一一罗列。其次，网络广告迅速提高了广告效率也为网上企业创造了便利条件。比如，有些公司可以根据其注册用户的购买行为，很快地改变向访问者发送的广告；有些公司可根据访问者的特性，如硬件平台、域名或访问时的搜索主题等，有选择地显示其广告。

7. 对跨国经营的影响

在网络时代，企业开展跨国经营是非常必要的。在过去分工经营的时期，企业只需专注于本行业和本地区的市场，而将其在国外的市场委托给代理商或贸易商去经营。但互联网所具有的跨越时空连贯全球的功能，使得进行全球营销的成本低于地区营销，因此企业将不得不进入跨国经营的时代。网络时代的企业，不但要熟悉不同国家的市场顾客的特性以争取他们的信任并满足他们的需求，还要安排跨国生产、运输和售后服务等工作，且跨国业务都是经由网络来联系与执行的。可见，尽管互联网为现在的跨国公司和新兴公司(或他们的消费者)提供了许多利益，但对于企业经营的冲击和挑战也是令人生畏的。任何渴望利用互联网进行跨国经营的公司，都必须为其经营选择一种恰当的商业模式，并要明确这种新型媒体所传播的信息和进行的交易将会对其现存模式产生什么样的影响。

8. 企业组织的重整

互联网的发展带动了企业内部网的蓬勃发展，使得企业的内外沟通与经营管理均需要依赖网络作为主要的渠道与信息源。其结果对企业所带来的影响包括：业务人员和直销人员减少、组织层次减少、经销代理与分店门市数量减少、营销渠道缩短，以及虚拟经销商、虚拟门店、虚拟部门等企业内外部的虚拟组织盛行。这些影响与变化都将促使企业对于组织再造工程需要变得更加迫切。企业内部网的兴起，改变了企业内部的作业方式以及员工学习成长的方式，个人工作者的独立性与专业性将进一步提升。因此，个人工作室、在家上班、弹性上班、委托外包、分享业务资源等行为，在未来将会十分普遍，也使企业组织重整成为必要。

(二)网络营销与传统营销的整合

1. 网络营销不可能完全取代传统营销

随着互联网在全球的迅速发展，依托互联网的环境和优越性而产生的网络营销，作为一种新的营销理念和策略，与传统营销相比有许多与生俱来、令传统营销方式可望而不可即的优势，并对传统企业的传统经营方式形成巨大冲击。但由于各种实际的原因，网络营销不可能完全取代传统营销。事实上，网络营销与传统营销是一个整合的过程。其实，在今后可预见很长一段时期，网络营销和传统营销将相互影响、相互补缺和相互促进，直至将来最后实现相互融合的内在统一。

(1)到目前为止，在互联网上的电子商务市场仅仅是整个商品市场的一部分，从电子商务市场的交易金额来看，仅仅占有整个市场交易金额的一小部分。作为在网上新兴的虚拟市场，它所覆盖的消费群体也只是整个市场中的某一部分群体，其他许多群体由于各种原因还不能或者不愿意使用互联网，例如各国的老年人和落后国家和地区的消费者。

(2)互联网作为一种有效的营销渠道有着自己的特点和优势，但许多消费者由于个人生活方式的原因不愿意接受或者使用新的沟通方式和营销渠道。例如，许多消费者习惯于在传统的商场里购物而不愿意在网上购物。

(3)互联网作为一种有效沟通方式，虽然可以使企业与用户相互之间方便地直接进行双向沟通，但有些消费者因个人偏好和习惯，仍愿意选择传统方式进行沟通。例如，目前许多报纸已经发行了网上电子版本，但是并没有冲击报纸原来的印刷出版业务，相反起到相互促进的作用。

(4)营销活动所面对的是有灵性的人，而互联网只是一种工具，因此传统的以人为本的营销策略所具有的独特的亲和力是网络营销所无法替代的。

随着网络技术的发展和网络社会的进步，互联网将逐步克服其上述不足。因此，网络营销与传统营销将在相当长的一段时期内是一种相互促进和补充的关系，企业在进行营销时应根据企业的经营目标来进行市场细分，并恰当地整合网络营销和传统营销的策略，以最低成本达到最佳的营销目标。

2. 整合营销

有一个新的提法，称网络营销与传统营销的整合为整合营销，其实际上就是利用整合营销的策略来实现消费者为中心的传播统一性和双向沟通，用目标营销的方法来开展企业的营销活动。整合营销包括以下三方面的内容。

(1)传播的统一性。传播的统一性是指企业以统一的传播资讯向消费者传达，即用一个声音来说话，消费者无论从哪种媒体所获得的信息都是统一的、一致的。其目的是运用和协调各种不同的传播手段，使其发挥出最佳、最集中统一的作用，最终实现在企业与消费者之间建立长期的、双向的、维系不散的关系。

(2)双向沟通。消费者的双向沟通是指消费者可与企业展开富有意义的交流，可以迅速、准确、个性化地获得信息，反馈信息。如果说传统营销理论的座右铭是“消费者请注意”的话，那么整合营销所提倡的格言即是“请消费者注意”，虽然只是两个词之间位置的交换，但消费者在营销过程中的地位发生了根本的改变，营销策略从消极、被动地适应消费者，转向积极、主动地与消费者沟通、交流。

(3)目标营销。目标营销是指企业的一切营销活动都应该围绕企业的目标来进行。

整合营销已从理论上离开了在传统营销理论中占中心地位的4P理论，逐渐转向以4C理论为基础和前提。

3. 4C理论

4C理论所主张的内在关系都是围绕消费者为中心展开的，如图12－1所示。

(1)先不急于制定产品(product)策略，而以研究消费者的需求和欲望(consumer wants

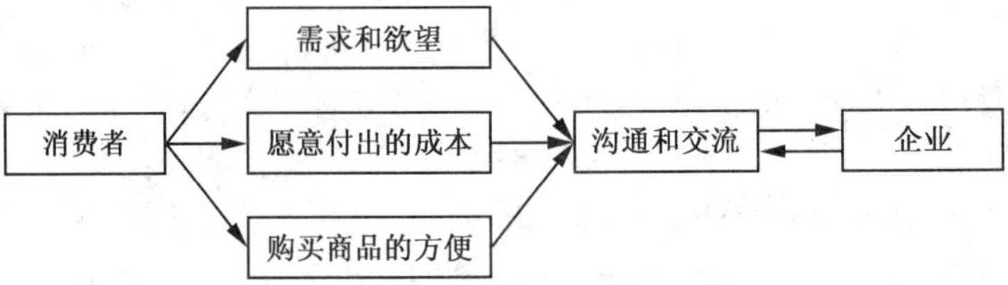

图 12—1 4C 理论示意图

and needs)为中心,不再卖你所生产、制造的产品,而卖消费者想购买的产品。

(2)暂时把定价(price)策略放到一边,而研究消费者为满足其需求所愿付出的成本(cost)。

(3)忘掉渠道(place)策略,着重考虑给消费者提供方便(convenience)以购买到商品。

(4)抛开促销(promotion)策略,着重于加强与消费者的沟通和交流(communication)。

可以将互联网的发展和应用分为四个阶段:第一阶段以文本、图像在网络上的传达为特征,互联网被作为一种信息传输手段;第二阶段是互联网商务应用的正式开始,尽管当时成功的案例并不多;第三阶段是占主导地位的营销者的广告、销售信息等与网络技术的结合,并开始在网上进行销售活动;第四阶段是营销者能利用并控制网络技术为企业的营销目标服务,运用网络技术来获取企业的经营管理的最大可能性的成功。

目前,互联网正处在商业应用的第四个阶段,最终将网络整合到整个企业营销计划的时代已经来临。虽然也有不少企业开始认识到利用互联网的必要性,但是只有很少一部分公司已经认识到要将网络与传统营销整合起来的重要性。据调查,大约有 60%的被调查公司没有将网络用于顾客的服务体系当中,这些企业只是将互联网看作一个销售工具。正确的观点是:网络营销应该支持企业的整个营销体系,不应该只存在于真空中;网络营销是营销海洋的一个水域,它不是唯一的解决方案,而是整体方案的一部分;网络营销必须与公司的战略策划相匹配和相互支撑。

四、电子零售发展趋势

随着社会信息化发展,电子商务呈现出更多的特色。在信息技术的帮助下,企业可以调整自己的业务流程,从根本上把企业发展成以客户为中心的模式。这类电子商务不再是局部的、前端的信息化,而是企业内部所有业务的完全整合,同时,还可能是包含整个产业链中合作伙伴关系的整合,以便最终为用户提供完全整合的服务。在这个阶段,虽然商务的基本法则没有改变,但利用电子商务,传统的业务的完成速度和运营质量能提高几个甚至几十个数量级,可以更大地降低成本,更快地捕捉市场,并建立起长期的、可持续盈利的商务模式。

(一)传统企业成为电子商务的主体

纵观电子商务的发展过程,电子商务从 20 纪 90 年代初开始发展,至 90 年代末形成第一个高潮,但好景不长,由于炒作过度,到 1999 年的下半年和 2000 年,电子商务热急剧降温,IT 企业的股票价格下跌,许多从事电子商务的企业严重亏损,有的甚至被淘汰出局。此后,电子商务的发展态势又逐步回升。

人们在 2000 年的网络泡沫破灭后深刻体会到:企业,尤其是传统企业才是电子商务的主体。基于这一更成熟的认识,电子商务发展到今天,随着大量传统企业的加盟,迎来新的高潮。

(二)B2B成为全球电子商务发展的主流

在电子商务的几种交易方式中，B2C和B2B两种所占分量最重，而B2B又是重中之重。从国际电子商务发展的实践看，B2B业务在全球电子商务销售额中所占比例高达80%～90%，从交易额中，B2B交易占电子商务交易额的绝大部分。

(三)进入电子商务市场的企业日趋多元化

从国际电子商务发展看，进入B2B市场的企业越来越多，主要有四种类型。一是传统的IT巨头，如微软公司，积极参与到电子商务领域，其他较早进入B2B领域的IBM、英特尔等也纷纷加大投资。二是新兴互联网巨头，如阿里巴巴、京东等。与传统IT企业不同，这些新兴互联网巨头凝聚了网上大部分人气，并且有足够的互联网经营经验。三是传统行业的跨国公司，如通用汽车、西尔斯、杜邦公司等传统领域的巨头纷纷斥资进入这一领域，希望通过B2B平台优化，改造其原有的价值链，以创造互联网时代新的竞争优势。四是现有的B2B电子商务公司。面对各种各样的公司纷纷涌向B2B市场，阿里巴巴等这一领域的先行者不甘示弱，纷纷表示将凭借他们已经建立起来的技术优势和经验与后来的竞争者抗衡。

第二节　网络商店

一、网络商店的定义

目前常说的网络商店(有时也称为网上商店，或者简称网店)，通常是指在建立在第三方提供的电子商务平台上的、由商家(企业、组织或者个人)通过互联网将商品或服务信息传达给特定的用户，客户通过互联网下订单，采取一定的付款和送货方式，最终完成交易的一种电子商务形式。正如同在大型商场中租用场地开设商家的专卖店一样；但是，由于是在网上开的店，所以较实体店铺经营而言，前期资金投入较少，而且受时间、场地等因素的影响较小。

在电子商务发展的早期，一些网上零售网站也称为网上商店，如当当网上书店、亚马逊网上书店、淘宝网等，随着这些网上零售网站的快速发展，其经营商品品种越来越多，规模也越来越大，因此这些独立的电子商务网站通常都不再称为网上商店，而改称“网上商城”了，一些大型电子商务网站除了自己销售产品之外，也可能为其他企业提供租用网上商店或者开设网上专卖店的业务，因此如果继续叫作“网上商店”，的确也不能确切描述其全部含义。

二、网络商店的运营管理

网络商店的运营管理是将所有的运营管理工作应用于电子商务环境。它将互联网和数字技术的使用结合起来，进行基本的运营管理活动。这些运营管理活动对成功的商务活动都是必需的。

(1)商店地点。也就是开设您的商店的网络服务器地址。高速的网络连接，就像是把商店开设在闹市黄金地段，可以使顾客快速容易地抵达，这对客户的影响是十分关键的。

(2)商店装修。网站的设计对用户来讲自然非常重要，动人的网页就像一流装修的商场，不但吸引顾客，而且增加顾客的信心。

(3)货物摆放。在网上商店中，其反映在如何建立商品的目录结构，提供何种网站导航和搜索功能，以使得用户可以快速、便利地寻找到他需要的商品和相关信息。

(4)商品盘点更新。对网络商店的日常维护，例如去除销售完的商品、摆上新货等是必须经常进行的业务。

(5)库存商品管理。后勤保障是任何商务运作的基础。无论是网络商店还是真实商店，货物和货币都是一样真实的，对库存货物的存储和管理也是一样真实的。

(6)商品最终送达用户。网上购物实际上是邮购，最后一个步骤自然是通过邮政或快递系统将货物快速可靠地送达最终用户手中。

(7)售后服务。不言而喻，这同样是现代商品销售的重要环节。而网络技术可以为用户提供24小时不间断的服务，这也是网络商店的优势之一。通常网络商店还要提供30天的退/换货承诺。

三、网络商店的品牌化战略

(一)实行实时营销

根据品牌沟通原则，传统的大量市场营销只是单方面的企业活动，它的指导方法与在一个同类的市场中所进行的营销活动是一样的。诸如广播广告或电视广告的营销手段采用的是一种零敲碎打法，往往会失去许多顾客。同时，要直接测量广告的效果也是不可能的。直接营销是一种有效、更集中的办法，但会降低零敲碎打法的效果。然而，在消费者市场中，零敲碎打法的损失是巨大的，一旦你拥有了大量的个人消费者，所能确定的只是广告是否已送达目标市场，但这仍然只是一种单方面沟通。而人员推销是一种互动式的营销方式，也是销售复杂产品和服务最好的办法。

实时营销把简单涉及的所有营销手段都结合起来了。互联网是一种互动式的媒介，可以非常有效地向顾客提供有用的信息和建议。而且与人员推销相比，互联网可以更快的速度提供更为客观和综合的信息。公司现在只花费人员推销成本的一部分就可以向顾客提供各种信息。现在将营销活动扩展到新的地理区域几乎不需要花一分钱。随着公司获得互相沟通的信息，并将其用于相应的细节市场和直接销售，原来那种单方面的沟通模式也就消失了。聪明的网上商店还可以实时地检查数量、首次购买者的数量、顾客对特定标题的反应、不同标题引起的抱怨的数量以及新顾客来自于哪些网站等。这种信息可以迅速地转化成企业的营销活动。有些工具可以帮助企业测量每次与顾客接触的广告效果。互联网使你能够进行实时营销活动，从而让你在竞争中灵活机动。它还能让公司与特定的顾客建立个人对话系统，一旦企业具备这样的能力，成千上万个营销机会将等着企业去开发和利用。直接营销创新的基本主题是每一个电子零售都应该有的想法。

(二)在零售企业网站上推广

与制造商的产品包装、邮购公司的产品目录以及零售商的卖场一样，互联网零售网站也需要创造许多顾客推销以及与顾客接触的机会。这里的推广就相当于销售点广告。其推销广告要点如下：

(1)要让网民随时了解网上商品的新产品。成功的互联网零售要不断地开发新产品和服务，即要保持网站的动态化。随着网站的内容越来越广泛，企业需要通过某些改变来告诉网民。特别需要将与主题相联系的创新活动在网站主页明显地表示出来。主页是电子零售商品牌精华的中心，因而，企业应将令人兴奋的消息和活动在这里与顾客们进行交流。许多网站设立了“新产品”按钮来帮助网民查询自上次访问后的一些变化，当然，企业没有必要把这种按钮作为标题而在主页上大力宣传。

(2)夸耀企业取得的成功已获得好评。互联网商店和其他网站一样,都要受到各种媒体和消费者组织的评判。如果你得到产品检验组织的好评,一定要将它宣传出去。引述下面的评价,以不记名的方式引用顾客的感谢信。如果你能表明自己拥有大量的网民或良好的销售业绩,将你的成功量化并记录下来,也可以在网站上专门设立一个计数器。

(3)举办各种活动并让你的网民参与进来。一家好的网上商店总会举办各种活动。正如在有形的世界中,你并不希望在一个什么促销活动也没有、死气沉沉的商店里买东西。要提前向你的网民指出,你认为他们会感兴趣的以及能够吸引他们再次访问的信息和产品。有趣的是,那些成功网站的活动却需要企业在互联网之外利用传统媒介为其宣传。

努力寻求网民的青睐。时刻提醒网民收藏你的网站,或者在浏览过程中列出最喜爱的部分。邀请网民注册是一种更好的办法,这是因为这样可以确定对网站感兴趣的个人,但企业必须在网民访问网站的合适时间提出请求,并给予网民一定的激励。如果这种希望网民注册的邀请或者要求提得过早,就很有可能把这些曾经访问过你的网站的网民给赶走了。

(4)促销、促销、促销。在互联网上进行促销必须采用互动方式,也就是邀请你的网民自己做些事情。一些受欢迎的促销方式包括:为互联网用户提供特定的产品、为首次购买者提供折扣和免费礼品、兑奖券、拍卖、竞赛/游戏、招揽活动、定期介绍新产品邮购目录单、购买前使用的即将到期的软件、可在网上打印在商店兑换的优惠券等。

(5)链接你的网站。网络拥有很容易传开来的特色:链接。它是能使你快速地从一个地方转到另一个地方的导入捷径。点击链接,然后就会到达那里。例如在一篇零售业现状的文章里,你也许看见了"直复营销"这个词组下面画上了线并且它的字样也不同,这就是一个链接。点击它,你就会看见一个新屏幕(或一个新窗口),里面有关于直复营销更多的信息。链接可充当通往其他网站的途径。如果别的网站上有链接你的网址:点击下划线的正文,将会让网民到达你的网站。

介绍一下让你的网站更有价值的好办法:给你的访问者收集其有兴趣的链接。你是在让他们查找网址的过程中,将这些信息提供到他们的浏览器上。你的网址可以包括这些链接:行业出版物、供应商、技术问题背景资料的图书馆、行业指导手册、节目表、国家或地区协会等。所有这些都是作为服务由你提供给你的访问者,以此来吸引更多的访问者。

3. 在其他商业网站上推广

零售企业互联网商店应超越自己的网站寻找其他机会发布有关的信息进行推广。其中一种可选择的方式就是在其他商业网站上进行推广。其具体做法如下:

(1)确保网站名出现在名企搜索引擎、门户网站和网络向导上。90%的网民仍然通过搜索引擎或其他同等产品进入互联网商店。不管网民是通过类似谷歌的门户网站搜索,还是通过亚马逊或百度的首页搜索都无关紧要,关键是企业要确保网民在使用相关搜索术语或关键词时,你的网上商店会出现在他们面前。为了帮助电子零售商,在网民提出特定搜索请求时,能让自己的网站位于一连串网站之首,有些专门的书籍和登载电子零售商广告的扩版的新闻杂志上介绍了有关企业该如何构建特定的搜索引擎。

(2)发布有针对性的标题广告。在虚拟世界中,标题和首页就相当于电视的黄金时间的广告。网络空间的标价反映了有形世界中广告质量和广告接触人数的原则。可以选择一个热门网站,或者为了节省成本,寻找一个新网站。在这里,信息的拥挤度不高,但网民访问的持续时间会更长,而且他们会更加关注屏幕上的各种信息。电子零售商需要了解如何更加精确地测量它们的广告效果。在互联网上广告的最大买主,如亚马逊网上书店,仍然要依据广告的效果来支付广告费，一般是按照其在网站作标题广告所带来的销售收入的一定百分比来支付。那些小的电子零售商一般是按照“点击率”支付费用（也就是说，任何人在任何时间点击你的标题，你都要付一定的广告费）。

通常，企业在应用访问频数并将其作为广告测评标准时必须小心谨慎。随着互联网对同一标题的浏览展露度的提高，人们点击次数会下降。企业使用一个以上的标题和主题，并使这些标题和主题充满情趣是很重要的，因为只有这样，才能保持高的标题广告效果。

制作标题广告艺术已变得越来越精雕细琢了。标题广告现在可以比较简单地根据网民所看到的、网民的身份以及网名查看一个特定标题的次数等环境特性进行制作。这样做的目的是为了提高人们对网站上标题广告的注意程度。要把保持标题广告的高效，作为重要的任务去考虑。通常人们认为3%的点击率是非常理想的效果。与有形世界相比，在互联网上制作高效的标题广告可以更大地提高“成功”广告的概率。

(3)合作伙伴交换链接。与其他网上商店建立合作关系，合作的常见方式是两个网站相互交换链接。一个电子零售商的站点可在合适的位置展示另一网站的产品，网民只需轻轻点击，就可以访问其他网站的相关内容。亚马逊网上书店拥有几十万个类似的网络链接，从而使它几乎无所不在。不仅如此，公司还可以提供一种“合伙项目”，通过这种项目，各自网页的老板还可以建立与亚马逊的链接，从而受益于通过这种方式访问其他网站的顾客。

这些网络链接交换的前提条件之一就是你必须拥有大量有价值的网民，否则你将得不偿失。亚马逊网上书店已经开发了好几个这种交换的广告形式，因为这种方式可以使标题与网民购买图书的主题区域更接近，从而使公司获益。如果你通过谷歌搜索像“酒”或“佛罗里达”一样的术语，谷歌就会给出一系列该主题的网址，同时提供了亚马逊的链接方式，如果你点击这些链接，就会得到相关主题的书籍。

(4)利用赞助机会。除了标题广告以外，电子零售商还可以为整个互联网社区、一些商业性和非商业性的主题活动，或者其他网站的新闻界面提供赞助。在这些情况下，企业的名称、标语和“编者按”部分都被放在了目标顾客经常访问的网站上。超级链接可将感兴趣的顾客带到公司的网站。与标题广告一样，赞助的价值取决于公司提供的产品与相应的顾客是否匹配。

(5)提供电子邮件服务。许多独立的服务提供商和其他媒体拥有者都向顾客提供电子邮件服务。注册的网民会定期收到电子邮件提供商发送的新闻周刊。有些服务提供商还使得电子零售商有机会花很少的费用就可以制作“商业信息片”或直接广告，这些信息片或直接广告的主题同样也是为电子零售商的目标顾客而制作的。电子零售的补缺者非常青睐使用这种方式，它的效果很不错，但这样的方法并不适用于大量营销。在电子邮件的竞争中，让读者访问他们的网站对电子零售商来说至关重要，因而，电子邮件的服务应该包括一个与网上商店主页的直接链接。

4. 在互联网社区进行宣传

公司还可以通过“口碑”塑造自己的品牌。不管是通过聊天室，还是通过公告栏，两个顾客之间会以非常惊人的速度进行对话和经验交流。

(1)让人们通过互联网宣传。每一个网民可以在几秒钟内，通过电子邮件把一个消息告诉成百上千个朋友。另外，网民还可以在特定的场所互相交流信息。这些特定的场所主要是一些虚拟社区，趣味相投的人会经常聚焦在这里，就像人们会经常聚集在酒吧或小酒馆一样。网民们可以通过新闻小组、聊天室、邮件目录和“黑匣子”栏目交换各自的信息。通过这种方式，公司的业务就像野火一样迅速地传播开来。

这种办法同样适用于细小目标市场的主题导向的社区，这些细小的目标市场包括医生、自行车爱好者、退休人员等。

只要企业能始终遵守游戏规则，即提供信息而非直接做广告，在相关社区建立自己的企业都会为此得到好处。社区的存在为企业更好地了解顾客的反馈提供了巨大的潜力。忽略与社区之间的沟通会给企业造成许多负面影响。

(2)充分利用热卖商品目录。在网上零售领域存在各式各样的热卖商品目录。像"热卖网站"或"豆瓣"这样的评比机构吸引了无数的新网民。但问题是，这些目录的编辑，就像是电影或饭店的评论员一样，总是以主观而且模糊的标准进行评价。要对他们的评价产生影响需要特殊的创造力。现在，已有许多机构专门研究这一领域，并开始使用"病毒营销"来描述推动竞争的用户群。

5. 在互联网以外进行宣传

消费者市场的大多数企业，不管是生产商还是零售商，每年都会在广告上花费巨额资金。许多企业发现，在有形世界中为网上商店促销的成本会相对便宜得多。

(1)将在线广告与传统广告结合起来。公司一定要确保网上商店出现在自己所有的广告中，利用各种媒体展示你的网上商店。告诉你的广告代理商要把传统广告战略与在线广告战略创造性地结合起来。

(2)利用每一个机会宣传你的网上商店。企业要利用每一次新闻发布会和相关会议的机会来宣传网上商店。在企业的产品、信笺、宣传手册、答录电话信息、年度财政报告、报价单和电子邮件中都标明企业网址。不要忘记在你下一次向顾客分发免费礼品和试用样的时候，把网上商店的地址也同时告诉他们。

(3)利用传统广告媒介进行促销。电子零售商现在已经越来越多地使用传统广告媒体。广告预算较少的公司想要宣传自己的网上商店主页，至少要在网络向导上制作广告，而这些网络向导可以通过报纸和杂志刊登出来。

(4)利用送货时与顾客接触的机会。大多数网上商店都能在送货上门的时候有机会与顾客进行有形接触。接触顾客的任务大多是由物流和送货提供商来完成的，而非企业自己来完成。企业可以创造性地寻找办法，来弥补无法与最终顾客接触的缺憾。

本章小结

电子零售也叫网上零售，是零售商与顾客之间主要通过电子网络进行的商务、交流等活动，具有商务性、服务性、集成性、可扩展性、安全性、协调性等特征。按照服务的类型，可以将电子零售分为企业对企业、企业对消费者和消费者对消费者三大模式。网络商店也称网上商店，其运营管理是将所有的运营管理工作应用于电子商务环境。

案例分析

年销售额已过 10 亿美元，Wayfair 是宜家最担心的对手！

在美国波士顿后湾街区的方尖塔型摩天大楼里，有这样一家公司。

它在全球拥有近8 000家供应商，销售1.2万多个品牌，是美国最大的家居电商。

虽然它成立于1992年，从事家居行业比宜家晚了近半个世纪，但在家居电商行业里却远超宜家，年销售额达10亿美元。此外，涉足电子商务的时间比亚马逊还要早两年。

它又是一家低调的企业，成立了14年，却很少有人知道。甚至在其发展的前8年，从未拿过投资人的一分钱。而如今，已经上市，估值超过30亿美元。

它叫Wayfair。在宜家和亚马逊的光芒之外，Wayfair是如何做到今天的成绩的？

1. 直接连接供应商和顾客

Wayfair从一开始就不生产任何产品，而是为供应商和顾客搭桥。

最初，Wayfair只是一家名为CSN的小店，专门售卖一些储藏和家庭娱乐的家具。但当时只是把销售作为一次性的交易对待，而忽略了物流配送环节，因此花费了许多时间接听顾客的投诉电话："在这些年的网购经历中，我以前从来没有遇到过这么不称职的公司。"

后来，创始人沙阿和康奈决定将所有网站统一到一个品牌下来增强企业运作，于是便有了Wayfair。

同时，还建立起数据库。供应商实时更新库存数据，Wayfair获取商品数量和位置，每次顾客浏览商品页面时，Wayfair的算法就会自动计算出这件商品是否有现货，以及货物运送可能需要多少时间。顾客下单之后，Wayfair就根据顾客的下单量来通知供应商如何去运送货物——一个灯泡可能要通过联合包裹服务公司(UPS)或者联邦快递公司(FedEx)发送一个小包裹；一块小地毯需要借助于Wayfair签订合同的一家快递公司。

事实上，在此之前，互联网上从来没有出现过这类模式。亚马逊通常会先获取货物，然后从自己的仓库中发货；Wayfair则不需要建立大型仓库，而是用最低限度的设施来减少库存，而且大多数产品不经其手。

2. 将顾客推向竞争对手

Wayfair擅长借助他人来达到自己的目的。

整顿品牌之后，Wayfair发现了另一个突破口：在公司的网站访客中，有99%的消费者并不购买任何产品。

创始人之一康奈说："大多数访客来到网站，只是因为他们想要购买衣柜或沙发等产品。消费者的步骤一般是来到Wayfair进行一番研究和对比，看看图片和价格，然后到实体店里去购买。Wayfair扮演了一个陈列产品的中介商角色。"

经过一番深思熟虑之后，Wayfair 推出了一项令人感到惊讶的计划——get it near me，即向消费者指明附近有哪些家居产品商店，按照他们想要购买的商品，将他们推荐给附近的商店，然后再以此向那些本地实体家居商店收取一定的推介费用。

这听起来有些“自毁长城”，如果把消费者都送到其他地方去，那谁来买 Wayfair 的商品？事实上，消费者是否在 Wayfair 上直接购买产品，取决于消费者本身的购物习惯和思想，与 Wayfair 的销售模式并没有直接关系。当导流计划产生效果的时候，对本地商家和 Wayfair 来说，是双赢的。

这也让 Wayfair 避开了与传统渠道之间的竞争。实体和电商两条渠道，本来针对的就是不同的消费人群，Wayfair 所做的就是将人群区分开，让两种渠道的优点得以放大。

3. 读懂顾客的需求

Wayfair 是一家零售商，同时也是一家数据挖掘商，总是在不断设法对顾客和潜在客户进行更多的了解。

它将顾客分为两个群体：搜索者和收集者。搜索者会寻找特定商品，比如科勒水龙头，他们常通过搜索引擎优化路径来到 Wayfair 的网站。他们对价格相对敏感，因此，Wayfair 会直接实时调整价格，给一个比亚马逊等购物网站要便宜的价格。

收集者更像是在欣赏家具、只逛不买的消费者。他们经常到 Wayfair 网站上，有时在该网站上逗留几十分钟，甚至几小时，页面浏览量达到数百次。他们喜欢浏览卧室家具等商品，而且不太在乎品牌。Wayfair 则为他们提供各种风格搭配和购买指南的文章。

创始人之一康奈认为，破坏和顾客关系的最大杀手是“辜负了你所做的承诺”，即他们想从你这里买一个商品，不想对此费心，但如果连这最基本的都没有实现，顾客是不会真正宽恕的。因此，在 Wayfair 网站的问答页面上，工程师都可以直接回答顾客的提问。“如果客服在系统中没有客户信息访问权，特别是如果他没有权限帮助顾客，这将很难为顾客提供服务。”这也极大地缩短了解决问题的时间。

4. 把宜家体验搬到线上

Wayfair 把自己当作一个线上的家居体验馆，并将宜家在线上无法做到的优势最大化。

2013 年，Wayfair 推出了“灵感画廊”，展示专业室内装潢设计师的作品。

如果你想装饰一下客厅，使之活跃起来，但又不知道挑选什么样的产品，那么“灵感画廊”将是一个不错的灵感来源。它包含了近3 000种产品，每一张产品图片都添加了关键产品概述框，光标移到图片上就会自动显示，点击该描述框就会出现一个工具条显示相应产品的大图以及一系列类似产品的推荐。这相当于将线下的宜家体验搬到了线上，既可以形象地展示其产品组合，又可以给购物者提供装饰灵感。

最近，Wayfair 又玩起了 AR，做了一个 App，顾客只要打开这个 App，选择一个沙发，就能看到这个沙发以实际尺寸出现在自己家里的效果是怎样的，如果决定购买的话，直接跳转到 Wayfair 购物 App 下单。虽然宜家也做过类似的应用，不过顾客看完以后，大部分还是得出门去宜家买家具。

在追求极致购物体验这条路上，Wayfair 总是在不断打破陈规和超越自己。

5. 深入敌后根据地

Wayfair 的目标绝不是只在美国做线上宜家，它还大胆朝着宜家的主战场进军。

有这样一组数字来形容宜家的欧洲市场：在欧洲的夜晚，每 10 个人里就有 1 个人躺在宜家的床上；而在英国，是每 5 个人里有 1 个。

但 Wayfair 并没有选择和宜家进行正面交战，而是依靠目前相对晚上的电子商务业务模式逐步布局欧洲市场，在获取更多顾客来源的基础上增加欧洲市场的销售。

首先是将英国和德国网站的产品数量扩大到 10 万，并在德国柏林建立公司总部，覆盖 600 多家当地的家居生活用品制造商。然后逐渐将网站的新功能引入英国和德国市场。

此外，Wayfair 在其主站之下推出了新的闪销网站 Daily Fair。该网站每天都会提供新的折扣交易，这些交易围绕 7 组由不同厂商提供的主题产品，每天中午发布为期 72 小时的折扣交易，并会发送电子邮件给注册会员。从本质上来说，Wayfair 是在以更具吸引力和更便于浏览的方式展示其庞大库存中经过精心组织的那一部分商品，并赋予其每日折扣交易的紧迫性。

在面临着传统行业不景气，电商行业竞争大的情况下，Wayfair 不断发挥自己的优势，避免了各方面的竞争，找到一条又一条突围之路。

（资料来源：《商界》，作者：李雪梅）

讨论题：

1. 查询 Wayfair 的发展历程，结合其现状，探讨关于电子零售的未来发展。
2. 查阅关于新零售的相关资料，结合最新动态，探讨新零售与电子零售的异同。

延伸案例：

1. 新零售

善变的市场总是让来不及做好准备的人盲目从众，经济学上将这种现象解释为"羊群效应"，而新零售概念潮的袭来也在一定范围内掀起了"羊群效应"。

马云的观点认为，未来的"新零售"是线上线下和物流结合在一起，消灭库存，让库存管理得更好，让企业库存降到零。但在如何降低库存、降低谁的库存、线下实体商业与线上能否真正融合、如何重构商品生产者与消费者的关系等问题上，马云还留下了悬念。

新零售究竟是实体经济的福音还是陷阱？记者以阿里巴巴与线下的融合为切入口，通过数据分析后发现，阿里巴巴近两年来通过投资并购企业、占领广告位、收拢线下数据等方式搅动实体经济，并没有为实体企业带来明显的收益增长；反之，给阿里带来的则是投资性收入的增加。

多起线下并购 钱流向了哪里？

据了解，2014～2015 年，阿里发起的两起最大的并购案，一个是以 53.7 亿港币并购银泰商业，另一个是以 280 亿元参股苏宁云商。

尽管这两项合作承载着阿里对于 O2O 的构想，但记者从公开的数据了解到，阿里与银泰商业、苏宁的融合远没有达到线上线下融合的效果，而资金的流动上则出现了两个明显的对比变化。

一个是线上线下零售业务的营收增速放缓；另一个是阿里、银泰商业的投资性收入的增加。

其中，增速放缓的是阿里零售平台的营收、银泰商业的销售性收入（苏宁云商与阿里巴巴之间属于互相持股，业务相对独立）。

有媒体统计了 2013 年 Q1 季度到 2015 年 Q3 季度，阿里巴巴集团的 GMV 增长变化趋势。数据显示，阿里巴巴过去两年 GMV 翻倍，但营收占比始终保持在 2.8%～3.54%的水平。

另外，银泰商业发布了 2016 年前 9 个月业绩报告，在截至 9 月 30 日的报告期内，银泰商

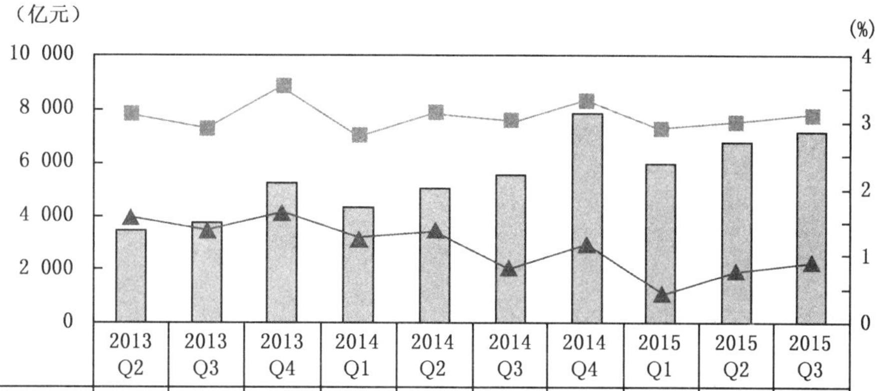

	2013 Q2	2013 Q3	2013 Q4	2014 Q1	2014 Q2	2014 Q3	2014 Q4	2015 Q1	2015 Q2	2015 Q3
GMV	3 450	3 740	5 290	4 300	5 010	5 560	7 870	6 000	6 730	7 130
营收占比	3.12%	2.93%	3.54%	2.80%	3.15%	3.03%	3.33%	2.90%	3.01%	3.11%
运营利润占比	1.6%	1.4%	1.7%	1.3%	1.4%	0.8%	1.2%	0.4%	0.8%	0.9%

阿里巴巴 2013～2015 年度 GMV、营收占比、运营利润占比的变化

业下属各门店特许专营销售和直接销售所得款项总额与上年同期相比下跌 2.1%，同店销售下跌 3.7%。

《北京商报》的报道显示，在银泰商业公布的 46 家门店业绩中，23 家特许专营销售和直接销售所得款项总额出现下滑，占比达一半。其中，成立于 2010 年之前的老店表现依旧不佳，普遍面临亏损。2010 年前开业的 19 家门店中，仅有杭州庆春店和宁波江东店销售获得增长，增长幅度分别为 17.4%和 2%，其余 17 家门店销售均出现下滑，9 家门店出现双位数跌幅，位于陕西西安钟楼的门店更是下跌 19.2%。

记者了解到，在 2014 年、2015 年，银泰商业的销售收入还处于增长阶段。

反之，阿里巴巴与银泰商业的投资性收入逐年增加。在阿里公布的 2015 年第三季度财报中，阿里巴巴归属于普通股股东的净利润为 227.54 亿元(约 35.8 亿美元)，同期增 665%，该净利大增背后是，计入大量的利息和投资利润，这部分价值 181.5 亿元(28.56 亿美元)。

同时，银泰商业开始转向轻资产化的运营。据悉，2016 年 11 月份，银泰商业卖掉名下 8 个项目的股权，包括中国银泰、北京银泰、宁波银泰及宁波金润等。中国商业地产专家王永平认为，这是银泰从商业地产向投资方向转型的一个重要信号。

通过投资性交易获得收益实际上就是虚拟经济的一个代表，而阿里巴巴与银泰商业更多地转向投资性交易并不是偶然性因素。

记者了解到，在同一时期，国内的股票交易市场也呈现陡增的趋势。根据上交所的数据统计，2015 年 3 月 13 日～6 月 12 日，上证综指、中小板指数、创业板指数分别上涨 54% 、75% 、93%，银行、石油石化除外的上市公司平均市盈率 51 倍，创业板 142 倍。在这一阶段，通过投资保证利润增长是明智的选择。

阿里巴巴有没有在某种程度上助推了虚拟经济的盛行无法判断，但是可以看到的是，银泰商业的市值已经从 2007 年上市时的 300 亿港元下滑到当前的 190.94 亿港元。

在投资市场赚得盆满钵满后，2016 年阿里巴巴的股票遭集体抛售，其中，阿里的大股东软银在 2016 年 5 月宣布计划出售近 79 亿美元的阿里巴巴股份；随后，马云计划自 2016 年 9 月起的 12 个月内沽售阿里巴巴集团 990 万股股票；紧接着，阿里巴巴董事局执行副主席蔡崇信也启动了股票减持计划，将在 2017 年 10 月之前出售 650 万股公司股票。

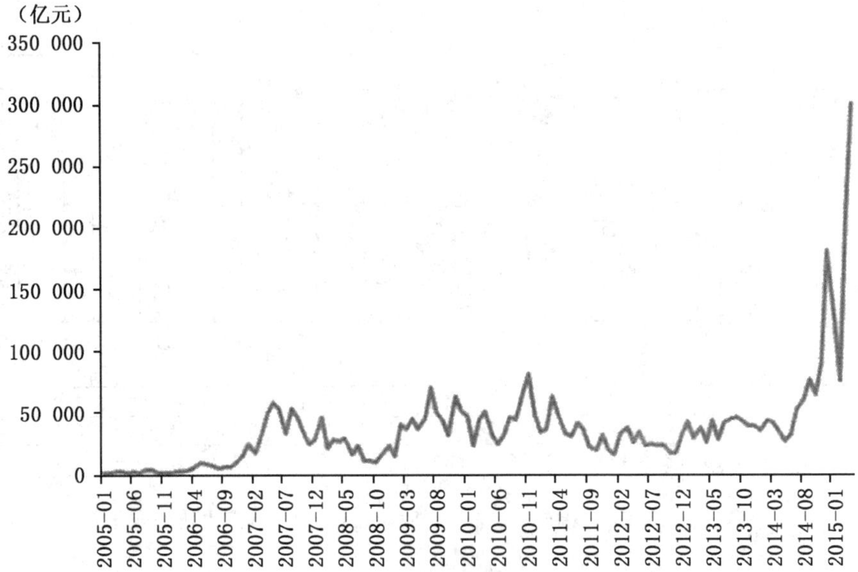

2005～2015 年 10 年间的股票成交金额

实体经济是否真的不行?

有相关报道称,2015 年是实体零售业出现最大的关店潮的一年。据统计,2015 年中国百货关店潮席卷了 17 个省份、14 个品牌、63 家百货门店。

2016 年,关店潮仍在继续。据了解,万达百货继 2015 年关店 46 家后,2016 年继续关店,而万达百货的业绩已经从万达年中报上删除。

紧接着,百盛在 2016 年关闭 6 家商场,其次是马莎百货在中国内地所有 10 间门店全部关闭,实体经济被集体唱衰。

记者发现,在这波实体零售关店潮中也有特例存在,比如名创优品、优衣库、宜家等。

其中,2016 年,名创优品的销售额接近 100 亿元,而名创优品仅仅创业 3 年时间,成为 2016 年度实体业逆势成长的案例。

此外,宜家集团 2015 年财报显示,该年度净收入相比上年增长至 35 亿欧元(约 248 亿元人民币),总销售收入比上年增长 11.2%,达到 319 亿欧元。尽管行业大呼市场冷淡,宜家在中国市场还是以销售额 105 亿元人民币的成绩刷新了纪录榜单,销售增长超过 18%。

据记者了解,宜家集团与名创优品也没有完全割裂线上和线下的融合,并且都以官方商城的形式切入线上。

阿里巴巴 CEO 逍遥子认为,"新零售"是重构线上线下的商业规则,变革商品生产者和消费者的关系、商品生产者和服务者的关系,但从宜家、优衣库、名创优品的案例来看,所谓的"新零售"并不都适用所有的线下实体商业。

著名财经作家吴晓波分析名创优品的模式时谈到,名创优品撕掉了最后的一层纸,即零售终端价格的虚高,一是渠道的陈旧与沉重,二是品牌商对价格的贪婪控制,打掉这两个部分,价格的空间就突然出现了。竞争的要点也许真的不在线上或线下,而是工厂到店铺的距离。

名创优品全球联合创始人叶国富在面对媒体时直言"看不起阿里巴巴",他认为马云所讲的"新零售"是 O2O 的换装,并预言过去 3～5 年实体零售死了一大片,从 2016 年开始,未来的

3～5 年，电商会死掉一大片。

马云在云栖大会上没有详细地给出未来的“新零售”是什么样子，但记者了解到，阿里巴巴与银泰仍然在尝试着线上线下融合的新路子。

2016 年 12 月份，阿里巴巴与银泰开了一家线上线下打通的新店“生活选集”，主打新零售概念下的生活美学。按照银泰商业总经理赵红玲的解释，这家店的定位是通过打通实体店和银泰百货旗舰店的库存和价格，实现线上线下同款同价。

截至目前，阿里巴巴花了两年多的时间投入到与线下的融合当中，但都没有大的起色，而 2015 年阿里巴巴与素型、当当等联合推出的 O2O 体验馆“素型生活馆”已经夭折。

继银泰商业、苏宁云商之后，阿里巴巴还并购三江购物、入股盒马鲜生等线下实体。在记者采访的数十位企业高管中，大多数的人表示看不懂“新零售”，持观望态度。究竟“新零售”是马云给实体经济挖的坑还是自己的试错，或是真正的未来，还有待时间的考验。

（资料来源：《北京时间财经》，袁芳）

思考题

1. 电子零售的定义及特征是什么？
2. 电子零售的商业模式是什么？
3. 电子零售对传统零售有何影响？

参考文献

1. 肖怡.零售学[M].北京:高等教育出版社,2007
2. 任锡源.零售管理[M].北京:首都经济贸易大学出版社,2007
3. 李骏阳.零售学[M].北京:科学出版社,2009
4. 陈己寰.零售学[M].广州:暨南大学出版社,2008
5. 曾庆均.零售学[M].北京:科学出版社,2012
6. 迈克尔·利维,巴顿.A韦茨著.零售学精要[M].郭武文等译.北京:机械工业出版社,2000
7. 王俐.零售管理[M].上海:立信会计出版社,2006